世界哲學家叢書

宗密

冉雲華　著

傅偉勳／韋政通　主編

東大圖書公司

國家圖書館出版品預行編目資料

宗密／冉雲華著.－－二版一刷.－－臺北市: 東大,
2015
面; 公分.－－(世界哲學家叢書)

ISBN 978-957-19-3117-3 (平裝)

1.(唐)釋宗密 2.佛教哲學 3.禪宗

229.34   104013526

© 宗　　密

著 作 人	冉雲華
發 行 人	劉仲文
著作財產權人	東大圖書股份有限公司
發 行 所	東大圖書股份有限公司
	地址　臺北市復興北路386號
	電話　(02)25006600
	郵撥帳號　0107175-0
門 市 部	(復北店)臺北市復興北路386號
	(重南店)臺北市重慶南路一段61號
出版日期	初版一刷　1988年5月
	二版一刷　2015年8月
編 　 號	E 120460

行政院新聞局登記證局版臺業字第○一九七號

有著作權·不准侵害

ISBN　978-957-19-3117-3　(平裝)

《世界哲學家叢書》總序

本叢書的出版計劃原先出於三民書局董事長劉振強先生多年來的構想，曾先向政通提出，並希望我們兩人共同負責主編工作。一九八四年二月底，偉勳應邀訪問香港中文大學哲學系，三月中旬順道來臺，即與政通拜訪劉先生，在三民書局二樓辦公室商談有關叢書出版的初步計劃。我們十分贊同劉先生的構想，認為此套叢書（預計百冊以上）如能順利完成，當是學術文化出版事業的一大創舉與突破，也就當場答應劉先生的誠懇邀請，共同擔任叢書主編。兩人私下也為叢書的計劃討論多次，擬定了「撰稿細則」，以求各書可循的統一規格，尤其在內容上特別要求各書必須包括(1)原哲學思想家的生平；(2)時代背景與社會環境；(3)思想傳承與改造；(4)思想特徵及其獨創性；(5)歷史地位；(6)對後世的影響（包括歷代對他的評價），以及(7)思想的現代意義。

作為叢書主編，我們都了解到，以目前極有限的財源、人力與時間，要去完成多達三、四百冊的大規模而齊全的叢書，根本是不可能的事。光就人力一點來說，少數教授學者由於個人的某些困難（如筆債太多之類），不克參加；因此我們曾對較有餘力的簽約作者，暗示過繼續邀請他們多撰一兩本書的可能性。遺憾的是，此刻在政治上整個中國仍然處於「一分為二」的艱苦狀態，加上馬列教條的種種限制，我們不可能邀請大陸學者參與撰寫工作。不過到目前為止，我們已經獲得八十位以上海內外的學者精英全力支持，包括臺灣、香港、新加坡、澳洲、美國、西德與加拿大七個地區；難得的是，更包括了

日本與大韓民國好多位名流學者加入叢書作者的陣容,增加不少叢書的國際光彩。韓國的國際退溪學會也在定期月刊《退溪學界消息》鄭重推薦叢書兩次,我們藉此機會表示謝意。

　　原則上,本叢書應該包括古今中外所有著名的哲學思想家,但是除了財源問題之外也有人才不足的實際困難。就西方哲學來說,一大半作者的專長與興趣都集中在現代哲學部門,反映著我們在近代哲學的專門人才不太充足。再就東方哲學而言,印度哲學部門很難找到適當的專家與作者;至於貫穿整個亞洲思想文化的佛教部門,在中、韓兩國的佛教思想家方面雖有十位左右的作者參加,日本佛教與印度佛教方面卻仍近乎空白。人才與作者最多的是在儒家思想家這個部門,包括中、韓、日三國的儒學發展在內,最能令人滿意。總之,我們尋找叢書作者所遭遇到的這些困難,對於我們有一學術研究的重要啟示(或不如說是警號):我們在印度思想、日本佛教以及西方哲學方面至今仍無高度的研究成果,我們必須早日設法彌補這些方面的人才缺失,以便提高我們的學術水平。相比之下,鄰邦日本一百多年來已造就了東西方哲學幾乎每一部門的專家學者,足資借鏡,有待我們迎頭趕上。

　　以儒、道、佛三家為主的中國哲學,可以說是傳統中國思想與文化的本有根基,有待我們經過一番批判的繼承與創造的發展,重新提高它在世界哲學應有的地位,為了解決此一時代課題,我們實有必要重新比較中國哲學與(包括西方與日、韓、印等東方國家在內的)外國哲學的優劣長短,從中設法開闢一條合乎未來中國所需求的哲學理路。我們衷心盼望,本叢書將有助於讀者對此時代課題的深切關注與反思,且有助於中外哲學之間更進一步的交流與會通。

　　最後,我們應該強調,中國目前雖仍處於「一分為二」的政治局

面，但是海峽兩岸的每一知識份子都應具有「文化中國」的共識共認，為了祖國傳統思想與文化的繼往開來承擔一份責任，這也是我們主編《世界哲學家叢書》的一大旨趣。

傅偉勳　韋政通

一九八六年五月四日

自　序

　　初次接觸宗密和尚的名字，還是四十多年以前的事。當時閱讀胡適先生研究神會的論文，其中有許多地方，都引用宗密所記的禪宗歷史資料。胡氏對那些資料，以批評的態度加以取捨，使我對他的治學方法非常欣佩。後來讀馮友蘭先生《中國哲學史》下冊，發現書中論述禪宗的一章，主要的是根據宗密所傳資料。宗密在記敘當時流行的禪門七宗時，都以他們的宗教哲學（「理」）、及實踐方法（「行」）為準，分析得很有條理。在中國哲學史上，遠從孔子起就有許多思想家，主張知行並重；但是能夠把應知之理，與應為之行，有清楚而深刻討論的人士，能夠達到宗密那樣的水平，實在並不多見。不過我自己的興趣，那時還在文史方面，再加上受到「五四」以來的影響，認為哲學太「玄」。因此讀過胡、馮的論著以後，並沒有作進一步的探究。

　　五十年代在印度國際大學作研究，才對佛教史學認真學習，但是在潛意識中，仍然認為佛教只是一種歷史產物，所以對這一家的哲學，未能全力以赴。六十年代到加拿大任教，我所擔任的課程，有一門是中國佛學。當時北美有關禪學的英文參考讀物，主要是鈴木大拙先生那一類的書籍。這一派禪學偏重於臨濟和尚那種呵祖罵佛，揚目喝棒等極端禪法；而對其他禪宗傳統，討論的比較少了。因為記得馮著哲學史中，曾以宗密所記資料，對禪史各家有比較廣泛而公允的看法，況且該書早已有英文版，正好作課本。可是翻書一看，才發現英文版中所記禪宗一章，和中文版不同，而是以馮氏其他書中的篇

章，取而代之，譯為英文。我當時決定把宗密所記的禪學資料，重加整理翻譯，作為同學們的參考讀物。在譯寫的過程中，仔細閱讀了宗密某些主要著作，這才意識到這位中國中古思想家，並不是一個頑固的宗派主義者，而是一位頗有理性的思想家。於是我就決定在譯文之外，另寫一篇介紹宗密的論文。論文寫好以後，寄給法國的漢學大師戴密微教授。戴老稍加修改，於 1972 年在他主編的《通報》中刊出。

　　1973 年是我的研究年假，又得到加拿大學會的資助，到巴黎、倫敦、錫蘭、日本作了一年的研究，把宗密的《禪源諸詮集都序》譯成英文草稿。在旅行期間，曾和戴密微教授長談數次；又在日本結識了鎌田茂雄先生。鎌田那時正集中精力研究宗密，他新編譯的《禪源諸詮集都序》、《禪門師資承襲圖》及《原人論》，當時都已出版；另一本六百多頁研究宗密的專著，也已寫成。鎌田的這一連串新作，材料豐富、內容全面、文筆清麗流暢，將宗密研究，推到一個新的水平。假期完後，返回校中，瑣事太多，英譯《都序》草稿一直丟在一旁，未能作進一步的加工。雖然如此，但對宗密的研究，仍在斷續不定的狀態下，寫了一些研究論文。直到三年前，才抽暇撰寫這一本專門研究宗密的書。

　　本書共分六章，除首尾兩章因為內容決定，偏重歷史研究之外，其餘四章都著重於思想研究。各章要點如下：

　　第一章討論宗密的生平和著作。書中對宗密自敘的篇章和近為人知的《敦煌卷子》，特別重視，希望通過這些資料所提供的事實，能夠對密公的內心、歷史環境、寫作經過及目的等，有更新而全面的理解。

　　第二、三兩章，討論宗密對中國古典傳統，及印度佛教哲學的批判。這兩章的內容雖然一致，但是因為宗密對儒、道思想，批判多於接受，而對印教哲學則是批判與承傳並重，所以分為兩章。希望這兩

章的內容，能夠對中國思想史上的某些小空白，有所填補。

第四章討論宗密思想的核心——絕對真心。從裴休所言：「皆本一心，而貫諸法；顯體而融事理」去觀察，遠在宗密在世時，「一心」是他的思想核心一點，早為人知。後來討論宗密的學者，多震於他對「禪教一致」、「三教和會」等成就；他的「一心」哲學，反為所掩。有人或許注意到這一點，總是說宗密在這個問題上，從《起信論》中找到哲學結構；而對他的心學內容，幾乎不談。本章先討論宗密「心有四種」的理論，然後又把四種心分別為現象與超越兩個層次，最後才對超越真心的特點，予以分析。通過這些討論，希望讀者能夠看到宗密對真心哲學的創造性，在中國心學史上的地位，以及對印度心學的成功消化。

一切宗教哲學，特別是佛家哲學，都有它們的特別目的——怎麼可以得到解脫？宗密在他的著作中，一再表明如果一種哲學對解除痛苦無關，「要之何用」？本書第五章專門討論宗密的實踐哲學。文中先講佛教哲學的實踐特色，再談實踐的主題「頓漸修悟」，及其所引起的糾紛。而後介紹宗密所主張的「頓悟漸修」，及這種主張的思想根據。在處理宗派鬥爭這一問題上，宗密主張以「勘會」方法，「冥通」各家，以達到「和會禪教」、「通會儒道」的目的。學者們雖然大多熟知宗密的主張，但對這一主張的理論和根據，卻幾乎沒有加以討論。本章對這一點，也有新的嘗試，希望能夠對估價宗密，及中國思想中的比較哲學方法論兩方面，都增加一新幼苗。

本書最後一章，討論宗密思想及論著，對後代學者的影響。受到宗密影響最全面的，是五代高僧延壽。其後到宋明之間，宗密所記的禪宗歷史、佛經疏註都在佛教界引起回音餘波。他的禪教一致、和會三教之說，受到多數學者的讚揚。宗密對宋明新儒家的衝擊，經過學

者近年的探索，已經更清楚了。韓、日兩國高僧對宗密思想的重視，著作的研究和引用，也說明他在國際範圍的影響。普洛特教授在他編著的《全球哲學史》(John C. Plott: *Global History of Philosophy*) 第三卷中，曾將宗密列為世界「教典時代」的總結大師之一，與大馬士革的約翰，及印度佛學大家寂護並肩排立。宗密在世界哲學史上的地位，由此可見端倪。

　　從八四年底開始寫作，直到八七年夏才告完稿。由於課務及其他瑣事，寫作時斷時繼，未能一氣完工。我非常感謝本叢書主編韋政通、傅偉勳兩位先生，給予此書出版的機會；也對三民書局諸先生的耐心和協助，表示謝意。我的幾位親友，特別是肖鳳在寫書的過程中，給予多方面的幫助，令我感銘。

　　附錄的論文——〈宗密傳法世系的再檢討〉，原刊於《中華佛學學報》第一期。非常感謝聖嚴博士，允將論文附印於這本書中。參考書籍、論文數目頗多。書中只能摘要選收。

冉　雲　華

1988 年 3 月於加拿大寒美囤

目次

第一章　宗密生平與著作

一、家庭背景與青年時代

唐代建中元年 (780)，山南西道果州西充縣一家姓何的家庭，誕生了一個男孩，他就是中國佛教思想史上有名的哲學家和宗教家，圭峰大師宗密。《唐故圭峰定慧禪師碑并序》，對他的家世，有這樣的記述：

> 圭峰禪師號宗密，姓何氏，果州西充縣人。……大師本豪家，少通儒書，欲干世以活生靈。❶

其他與宗密的有關資料，也證明《碑》文的記事可靠❷。唐代的山南西道，包括現在陝西南部和四川東部。西充屬於果州，果州在現在四川南充一帶，西充即現在的四川西充縣。

---

❶ 此碑由裴休撰寫並書丹，柳公權 (778–865) 篆額，是碑帖中的名品。此書所據者，為作者所藏的清代初年拓本。碑文見王昶編，《金石萃編》，卷 114，頁 6b–7c，及《全唐文》，卷 743。鎌田《研究》，頁 49–52，註文頁數指《萃編》。

❷ 參閱《傳》，卷 6，頁 741c；《燈》，卷 13，頁 305c；《祖略》，頁 277a–278a。

　　這家何姓的人家,家世是怎樣的呢?《碑》文稱它是「豪家」,《宋高僧傳・宗密傳》稱「家本豪盛」❸。根據現有的資料推測,何家在當地應當是一個富裕的家族。宗密自己也曾說過,他曾經「素服莊居」或「莊居屢置法筵」❹。一個家庭擁有自己的莊園,又能夠多次招待僧人;並且供給宗密從幼年起上學讀書。這些事實足以說明何家是富豪之家。另一方面,何家看來並沒有什麼人作過高官,可以說是有錢無勢。唐代官場的服色,是有品級分別的。例如在宗密生活的時代,就發生過整頓官員服色的事,那件整頓事件的起因,是「每朝會朱紫滿廷而少衣綠者,品服太濫,人不以為貴」❺。宗密曾用「素服莊居」四字,形容他的早期生活,鎌田茂雄解釋「素服」二字為「平素の服」❻。這一說法近乎事實但還不準確。素字原義是「沒有染色的絲綢」,也就是白色。宗密自己在俗家生涯中,沒有考取作官,所以只能算是穿白衣的平民。宗密自稱「本巴江一賤士」;賤是對貴而言,也足以證明何家沒有品位❼。

　　在《盂蘭盆經疏》中,宗密自言:

　　　宗密罪釁,早年喪親。每履雪霜之悲,永懷風樹之恨。❽

從這幾句話中,我們可以看出,他的父母早喪。我過去曾懷疑宗密的

---

❸　參閱《傳》,卷6,頁741下;《碑》,頁6左a。

❹　引自《鈔》,頁222上;〈遙稟清涼國師書〉,《大藏經》,卷39,頁576c。

❺　《新唐書・鄭餘慶傳》,卷165,頁4030d。

❻　參閱《研究》,頁57。

❼　參閱〈遙稟清涼國師書〉,《大藏經》,卷39,頁576c。

❽　《大藏經》,卷39,頁505a。

決定辭世出家，步入空門，可能與他父母的去世有關；現在再推想一下，那種可能性還是有的❾。

《碑》文和別的資料都說，宗密在沒有出家以前，研讀過儒家的典籍。這一事實也可以從宗密的自傳資料中證實：他在〈遙稟清涼國師書〉中自稱：

> 自齓年洎弱冠，雖則《詩》《書》是業，每覺無歸。而復旁求釋宗，薄似有寄……❿

從這一段自述中，我們可以看出，青年時代的宗密，主要的是接受正統的儒家教育。可是儒家經典中的教義，不能解答他的精神問題。他也曾向佛教教義中尋求答案，雖然覺得似乎有些好處；但是當時還不大清楚。宗密自己對上面引用的這一類描寫，還有別的自述，他用「髫專魯誥，冠討竺墳」八個字，概括他青年時代的學習生活。他自己解釋這一段話說：

> 髫者，陸《韻》云：小兒髮也。髫齓之年謂十歲之間矣。魯誥即儒教也。……誥即典誥……冠謂束髮戴冠，即二十當冠帶之歲也……
>
> 言髫冠者，初習之間歲數，非的指十歲及二十歲也。實而言之，即七歲至十六、七歲為儒學。十八、九、二十一、二之間素服莊居，聽習經論。二十三卻又全功，專於儒學。乃至二十

---

❾　參閱作者論文：〈宗密對禪學的解析〉，收在《道安法師七十歲紀念論文集》，註❶❹，頁 126。

❿　《大藏經》，卷39，頁 576。

五歲過禪門方出家矣！ **⓫**

從這段資料中人們應當可以看出，他在七歲至十七歲之間，又在二十三歲至二十五歲之間，先後有十四年之久，專心研究儒家典籍。他的學習儒書，曾有一段時間中斷，徬徨於佛家思想之中。這就足以說明，他的思想在十六歲至二十五歲之間，非常苦悶，常常感覺莫所適從。

宗密是一位思想能力很強的人，他的精神苦悶原因何在？最近的出版物對這一問題，還沒有作過研究分析。其實這個問題不僅是宗密生活及思想的轉變關鍵之一，並且也是中國教育思想史上的一個大問題：唐代儒家教育缺點在那裏？佛教對中國傳統思想和宗教實踐是否有什麼補充？

為了理解這一關鍵，我們可以提出幾個問題：宗密對儒家傳統有什麼不滿意的地方？他為什麼要棄儒入佛？從各種資料觀察，宗密決定棄儒的原因，主要的是他對唐代當時流行的儒學感到非常失望。他這種失望的心情，在他寫給澄觀 (738–839) 的第一封信中，清楚的表露出來。他說：

> 宗密本巴江一賤士，志好道而不好藝，縱游藝而必欲根乎道。自齠年洎弱冠，雖則《詩》、《書》是業，每覺無歸。……既知世業事藝，本不相關，方始落髮披緇。 **⓬**

在另一部著作中，宗密批評他所受的儒家教育和早期自修的佛學全都

⓫　《鈔》，頁 222a–b。

⓬　見**⓰**引文同頁。

「俱溺筌蹄，唯味糟粕。」他對這一批評，作了進一步的解釋：

> 意言俱專文言，不得其意。且儒教宗意，在道德仁義，禮樂智
> 信；不在於馳騁名利所，令揚名於後代者。以道德孝義為名，
> 不以官榮才藝為名。釋教宗意，通達自心，修習定慧，具於悲
> 智，不在立身事業。……蹄者所以在兔，得兔而忘蹄。筌者所
> 以在魚，得魚而忘筌……❸

他又指出：

> 唯味糟粕者，酒糟麻粕也。《莊子‧外篇》云：世之所貴道者
> 書也。書不過語，語有貴也。語之所貴者意也。意有所隨，意
> 之所隨者，不可以言傳也。而世人因貴言傳書，世雖貴之哉，
> 猶不足貴也。為其貴，非其貴也。❹

從上面所引的幾段文字中，人們可以看出宗密所受的儒家教育內容如
何，也可以看出唐代官方的教育制度，目的不在修身齊家，存心養
性，而是在訓練政府官員。因此之故，當時的讀書人士，目的多是參
加科舉，從官榮中尋求名利。按照唐代的科舉制度，一般學子先參加
縣、州各級考試，只有考中縣、州級的鄉試以後，才有資格被送入中
央政府的禮部，參加全國性的考試。其中困難的情形，與宗密同時代
的思想家韓愈 (768–824)，曾以親身的經驗，有所記錄。韓愈寫道：

---

❸　《鈔》，頁 222b。

❹　同上，頁 222c。

天下之以明二經舉於禮部者，歲至三千人。始自縣考試，定其
可舉者，然後升於州若府。其不能中科者，不與是數焉。……
屬之吏部，歲不及二百人，謂之出身。能在是選者，厥維艱
哉！ ❺

　　經過千辛萬苦，通過層層考試，才由地方政府保送到中央，先通
過禮部的會考，再從考中者裏面，選出不到二百名士子，送交吏部去
銓定品級。在禮部主持的會考中，考試分為「明經」、「進士」兩科。
「明經」以經義和策問為主；「進士」一科的考試，包括雜文詩賦，
兼及經義。會試的標準既然如此，地方學校的教學內容，自然也是那
一類的課目，以利便學生將來應付考試 ❻。
　　在宗密的全部著作中，從來沒有看到過唐代流行的詩賦著作，他
的韻文只是一些偈語而已。由此可以推想，宗密在求學期間可能是為
「明經」會試作準備的。唐代官定的「經義」課本，包括鄭玄、王弼
註的《周易》；孔安國、鄭玄註的《尚書》；鄭註三《禮》及《毛詩》；
服虔、杜預註的《左傳》；范甯註的《穀梁》；鄭玄、何晏註的《論
語》；孔安國、鄭玄註的《孝經》；河上公註的《老子》❼。這些官定
課本，是以漢、魏時代學術傳統為主，重點在於經籍的文字章句。至
於文字裏所載的義理，多是存而不論。這種只重文字不重內容的教
育，在宗密看來只算是藝，而不是道。只重文言，不得其意。因而他
批評他所受的儒家教育是「世業事藝，本不相關」；宗密本人卻正是
「志好道而不好藝」。他所說的道不但包括道德仁義，禮樂智信，並

❺　〈贈張童子序〉，《全唐文》，卷555，頁7129b。

❻　參閱章群著，《唐史》（二），頁318–322。

❼　同上，頁319。

且在追求與性、命相關的人生真諦。在這樣的情形下，他對儒家世業事藝的不滿，及以官榮揚名為教育目的的失望，是很自然的事。

宗密攻讀儒書，先後達十多年之久。隨著年齡增長，理解水準的提高，再加上人事的變化，使他深深而迫切的感到失望，覺得越學越沒有意思。所以到他十八歲的時候，一度停止儒學，旁求佛典。但是未遇明師，所得有限。經過了四、五年的徬徨，他於二十三歲那一年，「卻又全功，專於儒學」[18]。大約他的家庭覺得他們家鄉的學校不好，老師也不夠水準，因而在宗密決定全力上學的時候，把他送到外地一所著名學府去求上進。那個學校就在遂州（現在四川遂寧縣境），唐代屬於劍南道。宗密自記這一段轉變說：

> 果、閬州嘉陵江，東川涪江，西川導江且之沱江、錦江。遂州在涪江南西岸。宗密家貫果州，因遂州有義學院，大闡儒宗，遂投詣進業。經二年後，和尚從西川遊化此州，遂得相遇。[19]

遂州的義學和教育制度，並沒有對宗密產生預期的效果。從另一方面去觀察，他在遂州義學院的感受，反而證實和加深了他對儒學的厭倦，尤其是他的年齡已長，面臨著考試和考試制度的壓力。這一種巨大的壓力，終於強迫他必須在接受壓力或另尋出路之間，作一次選擇。

如果他接受壓力，就要參加考試，在官場尋求前途。宗密早年所受的教育，正是以這種目的為標準的。例如《碑》文說他「少通儒書，欲干世以活生靈」[20]。干世就是要去求取世間的榮譽。要達到這

---

[18]　參閱《鈔》，頁 222b。

[19]　同上，頁 222d。

[20]　參閱《碑》，頁 6c。

一目的，只有參加層層的考試去碰一碰運氣。《景德傳燈錄》稱，宗密到遂州的目的，正是「將赴貢舉」㉑。《宋高僧傳》稱宗密是「欲干世以活生靈，負俊才而隨計吏」㉒。吏在唐代指的是低級政府官員，「計吏」就是會計、審計之類的小官。每年由中央政府派到州、縣地方政府，收取財務決算書（這就是「計」），兼管徵集地方給中央政府的貢物。這些派往各地的小官，還有一項附帶的工作，就是順便把各地考中的學生，帶到中央政府參加會考。章群描繪這種唐代制度時指出：

> 州縣學生，每歲仲冬，由州縣學舉其學藝成者，而與「計」偕送尚書省……㉓

儒家傳統向來是重義輕利的。管財務的小官在書生的眼光中總是有點銅臭。以宗密這樣的「俊才」，還要受皇家政府小賬房的領導和指使，他心中所產生的反感一定是很強烈的。何況他早就對儒家教育中的「藝」感到不滿意。

　　恰好正是在這種苦悶和重壓之下，宗密在遂州遇到道圓和尚。相談契合，這才使宗密決心棄儒從佛，出家為僧。

二、落髮披緇　初入禪門

　　宗密自己說過，早在他落髮出家之前，他就一度「素服莊居，聽

㉑　參閱《燈》，頁305c。
㉒　參閱《傳》，頁741c。
㉓　章群著，《唐史》（二），頁306。

習經論」。但是那種居士式的研究佛經，並沒有解決他的宗教問題。
後來他自己對那一段生活，作了這樣的批評：

> 而復傍求釋宗，薄似有寄。決知業緣之報，如影響應乎形聲。
> 遂止葷茹，考經論，親禪德，狎名僧，莊居屢置法筵，素服濫
> 嘗覆講。但以學虧極致，悟非圓宗，不造心源，惑情宛在。❷④

這一段自白，足以說明他對早期的宗教學習，感受有限，不能徹底解
決他的問題。他在另外一段自傳資料中，也對他早年的學習佛法，有
類似的自我批判。他說：

> 釋教宗意：通達自心，修習定慧，具於悲智；不在立身事業。
> 當時難習之而迷……❷⑤

所以他把當時學習所得，稱為「俱溺筌蹄，唯味糟粕」。

　　直到宗密二十五歲那年，他在遂州遇到道圓禪師，才使他心中久
懸未決的困難，一談而決，所以他就馬上決定出家，追隨道圓開始了
他的禪僧生涯。宗密後來回憶他和道圓的初次會面和對他的影響時
說：

> 後遇遂州大雲寺圓和尚法門，即荷澤之裔也。言下相契，師資
> 道合。一心皎如，萬德斯備。既知世業事藝，本不相關，方始
> 落髮披緇，服勤敬事。❷⑥

---

❷④　〈遙稟清涼國師書〉，《大藏經》，卷 39，頁 576c。

❷⑤　《鈔》，頁 222b。

　　這位道圓和尚，現存與他有關的資料很少，主要的是宗密所寫下的記錄。從宗密所記的片段中，我們知道這位和尚俗姓程，原屬成都聖壽寺，約於西元 804 年，到川東去遊化，住在遂州大雲寺。宗密當時正在遂州義學，研習儒法，心中對那些「世業事藝，本不相關」的課程，早已不滿。恰於此時，遇到道圓，問法契心，如針芥相投，使宗密進入禪門。道圓的主要活動中心，應當是遂州。直到長慶二年 (822)，道圓的老師唯忠去世，道圓才被「成都道俗，迎歸聖壽寺，紹繼先師，大昌法化……」❷❼。

　　根據宗密的記載，道圓所傳的禪法，是洛陽荷澤寺，神會和尚 (684–758) 一派的南宗了教。這一枝禪法的傳法系統是這樣的：

　　　神會→磁州智如→益州南印→遂州道圓 ❷❽

這個傳法系統也見於裴休所撰寫的《傳法碑》和其他禪宗史料。直到胡適 (1891–1962) 遺作，〈跋裴休的唐故圭峰定慧禪師傳法碑〉出版以後，這一傳統的法系，才初次受到了挑戰 ❷❾。胡氏認為宗密有意把成都淨眾寺的神會（俗姓石，720–794）和荷澤寺的神會，混為一人。宗密為什麼要「人身錯認」呢？胡氏認為這是宗密想「要依附一個有地位的佛教宗派或禪門的派系，作為他自己的立足根據」，所以他才「捏造」他的傳法系統，「攀龍附鳳」，作為抬高自己地位的資本。

---

❷❻　同❷❹。

❷❼　參閱《略鈔》，《續》，卷 15，頁 131d。

❷❽　《禪門師資承襲圖》，《續》，卷 110，頁 435a–b。

❷❾　此文初見於《中央研究院歷史語言研究所集刊》，第 34 本 (1962)，頁 5–26。又見《胡適手稿》，第 7 集，中冊，頁 275–347。

　　胡氏遺著初發表的時候，我曾對他的「大膽設想」非常欣敬，因為他的許多類似的設想，曾給中國思想史開創了許多新的課題。另一方面我又覺得他在這一題目中「小心求證」似乎不足。當時我在一篇研究論文中，曾經指出：胡氏所根據的主要資料是《宋高僧傳》，該書撰寫於 988 年，比宗密的著作要晚一百多年；何況《宋高僧傳》的質量不佳，所記的事實，並不完全可靠❸。如果宗密真想攀龍附鳳，他當時已是澄觀和尚的弟子。澄觀 (738–839) 那時名震朝野，以金印帝師稱著，宗密沒有必要去冒險捏造歷史。

　　更使人不能信服的是胡先生並沒有對他引用的資料，作全部的分析，就遽下結論。現在略舉數例，以作說明，宗密一系的禪法傳燈，並不能被胡先生的懷疑推翻：

　　第一，宗密所記的智如姓王，《宋高僧傳》內的法如姓韓❸。他們是否是一個人，無法證明。第二，白居易在〈照公塔銘〉一文中說明，神照 (776–838) 的師父是「唯忠禪師。忠一名南印，即六祖之法曾孫也」❸。神照在蜀得法以後才到洛陽，可見神會的荷澤禪法，早已傳入四川。而淨眾寺的神會，不屬於六祖系統。第三，宗密早在去長安以前，就聲明他到洛陽的目的是去「禮祖師塔」。荷澤神會的骨塔，在洛陽龍門。第四，當時和宗密有關的人士，如澄觀、神照、白居易、劉夢得等人，都是熟知禪史的圈內人士，難道宗密會像胡氏所猜想的那樣——睜眼瞎說？

　　從遇到道圓和尚以後，宗密的宗教生活，和佛學知識，好似一條

───────────────

❸　冉文〈宗密對禪學的解析〉註文❷，參閱本書末尾附錄中的文章：〈宗密傳法世系的再檢討〉。

❸　參閱鎌田《研究》，註❻，頁 369。

❸　《白氏長慶集》，卷 70，頁 391。

溪流，穿山過谷，匯流成江，一段波瀾大過前一波瀾，終成巨流。此後五、六年間，有兩件事，對宗密的生活和思想，都有巨大的影響：一件是他無意中讀了《圓覺經》，從此形成他後來的唯心哲學；另一件事是閱讀了《華嚴法界觀門》，因而導致進入華嚴教義。兩件事情，都和道圓有關。

關於《圓覺經》，宗密自敘他得經的經過是這樣的：

> 宗密為沙彌時，於彼州因赴齋請，到府吏任灌家。行經之次把著此《圓覺》之卷。讀之兩、三紙已來，不覺身、心喜躍，無可比喻。❸❸

裴休在《圓覺經大疏・序》裏，也說宗密在遇到這本佛經之後的感受說：

> 卷未終軸，感悟流泣。歸以所悟，告其師。師撫之曰：「汝當大弘圓頓之教！此經諸佛授汝耳。」❸❹

宗密自己曾以「一軸之內，義天朗照」❸❺八個字，概括《圓覺經》對他的衝激。在這種衝激下，佛學經典的學習和宗教信心融合，成為一體。宗密到此已可以體驗到：

> 道非常道，諸行無常。今知心是佛心，定當作佛。❸❻

---

❸❸　《鈔》，頁 223a。

❸❹　《大藏經》，卷 39，頁 523c。

❸❺　同上，頁 524b。

「道非常道」說明宗密對佛家在《圓覺經》中所載的道，非常推崇。
與此同時，道是高深而又超越語言，想要把這種高深的宗教經驗，用
語言文字，哲學思維的手段表達出來，卻是一件非常困難的事。宗密
是一位善思勤問的思想家，他不但有意追求個人的精神解脫，並且也
意識到能夠導致解脫的方法，只有通過理解真理。「諸行無常」是佛
教哲學的基本概念之一，宗密那時已經認識到，一切世界現象，時時
刻刻都在不斷的轉變。沒有一種事物，能夠永久保全，永久不變。
「心是佛心，定當作佛」是宗密對佛教的認識和信念。在《圓覺經》
的教義中，每一個人的心與佛陀的心都是相同的，都具有覺悟的本
能。只要一旦心地覺悟就一定可以成佛的。這一點也是禪宗的主要教
義。換句話說，《圓覺經》的內容和禪宗的宗教體驗，雖然使宗密對
世界現象的認識，自心的真體，和對以佛法求解脫的信念，都有新的
進境；但是這些進境所根據的哲學基礎，和理論解釋，卻還是沒有說
明。宗密對他於這一段時間內所產生的宗教生活問題，有這樣的描
繪：

　　　然於身心因果，猶懷漠漠；色空之理，未即於心。 **㊲**

身心因果，色空之理都是哲學性的問題。《圓覺經》的教義和禪家生
活既然對這些哲學問題，不能作出解說，作為思想家的宗密，就得再
作進一步的追求。這種追求，終於使宗密轉入教門——華嚴佛教宗教
哲學。

　　大部份研究宗密的專著和論文，都把宗密的由禪入教，歸功於宗

㊱　同上。

㊲　〈遙稟清涼國師書〉，《大藏經》，卷 39，頁 576c。

密自學和澄觀的指點。其實第一位指導宗密閱讀華嚴典籍的老師,卻
是道圓禪師,地點也在遂州。宗密自述這一件事的經過說:

> 遂屢咨參,方蒙授予終南大師《華嚴法界觀門》。佛法寶藏,
> 從此頓彰。 ㉘

這裏所說的終南大師,就是杜順 (557–640),世稱華嚴宗的初祖。《華
嚴法界觀門》是華嚴佛學的主要典籍之一,其中主要的思想,包括
「真空觀」,「事理無礙觀」和「周徧含容觀」。真空觀中的哲學論題,
就是空、色的本質和關係,也就是宗密當時最想知道的理論。因為這
一原故,宗密對這一典籍的學習,有很大的熱忱。他自敘這一段經過
說:

> 同志四人,琢磨數載。一句中理,論則通宵未休。一事中義,
> 旨則塵沙莫算。達水常濕,寧疑波湛之殊? 悟鏡恆明,不驚影
> 像之變。淨剎穢土,非壞非成。諸佛眾生,何起何滅。由是念
> 包含三世,同時互促互延。塵與十方,全體相即相入。 ㉙

從這一段話中人們可以看出,宗密細讀《法界觀門》,使他得益非淺。
用現代的話來說,就是通過華嚴哲學的思辯,宗密已經能夠從事物的
現象,深入觀察,直達本質。由於對事物本質的理解,他已經意識到
現象上的差異,並不影響本質的不變性,而不變的本質並不妨礙事物
的現象變化。這種哲學理解,使宗密的思想,向前大進一步。

㉘ 同上。

㉙ 同上。

一切宗教哲學和一般性的哲學之間，存在著明顯的差異：那就是兩者於說明現象世界之後，宗教哲學還得更進一步，通過對現象世界的理解，和自身的修行，從而完成精神上的解脫。僅對現象世界作出分析，但卻與一個人本身的宗教問題搭不上關係，哲學就起不了宗教作用。《華嚴法界觀門》雖然幫助宗密認識現象世界的本質，但並沒有完全解決他的宗教苦悶。宗密還得追求更新的知識。

唐憲宗元和二年 (807)，宗密在一位名叫拯律師的壇下，受到全部戒律，成為一位正式僧人❹。稍後又到益州（即現在四川成都市），進謁他的祖師荊南張禪師，也就是前面提到過的益州南印和尚。南印對他這個小徒孫的博學深思，印象很深，一見之下，即大為嘉許。他一眼就看出宗密是一位很有前途的佛學家，而不可能是一個滿足於習禪的和尚。他對宗密有所稱許也有所指導。他說：

傳教人也！當盛於帝都。❹

大約是因為祖師的嘉許、鼓勵和指示，宗密覺得屈留在四川境內，究竟不是辦法：自學又學不通，想向名師領教又遇不到很有學問的老師。也許南印「當盛於帝都」一語，才指出一條出路。恰好南印有個徒弟神照和尚，正好在那幾年間住在東京奉國寺。這就促使宗密決心出川，另求發展。

大約在西元 810 年春，宗密終於向他的老師和同門告別，離開遂州，沿著當時山南西道的交通線，向襄陽進發。他自稱是「休心傳教，適自遊方」❹。為什麼會「休心傳教」呢？因為他對經文的疏

---

❹ 參閱《傳》，頁 741c。

❹ 《碑》，頁 6 左，c–d。

句、義章之間的關係，完全無法連繫貫通。他在一段回憶性的文字中，對當時的窘境有這樣的描寫：

> 離情則隨照分明，能詮大經；配文則難為通會。章句浩博，因果重疊。理雖一味，勢變多端。差別義門，罔盡血脈。不知科段，意莫連環。縱使歷諸講場，不添己悟。名相繁雜，難契自心。 ❹

就是在這種情形下，宗密遊化到襄陽，住在恢覺寺裏。當時那座寺院也住著一位重病的僧人，名叫靈峰（810 亡）。這位僧人原來是華嚴宗澄觀大師的弟子，宗密到寺之日，他尚神志未昏，相交為友。宗密自己記敘兩人之間的交誼稱：

> 相見三日，縷通其情。願同聲之分，《經》及《疏》、《鈔》，悉蒙授與。議論未周，淹然遷逝。斯則夙緣法會，忍死待來。❹

這裏所講的「《經》及《疏》、《鈔》」，應當是《華嚴經》，和澄觀著的《華嚴經疏》六十卷，和《華嚴經隨疏演義鈔》九十卷。這三部著作，不但使宗密對經疏義章之學，完全改變以前的印象，更使他的宗教經驗與哲學思想豁然貫通。他在寫給澄觀的第一封信中，對他當時的愉快之情和宗教感受，有非常生動的描繪：

---

❹ 〈遙稟清涼國師書〉，頁 577a。
❹ 同上，頁 576c–577a。
❹ 同上，頁 577a。

宗密渴逢甘露，貧遇摩尼。騰躍之心，手捧而舞。遂於此山，
返關絕跡，忘飡輟寢，夙夜披尋。以疏通經，以鈔釋疏，尋文
而性離，照理而情忘。偶之於心，會之於教，窮本究末，宗途
皎如。一生餘疑，蕩如瑕翳。曾所習義，於此大通。外境內
心，豁然無隔。㊺

　　宗密的這種興奮心情，和對《華嚴》經疏的傾倒，使他決定「誓
願生生，盡命弘闡」㊻，在他滯留襄州時，「便被僧尼徒眾，因請讚
揚」㊼，初講一次。這是他生平第一次講述《華嚴經》。

　　元和六年 (811)，宗密離開襄陽到東都洛陽，禮拜祖師——神會
和尚的骨塔。住在東都永穆寺。在禮祖塔前後，他拜會了他的師叔神
照和尚。神照對宗密大加誇讚，說宗密是「菩薩人也，誰能識之！」㊽

　　四川朋友多以能言善辯為名，宗密更是歷史上著名的講經說理僧
人。他在襄陽初講《華嚴》，大概給聽眾的印象很深，吸引力也很大。
所以元和六年他到達洛陽以後，襄陽的聽眾有人趕到洛陽，繼續聽他
講解《華嚴》。其中有一名叫作泰恭的小和尚，居然被宗密的講說感
動，自斷一臂，表示他要修習華嚴教義的決心。不料這件自殘手臂的
事，馬上引起官場的注意，並且加了查究。宗密在寫給澄觀的信中，
對泰恭的宗教虔誠，有很動人的描述；而對此事所引起的官司後果，
只寫了很短數句：

㊺　同上。

㊻　同上，頁 577b。

㊼　同上。

㊽　參閱《碑》，頁 6d；《傳》，頁 741b。

時臺省詢驗，事跡分明。留守崇敬大經，已申中書門下。**❹**

後來他在《圓覺經大疏鈔》中，回憶這一段麻煩事件及他自己的恐懼心情稱：

在東都日，因講次有門人太泰（按：應作泰恭），斷臂慶法。留守鄭餘慶相公，申上中書取裁。緣狀文中云，是華嚴門下。慮宰相尋問疏主虛實，疏主既未委識，恐不招承。遂修狀具述所領解二十卷：疏中關節、大部經文、會品血脈七八紙，來差小師玄珪、智輝申上疏主，以明講非孟浪。**❺**

這一段自敘對宗密和澄觀的相會有重要的說明。文中有些地方，還需要加以解釋：文中所提的鄭餘慶 (748–820) 是當時很有名的大儒和宰臣。《新唐書·儒學總論》稱：

自楊綰、鄭餘慶、鄭覃等以大儒輔政，議優學科先經誼、黜進士、後文辭、亦弗能克也。**❺**

鄭餘慶從早年起，就曾劾奏浮屠「猥賤」「選浮屠法湊以罪」。後來當他受命裁定典制時，他曾「引韓愈、李程為副」**❺**。所以在反對佛教方面，他是韓愈的長官和同志。宗密對他的申上中書，有所顧慮，是

---

❹　〈遙稟清涼國師書〉，頁 577b–c。

❺　《鈔》，頁 224c。

❺　《新唐書》，卷 198，頁 4089d。

❺　《新唐書·鄭餘慶傳》，卷 165，頁 4030d。

很自然的反應。

　　文中所提的「疏主」就是澄觀，名震朝野，甚得皇帝尊崇。泰恭斷臂所引的官司案件，逼得宗密情急之下，報告當局說他是「華嚴（澄觀）的門下」。又怕官方到澄觀處去追查，所以才修書差徒，親向澄觀求助。並且拿出他學習澄觀著作的筆記，證明他對澄觀所撰的疏鈔真有理解。換句話說，他自稱為門人並非是「孟浪」。

　　澄觀在回信中，對宗密的所學甚為器重，馬上稱宗密為「法子」。另一方面，他對為法斷臂一事，深加告誡，要求「後學勿使效之」。他說：

> 當斷其情慮，勿斷其形骸；當斷其妄心，無斬其肢分。則淺識異學安其所不驚視。苟俗無髮膚之誡，則玄化不廣而自博矣。❸

　　澄觀的同情和幫助，稱許和接納，建立了他和宗密的師徒名份，這一師徒名份也把宗密帶到了帝都長安。這是宗密一生中的關鍵性轉變，這一轉變不但結束了他的禪僧生涯，使他進入華嚴世界，並且也為他的學術成就造成非常有利的條件。

　　宗密從洛陽寫給澄觀的第二封信，日期是元和六年十月二十三日。他在信中表示感謝澄觀「納所微悟，許側法席」❹。又說他本想即刻馳往長安，侍奉師父，但因泰恭臂瘡還沒有痊癒，不敢貿然上路。宗密自己不忍遺棄泰恭，所以無法即日起程赴京。按照當時的情景推算，他到達長安的日期，應當在元和七年 (812) 春天。澄觀早從

---

❸　〈清涼國師誨答〉，《大藏經》，卷39，頁577c。

❹　同上。

宗密的來信和玄珪等人的談話中，對宗密的為人及所學，有了良好而深刻的印象。等到二人相會，更證實了澄觀先有的印象。他告訴宗密說：「毗盧花藏能隨我遊者，其汝乎！」❺❺毗盧花藏指的是毗盧遮那佛 (Vairocana) 的國土，也就是他的蓮花臺藏世界，是《華嚴經》烏托邦的理想國土。由此可見他對宗密的器重。

三、坐探群籍　著疏立說

長安是大唐帝國的首都，人才薈萃，文物天寶。宗密到達當時中華文化的中心，給他的學術思想，提供了非常有利的條件：第一，他有機會隨侍澄觀，並且和其他有學問的僧人生活在一起，執經問難，互相切磋。第二，長安寺院所收藏的經典，非常豐富，使他能夠有系統的閱讀典籍，收集材料。第三，皇家敕建寺院中的安靜生活，使他有可能集中精力，從事著作。第四，他和達官名士往來，名震朝野。這種知名度使他作品的流傳，得到很大的方便；另一方面也使他意外的被捲入政治鬥爭漩渦之中。

宗密自傳材料中，對他初到長安十多年的活動，有不少的記敘。現在按年代的先後，將他所記的自述抄出，加以討論，看一看他到上都十多年間的各種活動。首先自然是他師事澄觀的內容和兩大學者的關係。宗密自言：

> 然後入上都親事疏主，數年請益。初二年間，晝夜不離；後雖於諸寺講傳，每月常兩上聽受菩提心戒，乃至無量法門。有疑則往來諮問不絕。❺❻

---

❺❺　《碑》，頁 6d；《傳》，頁 741c。

對一個奮發求學的青年學者來說，能夠找到一位學博才高令人佩服的
老師，又能親隨左右，時請教益，解困釋疑，應當是一件平生的快
事。這對他思想的成熟和學術見解的深化，有著很大的作用。

　　談到圖書閱讀的便利時，宗密自己也有陳述：

> 宗密比所遇釋門中典籍，未有不探討披覽。且於終南智炬寺，
> 誓不下山。遍轉藏經三年，願畢方下山。或京城，或城外，雲
> 居草堂、豐德等寺，皆是尋討聖教。餘隨處隨時，不可具記。
> 自年十七、八，乃至今垂半百，未曾斷絕，故云探群籍也。❺❼

從這一段自敘中，我們可以看出，宗密的確是一位博讀善講的僧人。
平生所至，總是在尋求經典，研討佛學。但是在智炬寺中，發誓閉
關，讀經三年。智炬寺從唐朝初年已是名寺之一，常受皇帝和大臣們
的支持和捐助。後來到肅宗和代宗兩朝，天竺沙門不空三藏 (705–
774) 曾於此寺奉敕修行功德❺❽。及宗密到達長安時，該寺藏經之富，
足夠他三年閱讀。其藏書之多，是可以想見的。草堂寺原來是鳩摩羅
什 (344–413) 譯經故地；也是澄觀製《華嚴經疏》的寺院，歷史甚
久，源遠流長❺❾。豐德寺在草堂寺東南，是佛教歷史學家和律宗創始
人道宣 (596–667) 的故居之一；法相佛學名家圓測 (613–696) 曾居此
寺❻⓿。這兩位都是歷史上的佛學巨匠，該寺收藏大量佛典，也可以從

---

❺❻　《鈔》，頁 224c。

❺❼　同上，頁 224b。

❺❽　參閱《傳》，頁 713a。

❺❾　參閱《陝西佛寺紀略》（初稿），康寄遙主編（西安寺佛化社，1958 年油
　　　印本），頁 16–25。

宗密的自述中，得到證明。

終南山智炬寺不但是宗密有系統的讀經之處，同時也是他正式著作開始之地。他的最早作品，是研究《圓覺經》的兩本書。宗密自記編撰這兩部書的經過說：

> 至元和十一年正月中，方在終南山智炬寺，出《科文》科之，以為綱領。因轉藏經，兼對諸疏，搜採其義，抄略相當，纂為兩卷。❻❶

元和十一年即西元 816 年。這一年所撰的兩部書，就是《圓覺經科文》和《圓覺經纂要》。

西元 819 年，宗密住在長安市內的興福寺，撰寫《金剛纂要疏》和《金剛纂要疏鈔》二書。他自記此事說：

> 遂以元和十四年於興福寺，採集無著、天親二論，大雲等疏，肇公等注，纂其要妙，以釋《金剛般若經》也。勒成《疏》一卷，《鈔》一卷。❻❷

在完成這兩部著作以後，他的研究又轉向唯識佛學：

> 遂以元和十四年冬至十五年春，於上都興福、保壽等寺，採掇大論、大疏，精純正義，以釋三十本頌，勒成兩卷。❻❸

---

❻❿ 同上，頁 77–88。

❻❶ 《鈔》，頁 223a。

❻❷ 同上，頁 225c。

《景德傳燈錄》記稱，密公進入澄觀之門以後：

> 北遊清涼山，迴住鄠縣草堂寺，未幾復入寺南圭峰蘭若。❻❹

宗密的自傳材料中，並沒有提到北遊清涼山這件事；但是他到草堂寺，卻是有年代可考的。文稱：

> 至長慶元年正月，又退在南山草堂寺，絕跡息緣，養神鍊智。❻❺

從長慶元年 (821) 到長慶三年，宗密住在草堂寺，並且時常到附近的其他寺院，著書立說，活躍異常。自傳資料對這三年的活動，記載頗詳，其中最重要的撰述，就是《圓覺經大疏》：

> 良由此經，具法性、法相、破相三宗經論，南、北頓漸，兩宗禪門；又分同華嚴圓教，具足悟修門戶，故難得其入也。宗密遂研精覃思，竟無疲厭。後因攻《華嚴》大部清涼《廣疏》，窮本究末。又遍閱藏經，凡所聽習、諮詢、討論、披讀，一一對詳《圓覺》，以求旨趣。至元和十一年正月中，方在終南山智炬寺，出《科文》科之，以為綱領。因轉藏經，兼對諸疏，搜採其義，抄略相當，纂為兩卷。後卻入京都每私撿之，以詳經文，亦未敢條流綸緒。因為同志同徒，詳量數過，漸覺通

---

❻❸　同上，頁 225c。

❻❹　卷 13，《大藏經》，卷 51，頁 306a。

❻❺　《鈔》，頁 223b。

徹，不見疑滯之處。後自覺化緣勞慮，至長慶元年正月，又退
在南山草堂寺，絕跡息緣，養神鍊智。至二年春，遂取先所製
《科文》及兩卷《纂要》，兼數十部經論，數部諸家章疏，課
虛扣寂，率愚為《疏》。至三年夏終，方遂終畢。**⑥⑥**

《圓覺經大疏》是宗密的主要著作之一，由於他的弘揚，《圓覺經》
成為中國佛學的重要經典。上面的自述表示宗密對《圓覺經》的推
重。也表示他製作《圓覺經大疏》時，深受澄觀《華嚴經廣疏》的影
響。這部重要著作的取材，包括數十部經論及諸家章疏。著作過程從
816 年起到 823 年止，先後用了八年的時間。先以《圓覺經科文》及
《圓覺經纂要》對經文組織及其他經論相通之點，作了提綱挈領的解
釋和比較，然後再和他的同志及學生，幾經參詳，直到一切懷疑完全
除去，他才著手寫作。一共用了一年半的時間，寫成這部經疏。

《法界宗五祖略記》稱：

> 三年春，於豐德寺纂《四分律疏》三卷。至冬初，《圓覺》著
> 述功就，《大疏》三卷，《大鈔》十三卷。隨後又註《略鈔》兩
> 卷，《小鈔》六卷，《道場修證儀》十八卷。**⑥⑦**

由於這一段文字，許多人都以為宗密在長慶三年一年之內，完成了三
部著作。但是從前面引用的自傳資料去觀察，他在 821–823 年之間，
全力致於《圓覺經大疏》的寫作，恐怕沒有時間去編製《圓覺經大疏
鈔》二十六卷那麼卷帙浩繁的作品。何況在撰寫《大疏》之外，他在

---

⑥⑥ 同上，頁 223a–b。

⑥⑦ 《法界宗五祖略記》，《續藏經》，第 134 冊，頁 277c。

那幾年中，還寫了別的幾部書籍：《華嚴綸貫》，和《四分律疏》。自傳資料對這兩部著作，也有記載：

> 長慶二年於南山豐德寺，以疏中關節，綸次貫於一部經文。令講者尅意記持經文，以將釋於此疏。勒成五卷，題云《華嚴綸貫》。
>
> ……長慶三年夏，於豐德寺，因聽次採集律文疏文，行人要行用者，提舉纂出，接引道流，勒成三卷。❻❽

那麼《圓覺經大疏鈔》，到底編纂在什麼年代呢？我想大約成書於長慶三年(823)以後，到太和元年(827)之間。我的根據有兩點：第一，《圓覺經大疏鈔》中所記的自傳資料，只提到《大疏》；從來沒有提到《鈔》的撰寫。因此《鈔》的撰寫日期，應該在長慶三年以後。第二，在823–827年之間，所看到宗密著作的繫年：他當時正在四十至五十歲之間，思想成熟，條件充足，正當盛年，好道勤學，不可能於四、五年期間沒有著述。何況宗密在《圓覺經大疏鈔》中，還有這麼幾句話：

> 自年十七、八，乃至今垂半百，未曾斷絕，故云探群籍也。❻❾

宗密出生於780年，年垂半百是五十歲左右。這段自述的寫作時間，應當是826–830年之間。因為他在827年以後，忙於別的著作和官場生涯，所以《圓覺經大疏鈔》應當是編纂於824–827年之間。

---

❻❽　《鈔》，頁225d。

❻❾　同上，頁224b。

有人曾對宗密在 821–823 年間,分別在草堂寺、豐德寺,分別撰寫《圓覺經大疏》、《華嚴綸貫》和《四分律疏》三部撰述表示懷疑。宋代沙門清遠對這一疑問,曾有解釋:

> 今謂草堂、豐德同在一山,有何不可? ❼⓪

清遠的話很對,根據最近的調查,豐德寺位於草堂寺東南方向,兩寺間的距離只有十幾華里。一個多鐘頭步行可至❼①。宗密居住在草堂時,常來往於附近其他寺院,分別著書,是很合理的現象。

其他有繫年可考的宗密著作,是一些懺悔和願文。這些文字後來被收到《圓覺經道場修證儀》裏面。宗密自稱:

> 太和元年從九月終一冬,獨自初入圭峰,結方丈草屋,自述己心跡:從始至今,錯迷之念,而懺願等文已。後覺此文亦通一切修行人心,諸便刪減偏屬己之事,潤飾之,以通諸人用之。 ❼②

宗密初到長安的十五年間,集中精力,讀經著作。這種機緣對他的學術生活有非常重要的影響。在未到帝都之前,他雖然讀過一些佛教經典,但是當時的四川東部並非文化中心,也沒有聽說過那裏有什麼寺院藏有全部的藏經。從現有的資料觀察,他在川東只讀了《圓覺經》、《華嚴法界觀門》等零星的典籍。他自己曾經用「冠討竺墳」這

---

❼⓪　〈圓覺經疏鈔隨文要解〉,《續藏經》,卷 15,頁 270b。

❼①　見❺⑨引《陝西佛寺紀略》,頁 87–88。

❼②　《續藏經》,卷 128,頁 417a。

句話，描寫他在川東的釋典研究，但馬上表示「當時難之而迷之」。

　　從 812-827 年間，他才有機會對佛教經典作系統性的閱讀。這種閱讀使他的佛學知識和眼界，大為開闊。他的著作清楚表示他的成就。除了《圓覺經》和《華嚴》是原先就學習過以外，他這十五年間的廣讀深思，使他的寫作和佛學範圍，擴展到《般若》、《唯識》和《律部》方面。這種廣博的經典知識，也使他能夠對早期研讀過的經籍，如《圓覺經》作出更系統、更深刻和學術水平更高的疏註。例如他自己在談及他寫《圓覺經大疏》時，就曾以「參詳諸論」和「反復百家」兩語，以概括他的著述。他解釋「參詳諸論」一語說：

> 《起信》，《唯識》，《寶性》，《佛性》，《中觀》，諸《攝》（註：《攝大乘論》自有數本），《智度》，《瑜伽》也。❼❸

這些參考書籍中，包括印度大乘佛教哲學的主要論書。其中《起信論》一書的著人，雖然被現代學者看作是中國著作，但在宗密的時代，還是被一致認作是印度大乘佛學論書，沒有爭論。宗密對「百家」一詞，也有解釋：

> 諸家章疏，及諸觀門、箴、論、讚、頌，諸所述作，建宗立義等文卷也。……言「參詳」及「反復」者，集之對之，對此詳彼，翻覆再三，研味宗趣，審度得失。❼❹

這一段引文表示，宗密除了閱讀大乘佛學論書以外，對中華佛教著述

---

❼❸　《鈔》，頁 226b。

❼❹　同上。

也在這一時期作了有系統的研究。然後才把印度論著和中華佛典,反復對照,尋求宗旨,判斷得失,終於形成了有他自己特色的佛教思想。

四、來往多名士　政海多瀾波

宗密在帝都的著書立說,慢慢的贏得了許多士大夫的推崇。根據現有的記錄推測,他初到長安的十五年間,忙於向澄觀等人請益,有系統的閱讀經典,完成了上面所說的那些經疏著述。直到 828 年前後,他的名聲深入皇宮,這才中止了他在草堂寺一帶的埋頭著述生涯。他在《禪源諸詮集都序》中,回憶這一段生活時說:

> 雖佛說悲智是行,而自慮愛見難防。遂捨眾入山,習定均慧,前後息慮,相繼十年。(註:云前後者,中間被敕追入內,住城二年,方卻來請歸山也。)⑦

鎌田茂雄推算這十年的過程時,認為宗密在長慶元年 (821) 正月,捨眾入山,退居草堂寺。太和二年至三年間 (828–829),被文宗召宣入內,到太和六年 (832),正好是「相繼十年」⑦。鎌田的推算看來是可信的。

他的居住於內道場是從 828 年開始,也就是在那年皇帝誕日——慶成節,「徵賜紫方袍,為大德」⑦。這種特殊的榮譽,馬上吸引許

---

⑦　《大藏經》,卷 45,頁 399c。

⑦　參閱鎌田《研究》,頁 67–68。

⑦　參閱《碑》,頁 7 右 b。

多名士，成為宗密的朋友。這些名士，有的是和澄觀早有來往；有的則是宗密自己直接交納的。從各種資料觀察，和他交往的人士中，有位高的宰相，著名的思想家，握有大權的官員，名馳域外的詩人。這種盛況，真像《宋高僧傳》所描寫的那麼準確：

> 初密道既芬馨，名惟烜赫，內眾慕羶既如彼，朝貴答響又如此。❼⑧

　　早在宗密到達長安以前，他的老師澄觀已經是唐德宗、順宗、憲宗、穆宗等皇帝所尊重的和尚，自然也受到大臣們的敬慕。《宋高僧傳》和其他資料，記錄了許多權貴和名臣與澄觀的交遊。其中有些名字和宗密有關：丞相李逢吉和詩人白居易二人，就是很好的例子。

　　李逢吉本人和宗密並沒有直接來往的記錄，不過他是一個政治集團的首腦。李在 822 年拜同平章事，824 年時聲勢甚熾，他的部下眾多，有「八關」、「十六子」一類的稱號。直到 826 年才罷丞相職。他的姪兒李訓（835 年卒），就是宗密的友好之一，他和宗密的結納，下面再講。

　　白居易和宗密的友誼，不知是什麼時候開始的。現在所知的是白公有詩一首，〈贈草堂宗密上人〉，全文如下：

> 吾師道與佛相應，念念無為法法能。
> 口藏宣傳十二部，心臺照耀千百燈。
> 盡離文字非中道，長住空虛是小乘。
> 少有人知菩薩行，世間只是重高僧。❼⑨

---

❼⑧　《傳》，頁 742a。

從這首詩中，人們可以看出白居易對宗密的推崇。在白氏看來，密公是道與佛應，多聞善講，燈照心臺，大乘中道。朱金城著《白居易年譜》，繫此詩於 833 年，不知何據❽。白氏是在 820 年夏，從忠州應召還京，822 年夏因朝中朋黨傾軋，兩河亂起，國是日非，請求外放，被任命為杭州刺史。直到 827 年再返長安，住到 829 年四月，以太子賓客分司東都。從此以後，他一直住在洛陽，不可能和宗密有什麼來往。從詩內最後兩句推測，這首詩應當寫在 827-829 年間，白居易居留長安那一段時間。那時正是密公道馨名盛的年月，白公又好佛學，懂心法，加之和宗密師友輩早有來往，所以他對宗密知道得比別人要深刻。這才能寫出這首詩，特別是末尾兩句。

　　白居易此時，賢才皆備，詩文名盛，他的周圍有許多朋友都和宗密有過交往，其中劉禹錫最有名。劉氏也和柳宗元 (773-819)、韓愈 (768-824) 等人，都是好朋友。韓、柳、劉三家，都是唐代先開風氣的哲學家，他們的思想對宗密的哲學，一定有著衝激。這一點在下章再作討論。在這群名士中，韓、柳早亡，宗密成名時，他們已經去世；白氏和劉氏都給宗密贈送過詩章。白氏作品，已見上文；劉詩題為〈送宗密上人歸南山草堂寺因詣河南尹白侍郎〉。詩曰：

宿習修來得慧根，多聞第一卻忘言。

自從七祖傳心印，不要三乘入便門。

東泛滄海尋古蹟，西歸紫閣出塵喧。

河南白尹大檀越，好把真經相對翻。❽

❼　《白氏長慶集》，卷 64，頁 355。

❽　參閱《白居易年譜》（上海古籍出版社，1982 年排印本），頁 231。

❽　《劉夢得文集》，卷 7，頁 55a。

按劉禹錫是在太和五年 (831) 除蘇州刺史，十月從長安到達洛陽，白
居易正在那裏作河南尹。兩位詩友小聚半個月，「朝觴夕詠，極平生
之歡」。劉氏贈宗密的詩，應當是寫於這一年的。

　　和白居易相熟的人士中，還有一位地位更高、年資更深的名人蕭
俛。他的祖先蕭瑀 (575-648) 在唐初就以信佛有名。蕭家是中國中古
時期的著名世家。蕭俛自己於貞元中 (785-804) 中進士，811 年召為
翰林學士，813 年進知制誥。820 年唐穆宗立，授中書侍郎，同中書
門下平章事，進門下侍郎。到 821 年因為王播 (759-830) 賄賂權貴，
謀求相位，俛彈劾王播「纖佞，不可污臺宰，帝不許」 **❷**。自請罷丞
相職。蕭氏是一位清高人物，以名聲利益為不潔。唐文宗即位，授他
為少師。他曾稱疾力辭不就。他和白居易有交情，也喜歡與高僧名士
往來。《白氏長慶集》中有〈蕭相公宅遇自遠禪師有感而贈〉 **❸**，足
以證明他們的友誼和與高僧的交遊。

　　蕭家世代簪纓，久信佛法，他和宗密的認識，並不一定是因為與
白居易的交誼。《景德傳燈錄・宗密禪師傳》後，附〈蕭俛相公呈己
見解請禪師注釋〉 **❹**，證明他曾向宗密請教過。文中所討論的問題，
正是荷澤神會所說的「見清淨體於諸三昧」。由此可見，蕭氏真的深
通佛學；在他的心目中宗密的確是荷澤一派禪法的權威。可惜胡適在
討論圭峰傳法世系時，沒有利用這份有關的資料。

　　和白居易、宗密等有來往的人士中，還有溫造 (766-835)。他是
唐初名臣溫彥博 (573-636) 的後裔。溫造的父親溫佶曾辭太常丞以高

---

❷　見《新唐書・蕭瑀傳附》，卷 101，頁 3915-3916；參閱《舊唐書・蕭俛
　　傳》，卷 172，頁 3526。

❸　《白氏長慶集》，卷 19，頁 105a-b。

❹　《大藏經》，卷 51，頁 307 a-b。

節聞名於時。造字簡輿，幼嗜學，不喜試吏，隱居王屋山。德宗愛其
才，召往京師，歷任殿中侍御史、朗州刺史。太和五年檢校禮部尚
書。入為兵部侍郎，出東都留守。白氏集中數見造名。溫造和宗密的
相識，可能在太和初年❽。《景德傳燈錄‧宗密禪師傳》內，附有〈答
山南溫造尚書〉短文一篇❻，是溫氏向宗密問道請益的通訊。

　　宗密在長安名士中最重要的朋友，當推裴休。裴家在唐代也是世
家巨族之一。從少年時代起，就以志操堅正著名。長慶年間從鄉賦登
第。太和初入為監察御史、右補闕、史館修撰❼。當時正是宗密在朝
中名聲最盛的時期，裴休的官位還不高，史館修撰的職務又不太重。
他對宗密的佛學知識，宗教體驗，文章能力，都深為推崇。他比宗密
的年齡要小二、三十歲，所以算是小弟弟。裴氏自己形容他們之間的
關係說：

　　　　休與大師，於法為昆仲，於義為交友，於恩為善知識，於教為
　　　　內外護。❽

這裏清楚表明，裴氏視宗密如師（善知識）、如友、如兄長、如同志。
他們的友誼對雙方都非常重要。因為宗密的指引，裴氏一生崇信佛
教。《新唐書‧裴休傳》對此甚表不滿：

---

❽　《舊唐書‧溫造傳》，卷165，頁3509。《新唐書‧溫大雅傳附造傳》，卷
　　91，頁3897–3898。參閱❽引《白居易年譜》，頁124。

❻　《大藏經》，卷51，頁307c–308。

❼　《舊唐書‧裴休傳》，卷177，頁3538–3539。《新唐書‧裴休傳》，卷
　　182，頁4063。

❽　《碑》，頁7c。

然嗜浮圖法，居常不御酒肉，講求其說，演繹附著數萬言，習歌唄以為樂。與紇干臬素善，至為桑門號以相字。當世嘲薄之，而所好不衰。❽⑨

《新唐書》的主編者歐陽脩 (1007–1070) 是著名的反佛儒者，他對裴休的評語含有偏見，自不用說。但是評語的本身已足以說明裴氏信佛的誠虔態度。

對宗密來說，裴休為宗密的主要著作，如《禪源諸詮集都序》、《注華嚴法界觀門》、《道俗酬答文集》、《圓覺經大疏》等，都撰寫序文，以助流傳。他所撰寫的《唐故圭峰定慧禪師傳法碑并序》❾⓪，更是記述宗密一生的重要文獻。裴公善楷書，為世所重，又善文章。他為宗密撰述的序文和碑銘，也幫助了宗密史料的保存。

裴休的政治黃金時代，是第八世紀的五十年代。他在大中六年 (852) 八月拜相，十年 (856) 罷相。大中七年元月王元宥施碑石，奏請塔額。塔碑建於大中九年十月十三日❾①。凡此種種，都是在裴休作宰相的任內。由此可以看出他對宗密的推崇和尊敬。

宗密和達官貴人的友誼，也給他帶來了一件很麻煩的事──被捲入宮廷政治的漩渦。這個政治戲劇的主角，就是李訓。他的家庭背景，也是世族，他的從父就是宰相李逢吉。《舊唐書・李訓傳》描寫李訓這個人時，說他：

> 形貌魁梧，神情瀟落，辭敏智捷，善揣人意。❾②

---

❽⑨　《新唐書》，卷 182，頁 4063。

❾⓪　散見《全唐文》，卷 743，第 16 冊。

❾①　《碑》，頁 7c。

822年六月，李逢吉拜相；次年李訓進士及第，參與李逢吉的政治圈內，關係密切，是李「八關」、「十六子」的基本成員。826年這一集團失勢，李逢吉罷相。後來李訓自告奮勇，由逢吉給予「金帛珍寶數百萬」，到長安去賄賂鄭注和中尉王守澄，因而受知於文宗。文宗深深感覺當時宮內的宦官，權寵太過，思欲剪除。善揣人意的李訓，馬上在講論《周易》時，引用外間論說，「再三憤激，以動上心」，因此成為文宗的心腹大臣，到太和九年 (835) 遷禮部侍郎、同平章事。就在那一年演出了「甘露之變」。當時因為李訓一派的軍官，人心不齊，衛士與內官在殿內混戰了一場，李訓中拳，被人擊昏。宦官集團率禁兵五百人，執刀出閣，展開反擊，遇人即殺，瓦解了官吏集團。作為「甘露之變」策劃人的李訓，只有逃難一途可走。《舊唐書》稱：

> 是日，訓中拳而仆，知事不濟，乃單騎走入終南山，投寺僧宗密。訓與宗密素善，欲剃其髮匿之，從者止之，乃趨鳳翔，欲依鄭注。……
> 仇士良 (779-841) 以宗密容李訓，遣人縛入左軍，責以不告之罪，將殺之。宗密怡然曰：「貧僧識訓年深，亦知反叛。然本師教法，遇苦即救。不愛身命，死固甘心。」中尉魚弘志嘉之，奏釋其罪。**❸**

　　雖然現有的材料，沒有說明宗密和李訓的交誼，是什麼時候開始的；但是當 835 年冬「甘露之變」時，李訓已經「與宗密素善」。這裏的「素」字，應當作「向來」或「一向」解。換句話說他們並非新

---

❷　《舊唐書・李訓傳》，卷 169，頁 3517-3518。

❸　同上，頁 3518。

交。看來當宗密名聲正盛，出入宮廷的時候，善觀風色的李訓馬上和這位高僧建立了友誼。在唐代的歷史上，宦官弄權常常和士大夫形成對立集團。李訓雖然不是什麼正人君子，而且是以賄賂為進身，以迎合上意取得相位，他的手段很不光明。但是在謀劃粉碎宦官政治集團一點上，卻是深得人心。這就是說他企圖以不光明的手法去完成一件光明的大事。

宦官集團對佛教通常是支持的，唐代主管僧尼的功德使一職，有不少是由有權勢的內侍擔任。士大夫中倒常有反對佛教的中堅，韓愈、李翱 (772–841) 就是最好的例子。值得注意的是宗密在這次風暴中，站在士大夫一方面。他對權宦仇士良的訊問，正面回答不懼死亡的威脅，可以說是正氣凜然。後世的佛教史家對宗密的這種超然的態度，多給予很高的評價。宋代佛教史學者祖琇說：

> 唐史書此，蓋美其有大節也。密具徹法眼，達佛知見，以廣大無礙辯才，闡釋宗教，功力具備，一旦遇死生不測之際，能自信道若此……行解相應，圭峰是矣！ **❹**

五、晚年生活與身後榮譽

從 835 年「甘露之變」以後，有關宗密的紀錄很少。大概經歷那一場驚險之餘，老和尚開始晦跡歸隱，埋頭於整理他的著作。839 年曾經迫害過宗密的權宦仇士良，出任掌管佛教事務的功德使。宗密的精神支柱和老師澄觀，也在那一年去世。他的朋友像溫造、蕭俛、李訓都已去世；白居易、劉夢得和裴休都不在長安，遊宦外地。

❹　《隆興佛教編年通論》，卷 25；《續藏經》，卷 130，頁 337。

　　宗密是一個勤學好寫的思想家，他雖然不再牽涉於政治活動，但著作生涯應該不會停止。從本書前一節的討論中，我們可以看到，宗密從 816–828 年前後，撰述或編纂了好幾部著作。但是到太和元年 (827) 九月以後，就再看不到有繫年的著作。可是從宗密著作目錄上去看，還有幾種作品，並不見於有繫年的材料之內。這一類的書籍有大部頭的《禪藏》和《禪源諸詮集都序》、《圓覺經道場修證儀》、《盂蘭盆經疏》、《道俗酬答文集》等。據我的推算，這幾部書都是 830 年，由內道場回到終南山以後，到他去世以前十一、二年間所寫成的。不過這幾部書編著的次序，現在已經不知道了。

　　在宗密晚年著作中，卷帙最大的自然是《禪藏》，五代時期廣順二年 (952) 的一份卷子記載，《禪藏》當時的名稱，叫作《集禪源諸詮開要》一百三十卷❺。像這麼巨大的作品，自然不是一、兩年就可以寫成。很可能是宗密到長安以後，就一直在收集材料，直到晚年才編輯成書。他在編好《禪藏》以後，又寫了《禪源諸詮集都序》。《禪源諸詮集都序》有自序一篇，裴序一篇。裴休在序中的自署有兩種：一題「洪州刺史兼御史中丞裴休述」；另一題作「唐綿州刺史裴休述」❻。《舊唐書》稱，裴休於太和初 (827–830) 入為監察御史；會昌中 (841–846)「自尚書郎歷典數郡」❼。由此可知，裴序是在 841

❺　參閱影印《敦煌卷子》，潘重規主編（石門圖書公司，民國 65 年），頁 1241。並參考田中良昭〈敦煌本《禪源諸詮集都序》殘卷考〉，《駒澤大學佛教學部研究紀要》第 37 號（昭和 54 年），頁 68–69，及作者論文：〈宗密著《道俗酬答文集》的研究〉，《華岡佛學學報》第 4 期（民國 65 年），頁 132–136。

❻　前者以高麗本《禪源諸詮集都序》（東京東洋文庫藏本 XI-4B-37 號）為代表；後者以日本五山版《禪源諸詮集都序》為代表。裴休為綿州刺史一事，為《唐書》所未載，佛典紀錄，可補正史，此為一例。

年前後寫的，當時密公已老弱了。在裴氏所撰《黃檗山斷際禪師傳心法要·序》中，裴公自言：

> 予會昌二年，廉於鍾陵……大中二年，廉於宛陵。❾❽

會昌二年是西元 842 年，看來裴公初寫《禪源諸詮集都序》，當在那年間。

　　另一部在中國佛教史上有影響力的作品，就是宗密著的《盂蘭盆經疏》。這一部書顯示，宗密到長安以後，曾經回到故鄉一次，拜祭他的祖墳。這件事一直沒有受到史學家的注意，現在應該加以討論。疏文在開頭部份，有這麼一段話：

> 宗密依之修崇，已歷多載。兼講其誥，用示未聞。今因歸鄉，依日開設。道俗耆艾，悲喜遵行。異口同音，請製新疏。心在松柏，豈慢鄉閭。式允來請，發揮要道。❾❾

這段文字清楚記載宗密在成名以後，一度返回他的故鄉，追祭他去世的雙親。他從《盂蘭盆經》所體會和創造出來的一套孝道儀式，很受故鄉老少的歡迎。就是在那種「異口同音」的請求下，宗密才把他多次修崇的佛教表達孝道的方法，編寫成《盂蘭盆經疏》。這一部書籍的編寫，對佛教徒的孝道觀有很大的促進和形成作用。這一問題，在下一章中再作討論。

---

❾❼　《舊唐書·裴休傳》，卷 177，頁 3538。

❾❽　入矢義高編譯，《禪の語錄 8：傳心法要·宛陵錄》，頁 3。

❾❾　《大藏經》，卷 39，頁 505a。

除此而外，宗密在這部經疏的作者自署，也和他的其他著作不同。在別的作品中，宗密通常在他的名字前面，加上寺院的名字，如「終南山草堂寺」、或「圭峰蘭若」等。可是在《盂蘭盆經疏》中，他卻自署為「充國沙門宗密述」⓿。這裏的「充國」不是寺院的名稱，而是他的故鄉。《漢書・地理志上》稱：

> 巴郡縣十一……充國 ⓫

這一漢代的故縣治地，相當於宗密的故鄉果州一帶，包括現在的南充和西充等縣。由這一自署可以看出，宗密寫作這部書的地點。

現有的資料並沒有明白記載宗密回鄉的日期。據我推想最可能的時間是在 836–840 年間，特別是 836 年間。推測的根據是從材料的本身：宗密已經成名了，很受地方人士的尊重。835 年冬發生「甘露之變」，宗密被牽入政治漩渦。在他獲得釋放之後，心情不佳是可以想像得到的。在那種情形下，離開政治中心的長安，到故鄉去轉一趟，換一下環境，舒展一下悶氣，拜一下祖塋，會一會故舊，避一避風險，應當是合乎中國社會習慣的。

宗密逝世的日期和地點，最可靠的記載自然要推裴休撰寫的《傳法碑》。《碑》文稱：

> 會昌元年正月六日（841 年二月一日），坐滅於興福塔院，儼然如生，容貌益悅；七日而後遷於函，而自證之力可知矣。其月二十二日道俗等奉全身於圭峰。二月十三日荼毗。⓬

⓿ 同上。

⓫ 《漢書》，卷 28 上，頁 424。

《碑》文又說，宗密去世時，享壽六十二，僧齡三十四。

　　《碑》文還記載著宗密的遺囑。全文不長，卻足以表現他的思想和風格，值得錄出：

　　　　深明形質不可以久駐，而真靈永劫以長存。乃知化者無常，存
　　　　者是我。死後舉施蟲犬，焚其骨而散之。勿墓、勿塔、勿悲慕
　　　　以亂禪觀。每清明上山，必講道七日而後去。其餘住持法行，
　　　　皆有儀則，違者非我弟子。⓽

　　宗密去世後第十二年，他的好友裴休當了宰相。次年 (853) 一個名叫王元宥的官員，施捨碑石一塊並請唐宣宗為宗密的塔額諡號。《碑》文紀敘這一件事稱：

　　　　今　皇帝再闡真宗，追諡「定慧禪師青蓮之塔」。則塔不可以
　　　　不建，石不可以不斲，且使其教，自為一宗，而學者有所標仰
　　　　也。⓾

「定慧」是宗密所得的諡號；「青蓮」是他骨灰塔的賜名。定慧表示宗密在宗教體驗中的全面而高深的成就。青蓮表示出他出污泥而不染的風格。

　　上面所抄的一段碑文也表示出，從 841 年宗密去世，他的弟子果然謹奉師教，沒有給去世的老師建墓造塔。直到裴休當政，才決定

⓶　《碑》，頁 7b。

⓽　同上。

⓾　同上。

「則塔不可以不建」，否則後來的學者，無所宗仰。據油印本《陝西佛寺紀略》稱：

> 寺南山門外，有圭峰定慧禪師塔，也是草堂重要的祖塔。他的碑既在寺內這塔也應修理，由寺保護。❿

該書於 1957 年編成。當時草堂寺正在施工修理。1981 年我到西安參觀，特別到草堂寺去專程訪古。喜見寺廟殿宇，鳩摩羅什舍利塔，定慧禪師傳法碑都在文化大革命中保留下來，完整無恙，修建如新。可惜當時作者還不知道宗密的骨灰塔，就在山門外的南邊，沒有去看一下，至今為憾❿。

六、著　作

宗密是一位多產作家，但是因為出於中唐時代，恰好是中國多事之秋，書籍流傳不廣，所以使宗密的著作目錄，遺留下許多問題。例如《碑》文記載他的著作時說：

> 自後乃著《圓覺》、《花嚴》、及《涅槃》、《金剛》、《起信》、《唯識》、《盂蘭》、《法界觀》、《行願經》等疏抄，及《法義類例》、《禮懺脩證圖傳纂略》。又集諸宗禪言為《禪藏》，總而敘之，並《酬答》書、偈、議論等凡九十餘卷。❿

---

❿　前引《陝西佛寺紀略》（上），頁 24。

❿　1983 年 8 月，著者在加拿大與中國學術交流節目下，再訪草堂寺，專門探查宗密的骨灰塔。據寺僧說，「已被毀於十年浩劫之中」。

《宋高僧傳・宗密傳》除了以上諸書以外，又增加了《四分律疏》五卷、《鈔玄談》二卷。傳中總結宗密的著作數目為

　　凡二百許卷，圖六面。⓵⓼

但是《碑》和《宋高僧傳》，主要的是記敘宗密的生平大事，不是圖書目錄；何況著作的數目相差，達一倍有餘，這就給研究的學者，造成一種很嚴重的混亂。

　　鎌田茂雄經多年的研究，初次利用當時可以得到的佛教典籍目錄，把宗密的著作，加以有系統的考證，計算宗密的全部著作，共達三十七種之多⓵⓽。在鎌田教授引用的目錄資料中，最早的是《新編諸宗教藏總錄》，也就是通常所講的《義天錄》。可是義天所編的這本目錄，成書於 1101 年，上距宗密去世已經二百六十多年了。直到潘重規教授，發表了〈國立中央圖書館所藏敦煌卷子題記〉以後，學者們才知道，中央圖書館藏的第一三三號《敦煌卷子》，正是宗密名著《禪源諸詮集都序》手鈔殘本⓵⓪。這份卷子寫於五代後周廣順二年 (952)，上距宗密去世只有一百一十年。這是現存宗密著作鈔本日期最早的本子。更重要的是這份殘卷的末尾，附有一份宗密著作目錄，題為「圭峰大師所纂集著經律論疏鈔集注解文義及圖件等」。這份目錄的出現，在我們對宗密著作的研究上，有非常重要的意義。現在根據這份最早

　⓵⓻　《碑》，頁 6d。

　⓵⓼　《傳》，頁 742a。

　⓵⓽　參閱《研究》，第二章，第四節，頁 73–101。

　⓵⓪　潘文，《敦煌學》輯 2 (1975)，頁 51，第 133 號。參閱本章第五節：晚年生活與身後榮譽，⓽⓹。

的目錄，和鎌田的研究結果，對照檢查，宗密所著的作品，應當是這樣的：

(1)《圓覺經大疏》

存。見《續藏經》第十四冊。現分十二卷。這是宗密的重要著作，見於《碑》，《傳》，《記》，《義天錄》等。書前有本序一篇，題為「終南山草堂寺沙門宗密述」；及裴序一篇，題為「唐江西道觀察使洪州刺史兼御史大夫裴休述」。雖然《續藏經》稱，這本書是十二卷；但是本文分為上、中、下三卷，每卷再分為之一，之二，之三，之四等四卷。按三卷是原來的數目，當時可能寫在絲織品上，每卷長度甚大。後來轉鈔紙本，面積較絲織品為小，故再分為四卷，三卷改稱十二卷。

(2)《圓覺經大疏鈔》

存。見《續藏經》第十四、十五兩冊。現分二十六卷。《敦煌卷子》作「十三卷」，《義天錄》作「二十六卷或十三卷」。按原作記為十三卷，後因鈔寫材料不同，分為二十六卷。今本內文也分十三卷，每卷又分上、下兩卷。書前有宋代紹興戊午 (1138) 平江府、崑山能仁院沙門義和的序文。序文開首的一段稱：

> 茲鈔自唐至今，固有年矣。異域雖模方板，中國未嘗印行。副本爭傳，三寫烏馬。因獲高麗印本與寫本參校……⑪

(3)《圓覺經大疏科文》

原為一卷；《義天錄》稱「二卷或一卷」；殘存本作三卷，《續藏經》第八十七卷收錄，只有中卷一部份及下卷全文。

---

⑪ 《續藏經》，卷14，頁204a。

⑷《圓覺經小疏》

存。見《大正新修大藏經》第三十九卷，《續藏經》第十五卷。原作二卷。流行本題為《圓覺經略疏》，分為四卷。書前有金紫光祿大夫守中書侍郎尚書門下平章事充集賢殿大學士裴休撰寫的〈大方廣圓覺修多羅了義經略疏序〉。從裴公的官銜看，這篇序文是他作宰相時寫的，遠在宗密去世以後。書後附有〈圭峰定慧禪師遙稟清涼國師書〉等三封通信。

⑸《圓覺經小疏鈔》

存。六卷。收於《續藏經》第十五卷。流行本分為十二卷。書前有吳門傳教臨壇賜紫明義大師思齊，宋康定二年辛巳 (1041) 所寫的序文，其中有「約定原鈔，將是刊勒，門人子章力摹方板……」等語。這可能是此書最早的刻本。卷首有識文稱：

圭峰蘭若沙門宗密於大鈔中略出。❷

足以說明此書成於《圓覺經大疏鈔》以後。書末有范必用明永樂十七年己亥 (1419) 所寫的一段跋文❸。

⑹《圓覺經小疏科文》

存。一卷，收於《續藏經》第十五卷，題作「圓覺經略疏科」。書前有一段小序，文中稱裴公為「丞相」，可見這個本子，鈔在後期。

⑺《圓覺禮懺文》

四卷。此書可能是日本學者寶巖興隆《義天錄》和編集的《佛典疏鈔目錄》中所載的《禮懺略本》四卷。按《圓覺經道場修證儀》

❷　《續藏經》，第 15 冊。

❸　同上。

中，宗密自言他在太和元年，獨入圭峰，自述心跡：「從始至今，錯迷之念，而懺願等文已……」❶❶❹此書所載，應即宗密當年所編寫的懺願文。此書現在已經沒有單行本了，但原有文字，後來可能被收入《圓覺經道場修證儀》內。

⑻《明座禪修證儀式》

不分卷。此書不見於其他目錄。「明座」二字可能是「明坐」的誤寫。《圓覺經修證儀》第十一卷，是專門談坐禪的修行儀式，可能和此書有密切的關係。

⑼《圓覺庶禮文》

十八卷。應為《續藏經》第一百二十八卷中的《圓覺經道場修證儀》。這是一本佛教儀式的專書，內容龐雜，對佛教日常節儀和修行方法，如禮佛、懺悔、坐禪、通俗佛理、應用文字等，都有詳細的記述。對民俗宗教有特別重要的價值。

⑽《金剛經纂要疏》一卷

⑾《金剛經纂要疏鈔》兩卷

⑿《金剛經纂要疏科文》一卷

宗密在《圓覺經略疏鈔》中自稱，他的采集般若是用天親、無著著論書兩種，大雲疏，僧肇註等，「勒成疏一卷，鈔一卷」，以釋《金剛般若經》。原書已佚，現有《金剛般若經疏論纂要》一部三卷，附《科文》一卷，收於《大正大藏經》第三十三冊，《頻伽》、《龍藏》。該書題為「唐宗密述，宋子璿定科」。

⒀《唯識頌疏》

兩卷，已佚。撰於 819–820 年間。

⒁《唯識頌疏鈔》九卷

---

❶❶❹ 同上，第 128 冊，頁 417a。

⒂《唯識頌疏科文》一卷

以上二書，不見於其他參考。

⒃《起信論疏》兩卷

⒄《起信論疏鈔》九卷

⒅《起信論疏科文》一卷

《增補諸宗章疏錄》（日本東武謙順編）及《華嚴宗章疏目錄》（日本上田照遍編）同作《起信註疏》或《起信論註疏》，四卷。原書已佚。《頻伽》、《龍藏》及《大正大藏經》第四十四卷，收有《大乘起信論疏》五卷，附《科文》一卷，稱「唐法藏述疏，宗密科會」，可能是上述三書的摘鈔本。

⒆《四分律藏疏》五卷

⒇《律鈔玄談》兩卷

(21)《科文》一卷

宗密在《圓覺經大疏鈔》中自稱，長慶三年 (823) 於豐德寺遍討五部律，聽四分新章，採集律疏，摘錄要用者，接引道流，勒成三卷。這三部書，全部佚散。

(22)《普賢行願鈔》兩卷

(23)《科文》一卷

此二書現存。收在《續藏經》第七冊。題為《華嚴經行願品疏科》一卷，《華嚴經行願品疏鈔》六卷。《疏鈔》題後註有《疏鈔合刻》。按《續藏經》第七冊，收有澄觀原著《華嚴經行願品疏》四卷。《疏鈔合刻》六卷，除去原疏四卷，宗密的鈔文，正好是兩卷。

(24)《華嚴經梵行願疏》一卷

(25)《鈔》一卷

(26)《科文》一卷

此三書不見於其他資料，恐怕早已失散。

(27)《華嚴經綸貫》五卷

此書題目見於《圓覺經大疏鈔》，題為五卷，與此正合。已佚。

(28)《涅槃經綱要》三卷

此書見於《圭峰禪師碑銘》及《宋高僧傳》，可是沒有記載卷數。已佚。

(29)《注發菩提心戒》一卷

此書不見於其他資料。現在流行的單本佛經中，有《裴相發菩提心文》一卷，宗密作序。當是此書。

(30)《注法界觀文》一卷

存。收於《大正大藏經》第四十五卷。書前有唐綿州刺史裴休序文一篇。《續藏經》亦有《華嚴法界觀科文註》一卷，亦題為「唐宗密述」。

(31)《注辯宗論》一卷

佚。南朝謝靈運 (385–433) 著有《辯宗論》，討論竺道生 (355–434)。宗密的禪學思想，言及頓悟的地方很多，他註釋竺道生思想的有關資料，是很自然的事。此書不見於其他資料，但對道生與禪宗頓悟理論的關係，提供重要的線索。

(32)《禪源諸詮集都序》兩卷

存。收在《大正大藏經》第四十八卷，《續藏經》第一百零三冊。此書曾被二次譯為日文，二次譯為英文。是宗密思想的主要著作之一，也是中國學術史上最有系統的禪、教一致的論著。

(33)《雜述瞻答法義集》十二卷

鎌田《研究》題作「法義類例」，不詳卷數。題中的「瞻」字應作「瞻」，意為向上或向前看。從文字的意義上去考察，宗密和澄觀

的通信（即鎌田錄中的第三十二號《修門人書》），應當是原屬此集。
過去我曾推想，那些通信是屬於《道俗酬答文集》，但現在覺得這三
封書信，應當屬於此書，正合「贍答」之義。

(34)《道俗酬答文集》十卷

鎌田第二十七題作「酬答集」，未記卷數。參閱作者論文：〈宗密
著《道俗酬答文集》的研究〉**⑮**。

(35)《集禪源諸論開要》一百三十卷

此即鎌田《研究》中宗密著書第二號，即所謂《禪藏》是也。原
書已佚。《新唐書・藝文志》記有《禪源諸詮集》一百零一卷。日本學
者黑田亮曾懷疑此書的存在。1974 年筆者曾據《禪源諸詮集都序》所
載內證，肯定《禪藏》一書的存在**⑯**。現在《敦煌卷子》本圭峰大師
所纂集著目錄的發現，不但證實此書曾經獨立存在，同時也說明它是
一部長達一百三十卷的巨著，參閱作者論文：〈敦煌本《禪源諸詮集都
序》對中國思想史的貢獻〉，《敦煌學》，第十二輯，第五至十二頁。

(36)《三教圖》一面

(37)《圓覺了義經圖》一面

以上二圖，均已佚散。《宋高僧傳・宗密傳》有一段話，形容宗
密著作的話稱：

> 凡二百許卷，圖六面，皆本一心而貫諸法，顯真體而融事理，
> 超群有於對待，冥物我而獨運矣。**⑰**

---

⑮　《華岡佛學學報》，第 4 期，頁 132–166。

⑯　作者英文論文："Two Problems Concerning Tsung-mi's Compilation of
Ch'an-tsang 禪藏"，見《國際東方學者會議紀要》，第 19 號 (1974)，頁
37–47。

上述二圖當是圖六面內的兩面。它們的內容應當也是標示一心貫萬法的。

⑱《起信圖》一面

原圖已失。但《都序》下卷末尾，有圖一幅有眾生心及其淨法十重、染法十重，內容結構，是以《大乘起信論》為主幹。此圖可以表現宗密圖解《起信論》的痕跡。

⑲《累代祖師血脈圖》

今本《禪門師資承襲圖》(《續藏經》第一百一十冊)，應該就是此書。此書內有一圖 (頁 434–435)，圖前有一段文字。

> 諸宗師承大槩如此；然緣傍正橫豎，交雜難記。今畫出為圖，冀一覽不遺於心腑……

今本全名為《中華傳心地禪門師資承襲圖》。日本學者宇井伯壽早在其名著《第三禪宗史研究》一書中指出，現在的書名是後人所加。宋人著作如慧洪 (1071–1128) 的《林間錄》，稱此書為《圭峰答裴相國宗趣狀》或《草堂禪師牋要》。現在《敦煌卷子》本圭峰大師著作目錄的出現，本書古名從此而知。

⑳《金剛經十八注圖》一面

已佚。不見於其他資料。

上面的宗密著作目錄，主要是根據廣順二年 (952) 從京來漢大師沙門智清的本子上抄寫出來的。這是圭峰著作現存的最早目錄。如果把這一份目錄和最新的研究——鎌田茂雄著《宗密教學の思想史的研究》內所列舉圭峰著作相比較，前者有許多書、圖如第 8, 14, 15, 17,

---

⑪　《傳》，頁 742a。

18, 20–26, 29, 31, 34, 36–38, 40 等號，都不見於鎌田的《研究》。

也有一些著作，雖然見於後者，可是書名不同。第 7, 9, 33, 35 等，就是最好的例子。

另一方面，《敦煌卷子》本的圭峰著作目錄，也沒有錄取現存的某些著作。如果我們檢查一下鎌田《研究》中所列的宗密著書，就可以發現，下面多種沒有出現於《敦煌卷子》圭峰著作目錄之內：

3)《原人論》　　　　　一卷

20)《盂蘭盆經疏》　　　一卷

24)《一心修證始末圖》

26)《答真妄頌》

29)《圓覺道場六時禮》　一卷

32)《修門人書》　　　　一卷

33)《後錄》

34) 圖六面

35) 偈

36)《注華嚴心要法門》

我在〈宗密著《道俗酬答文集》的研究〉論文中，曾斷定凡是敦煌寫本書目中沒有列出的宗密著作，可能原來是收集於《道俗酬答文集》裏面。在那一篇論文中我還認為宋人所說的《圭峰後集》（即鎌田書中所列的第三十三號），也是指的這一本書。經過這次重新分析，現在可以說得更具體些：鎌田上述的書單中，第 3, 26, 33, 35 等四個題目，都是《道俗酬答文集》，《後集》是總名，其他三種是所收的材料個別題目或擬題。第三十二號《修門人書》，應屬《雜述瞻答法義集》。

《盂蘭盆經疏》是宗密宗教思想中的一部重要作品，不知《敦煌卷子》本的圭峰著作中，為什麼沒有記錄此書。因為此書的名字，曾

出現於《碑》文和《宋高僧傳》，它是宗密所著無可置疑。現在應當補入圭峰著述之內。即

　　(41)《盂蘭盆經》

《義天錄》稱一卷；現在的流行本分上、下兩卷。存。收於《大正大藏經》第三十九卷；《續藏經》第三十五冊。此書內容及著作時、地，已於本章前一節中討論過了。

　　鎌田《研究》中的《一心修證始末圖》，是根據《碑》和《傳》文中的「脩證圖傳纂略」一語，和《義天錄》中所載《一心修證始末圖》一卷，才確定此書的名稱。鎌田認為此圖的內容，是在註解《起信論》 ❶⑱ 。我同意他的觀察，並且認為此圖就是《敦煌卷子》圭峰著作目錄裏所列的《起信圖》。

　　《圓覺道場六時禮》，鎌田稱他是根據《法界宗五祖略記‧五祖圭峰大師傳》和《佛典疏鈔目錄》而定出的，內容不明。今檢《五祖略記》文中，無此題目；後者確有《道場六時禮》的名字，不分卷。我頗懷疑是後人從別的書中鈔出的短篇，並非宗密的原著。

　　「圖六面」一題的根據是《宋高僧傳》，原是敘事，不是書名。

　　《注華嚴心要法門》一書，現存於《續藏經》第一百零三卷。《心要法門》的本文是宗密的老師澄觀所撰，宗密的注文更為簡短，連文帶注合起來只有一張紙。估計原來是別的書籍，如《雜述瞻答法義集》之類的一部份。

---

❶⑱　《研究》，頁96，並參閱作者英文論文："A Study of *Ta-ch'eng ch'anmen yao-lu*: Its Significance and Problems"，刊於 *Chinese Studies* 卷4，第2期，頁533–547。

七、結　論

　　從以上的討論中，我們可以看出在宗密的一生中，這個博學多聞的高僧，曾經歷了不同的生活階段：早年研習儒家經籍，二十五歲時因為遇到道圓禪師，他們相談投機，削髮出家，進入禪門。他的決定辭俗求真，是在他知識成熟以後，根據他的精神需要由自己決定，並不是盲目的受人指使，也不是因為生活無著，才到寺院找一口飯吃。

　　宗密生活中第二次大轉變，是他在自證心地之後，對知識的追求和學術領域上的探索。這種好學善思的精神，不僅使他由禪宗的實踐，轉入富有哲學色彩的華嚴佛學；並且也把他從比較邊遠的四川東部，帶到大唐帝國的政治文化首要中心，上京長安。這一轉變使他得到一群學深道高的師友，藏書豐富的寺院，和安靜的生活環境，從而為他的著述生涯，提供優越的條件。宗密沒有辜負他的這種際遇，在他居留在長安的二十多年中，大部份時間用於著述。從 816 年到他去世時 (841)，先後纂集、註釋、著作、繪製了四十多種書籍或圖解，使他成為中國學術史上多產學者之一。

　　長安的居留使宗密的著作、思想和傳教能力，得到充分發揮的機會，也受到許多士大夫們的讚賞。在他交遊的達官貴人中，包括名詩人白居易、劉禹錫，曾任宰相的蕭俛、李訓和裴休，以及尚書溫造。特別值得注意的是這些達官名士，多是不畏權勢，風格高潔的人物。就連作風最有問題的李訓來說，他在取得相位以後，致力於清除權宦一點，仍為史學家所肯定。古人說「觀其友，知其人」，又說「物以類聚」，從宗密和正直人士多所交往一點去觀察，胡適懷疑宗密假造宗譜抬高地位一點，是很難令人相信的假設。

　　達官名流的推崇，終於使宗密的聲名，深入皇宮。就是在這種情形下，他於 828 年，受召入宮御前說法，受到賜紫方袍的榮譽。另一方面，他的朋友李訓因「甘露之變」的失敗，一度求宗密保護，致使宗密被牽入政治漩渦。宗密在安全受到威脅的緊要關頭，表現出面對現實，不逃不避的無畏精神。難怪《指月錄》的編者，對宗密在非常時刻的怡然不懼，深表讚嘆。

　　835 年以後的宗密，似乎除了返里掃墓的行程以外，埋首著述，來往於長安城內和終南山之間。

　　宗密一生前後編著了四十多種作品。這些作品大約可以分為三類：編輯、註釋、創作。在他所編輯的作品中，《禪藏》一書達一百三十卷之巨，這不但是這位作家著作中最長的書籍，也是中國學術史上少見的鉅製。他的註釋疏鈔佛教典籍中，對《圓覺經》和《盂蘭盆經》等經的研究，直到現在還是權威性的註疏，無人能出其右。《禪源諸詮集都序》、《原人論》、〈遙稟清涼國師書〉、〈答山南溫造尚書〉等創作，無論是長篇論著還是錦繡小件，都是立論堅實，條理分明，思想成熟，文字典雅的哲學作品。以他的《原人論》作例，去和韓愈的〈原人〉篇相比較，宗密思想的緊密，文字結構，哲學深度及系統性，都遠遠超出韓文。

第二章　對儒道哲學的批判和肯定

　　從宗密一生的歷程上去觀察，他早年學習儒學，然後轉入禪宗，最後才又由禪門轉入華嚴佛學。他的思想承傳脈絡，主要的也是這三個方面。除此以外，唐代皇室姓李，曾把老子追認為皇室的祖先，以老子為教祖的道教也因之沾光——道教的經典《老子》、《莊子》、《列子》等，都曾一度被列為科舉考試的必讀書籍❶。再加上朝廷之內曾多次舉行三教辯論，其中包括道教，更使道教義理成為當時思想的主流之一❷。宗密在他的著作中，多次引用佛、禪、儒、道典籍，這足以說明他對當時的宗教哲學非常熟悉。但是宗密到底是一位宗教思想家，他對知識的追求，並不是把獲得知識作為目的。對一位宗教思想家而言，知識只是一種手段，目的在於完成宗教解脫。為了解脫，宗密必須要找尋一種真正可以達到那一大目標的哲學和修行方法，在追求這種哲學和宗教實踐的過程中，他一定會對他所遇到的各種教義及其實踐方法，有所學習、批判、討論和取捨。通過這種選擇、吸收、批判、融合的過程，才能夠把這些知識與自我經驗結合起來，重新建造新的理論體系，使其成為一種新的宗教哲學。

---

❶ 見《唐會要》，卷50，頁866：「開元二十九年正月二十五日制：前件舉人合習《道德》、《南華》（即《莊子》）、《通元》（即《文子》，元應作玄）、《沖虛》（即《列子》）。」

❷ 參閱羅香林論文：〈唐代三教講考論〉，收於羅著，《唐代文化史》（臺灣商務印書館，民國44年出版），頁159–176。

現在按照宗密學習生活的先後順序，討論他對儒、道、禪、佛（華嚴）四家的傳承和批評。

一、儒家傳統與新思潮的躍動

儒家傳統指的是隋唐時以經學為主的儒學。這是一門官定學術，也是當時考試制度的主要內容，這種學術是以讀誦古代儒家經籍，為「明經」科舉作準備。至於這些經籍對學生的思想有什麼作用，倒不是重要問題。宗密早年所受到的儒學教育，就是這種儒家傳統。新思潮的躍動，指的是西元 800 年上下數十年間，幾位有思想的學者，包括韓愈 (768–824)、柳宗元 (773–819)、劉禹錫 (772–842)、李翱 (772–841) 等，有見於唐代社會制度的衰落，問題的嚴重和生民的艱困，因而憂國傷時，重新尋求道德標準和時代出路。他們的努力為宋明新儒家思想，開闢了新的道路。宗密到長安時，韓、柳已經是名滿京華，他和韓、柳的幾位朋友如白居易、劉禹錫、溫造等，都有來往。因此之故，宗密對這些新思潮的躍動也有所接觸，有所批評。

雖然從中國思想史的全面展開上作觀察，新儒家思想的躍動是一個歷史性的轉折點；但是以西元第九世紀為準，當時佔優勢的並不是這種啟蒙性的新思想，而是根深源遠的儒家經學傳統。因為在傳統中國社會制度下，作官是讀書人的主要目標，也是他們的主要出路。從儒家經典和哲學中，尋求個人安身立命，是宋、明新儒家的新課題，唐代儒學還是以「治國平天下」作為主要的目標。唐承隋制，提倡儒學❸。因為在當時的統治者看來，儒家傳統和經典，對官員的訓練，非常重要。通過對儒家傳統的學習，才能夠「啟生民之耳目，窮法度

---

❸　參閱陳寅恪著，《隋唐制度淵源略論稿》(中華書局，1963 年出版)。

之本源」❹。從唐代開始，皇帝以下就重視學校的典禮和儒家經籍的
規劃和出版。唐太宗李世民（626-649 在位）雄才大略，精勵圖強，
不但武功彪炳，並且很重視文治。他看到儒家的經籍流傳太久，師承
不同，再加上南北朝時期數百年的政治分裂，經典文字的異別，和詮
解的分歧，對政局和思想的統一都非常不利。就是在這種背景下，顏
師古 (581-645) 受命於秘書省——主管太史和著作的機關，考定五
經。自從漢代以後，儒家五經的章句傳授，各有師承，就是所謂「家
學」。各家的讀法不同，常起爭論。顏師古以隋儒進入唐代，他的祖
先顏之推（531-約595）曾先居南朝，晚年定居華北，可以說是經學
兼南北之長；師古家學淵源，他的學風也是如此。當五經定本寫成之
後，曾交諸儒討論，凡是與各家不合的地方，都曾引起過爭論。博學
的顏師古在答辯中，引用晉、宋以來的古本，證明他的讀法，對質詢
逐條回答，終於說服各家。貞觀七年 (633) 十一月，由皇帝下令，「頒
新定五經」❺，這才完成了唐代官定課本的開創工作。

　　唐太宗又命令孔穎達 (574-648) 等人，將唐代以前各家所撰寫的
五經疏論，加以整理，重新纂訂。貞觀十六年 (642) 書成，這是一套
長達一百八十卷的大部頭著作，名為《五經正義》。這部書幾經討論
修改，直到唐高宗永徽四年 (653) 才正式公告：「每年明經，依此考
試。」❻《五經定本》的頒布，使唐代士人和考試官有了一部統一和

---

❹　見《唐會要》，卷35，頁635，〈褒崇先聖〉條下，武德二年六月一日詔
　　文。

❺　《舊唐書・太宗本紀下》（開明書店《二十五史》本），頁3068下。參看
　　本田成之著，《中國經學史》（古亭書屋，民國64年出版），第六章，第
　　二節，頁229-233。

❻　《唐會要》，卷77，頁1405，〈論經義〉條。

權威性的課本，不再遭受經書異文的困擾。《五經正義》的完成和流通，使學人對經義的理解，不存異說。這是漢代以後，中國儒學的新統一，也給《五經正義》造成一個獨尊的局面。可是官定的章句和義理，主要在應付科舉，與個人「性命」的關係，幾乎沒有；這就使得許多讀書人無法在儒學傳統裏面，得到宗教問題的解答，他們只好另尋出路。宗密自己在多年習儒之後，已經清楚認識到儒學傳統只是「世業事藝」。因為這種事藝，與人生的根本問題「本不相關」，儒學傳統的內容，已經發展到不包含大道深理，而只是一些章句上的技術問題。於是不滿傳統的讀書人如宗密，只好棄儒入佛；也有些人像韓愈、李翱，留在儒家傳統之內，重新發現自己，認識傳統，造成新儒家思想的躍動。宗密的出家求佛，象徵著儒家傳統的衰落，韓、李新思想的出現，代表著新儒學思想的躍動。儒家思想從唐代的僵化，到晚唐的新躍動，是中國思想史上一大轉折點。

韓　愈

　　在儒家思想的新躍動中，韓愈首開風氣。他三十八歲時所寫的〈原道〉、〈原性〉、〈原人〉等篇哲學論文，是儒家革新運動的代表作品。後來他更把這種批評釋氏的思想，在政治行動中表現出來，寫出〈論迎佛骨表〉，正式向唐憲宗提出，以致影響到他和皇帝的衝突。他的哲學思想、古文運動、反佛精神及詩歌創作，都對晚唐以後的中國文化，有相當的影響力 ❼。

　　韓愈是一位很有能力的作家，也是一位敢言的人物。雖然他的哲學思想只限於社會政治範圍以內，缺乏內在的自我發現；但是他對宗

---

❼　論韓愈思想較全面的新作，參閱牟鍾鑒著，《韓愈》，收於《中國古代著名哲學家評傳》（齊魯書社，1980 年出版），卷 2，頁 657-714。

教的社會問題，和儒家傳統新生命的追求，卻是充滿著時代精神和歷史動力。他不但從複雜的社會現象中，觀察出晚唐社會、經濟、思想等危機；更能夠從儒家古老的典籍中，發現一條新的歷史道路。更重要的是他有能力把他個人的感受和發現，用他清晰而富於感情的文筆，傳達給讀者，在他們中間引起爭辯或共鳴。因為這些努力，中國思想界，特別是僵化了的儒學，才有了一次新的激盪和生機。韓愈又善於交結朋友，能夠在知識界人士裏面，團結成一股力量，推進改革。

新儒家的主要思想特點，就是重新發現儒家的「道」，對「道」作了新的說明，並且以道為中心建立起一個歷史傳授系列，所謂「道統」。對道的新解說是新儒家的思想綱領，而「道統」的建立使儒家在對抗佛、道祖師之說時，有了一套自己的辦法。從歷史發展上加以觀察，新儒家的批判釋老，使南北朝以來，知識份子大量逃世入佛的風氣，得到制止。儒家精神的自我重新發現，使古代儒家經典所傳的內容，成為一套既可修身又能夠治國平天下的理論，重新受到社會的重視。這種積極的入世思想，再加上《孟子》書中所講盡心知性，上達天命，使儒家哲學形成了一套新的體系，可以道行天下，又可以安身立命。這一改變，把當時流行的應考昇官的儒家傳統，與個人的性、命、修養結合起來，使古老僵化的儒學再得到新的活力。

在對道的理解上，韓愈開門見山一語道出，他所說的儒家的道，指的是仁、義、道、德。他說：

> 博愛之謂仁，行而宜之之謂義，由是而之焉之謂道，足乎己無待於外之謂德。仁與義為定名，道與德為虛位。❽

❽　見〈原道〉，《朱文公校昌黎先生集》(以下簡稱《韓集》)，卷 11，頁 95 下。

從這一段話中，可以看出韓愈的「道」是以仁、義為基礎的入世思想，這種「道」和人倫關係日用生活，緊密結連在一起。這種「道」是人人可得，不須外求的。這種「道」是生活中的必然準則，無可逃避。

　　韓愈所提倡的「道統」，簡單明瞭。他認為儒家的道，是由堯舜開始向下傳授，由禹、湯、文、武、周公，以至於孔、孟。「孟軻死，不得其傳焉。」於是儒家的「道統」就中斷了一千多年。「道統」沉淪的結果，使釋、道兩家流行中國，造成棄君臣，去父子，禁生養，求寂滅的危險狀況。陳寅恪認為韓氏的道統淵源，固然是受孟子的文章啟發，並且也是摹襲新禪宗的祖師譜系❾。陳氏的見解很有道理，現在值得進一步討論的是，韓愈為什麼要以承繼孟子自居？以韓愈的文章去分析，可能性有兩點。第一，孟子的仁民愛物的說法，正是韓愈「聖人一視而同仁，篤近而舉遠」的理論根據。這種說法，不但可以用作排斥夷狄之教，更可以把這種理論使諸「夷狄禽獸」。第二，孟子一生對儒家的最大貢獻，在拒斥楊墨兩家的言論；韓愈也正是以辟佛、老二氏為己任。在韓愈的心目中，他和孟子的歷史任務是相同的。他的這種心情，可以從他寫給孟簡（824 亡）信中，清楚的看出❿。與他同時代的杜牧 (803–852) 也承認說：「世稱夫子之德，莫如孟子；稱夫子之尊，莫如韓吏部。」⓫

　　韓氏對佛、老二氏的批判，也是中國思想史上一次有名的事件。他批評佛、老兩家宗教，牽涉到經濟、政治、倫理、民族文化等方面

---

❾　見《陳寅恪文集》之二《金明館叢稿初編》（上海古籍出版社，1980 年出版），頁 285–297：〈論韓愈〉；有關道統部份，見頁 285–286。

❿　《韓集》，卷 18，頁 146a–b。

⓫　原文見《處州孔子廟碑》注引。本文引自牟鍾鑒著，《韓愈》，頁 15–16。

的問題。從經濟上去分析，韓氏指出：

> 古之為民者四，今之為民者六……農之家一，而食粟之家六；
> 工之家一，而用器之家六；賈之家一，而資焉之家六；奈之何
> 民不窮且盜也。**⑫**

民者四，指的是傳統中國社會中的士、農、工、商四種階層。今民者
六，是上述四個階層之外，再加上釋、道兩家。上述六個階層，農、
工、商三家是生產者；其餘三家是消費者。所不同的是在儒家的目光
中，士人雖不生產，但有教育人民、治理國家的作用，只有僧、道集
團，僅是消費農、工、商人的生產，不但對國家人民毫無益處，反而
因為宗教的狂熱，引起更驚人的浪費。

　　從政治上去觀察，韓愈指出佛教教人「必棄而君臣，去而父子，
禁而相生養之道。」**⑬**老子的教導卻又是：「聖人不死，大盜不止；剖
斗折衡，而民不爭。」**⑭**如果這種教義，不能及時受到制止，那麼「人
類之滅久矣」！從倫理上加以分析，韓愈認為：「老子之所謂道德云
者，去仁與義言之也。」**⑮**另一方面更是毀滅人倫「以求其所謂清淨
寂滅者。」**⑯**自民族文化觀之，韓氏認為佛教只是「夷狄之一法耳！」
佛教徒不言先王的法言，不著先王的衣服，不知君臣之義，父子之
情**⑰**。這種不文明的宗教，如果不及時加以禁止，就會導致「傷風敗

---

⑫　《韓集》，卷11，頁95下至96a。

⑬　同上，頁96a。

⑭　同上。

⑮　同上，頁95b。

⑯　同上，頁96a。

俗，傳笑四方」。韓愈深知，佛家因果報應之說，已經深入人心，想
要打破人們對這種教義的顧慮，必須對這個問題加以說明。韓氏以歷
史事實證明，在佛家因果報應之說沒有傳入中土以前，歷史上的許多
王朝都是祚命長久的；倒是佛教傳入中土以後，反而戰亂相繼，運祚
不常。那些奉佛恭謹的皇帝，當權年代反而是非常短促。從這些事實
去觀察，佛是不值得崇拜，也沒有賜福予人的能力。他知道皇帝和許
多高官重臣都信奉佛教，建立福田；都是想保全既得的利益，並且為
將來進入天國的途程，鋪墊路基。反佛的爭論如果不能夠打破因果報
應之說，根深蒂固的佛教傳統，就無法動搖。韓氏以身作則，向佛教
公開挑戰說：

> 佛如有靈，能作禍祟，凡有殃咎，宜加臣身。上天鑒臨，臣不
> 怨悔。**⓲**

　　韓愈對古典儒家哲學思想，有所承受也有所發展。他的本體論主
要是繼承了先秦儒學的「天命」思想。他對天命的信念，一生都沒有
動搖過。他在詩文中多次說明這種信念。例如：「人生由命非由
天」**⓳**，「貴與賤，禍與福存乎天」**⓴**，「所謂順乎在天者，貴賤窮通
之來，平吾心而隨順之。」**㉑**在天生萬物的總原則下，人是一個重要
的構成部份。韓愈指出：

⓱　同上，頁 96b。

⓲　同上，卷 39：〈論迎佛骨表〉，頁 241a。

⓳　引自牟鍾鑒著，《韓愈》，頁 32。

⓴　《韓集》，卷 17，頁 139b：〈與衛中行書〉。

㉑　同上，卷 16：〈答陳生書〉，頁 134b。

　　形於上者謂之天，形於下者謂之地，命於其兩間者謂之人。❷

　　值得留意的是韓氏在討論天和地的時候，用了個「形」字；但對人的命題，卻用了一個「命」字。「命」指「命令」、「天命」、「性命」。在韓愈的思想中，人是因天命而生；與生俱來的道德就是人性。人性道德有五條內容，就是仁、禮、信、義、智。人性分為三個品等：上、中、下。品等分別的標準是對五種道德的具備多寡。五德中最重要的是仁德。因為人性的內容是五種道德的綜合，從這一點上說，韓氏是性善論的主張者。但是人的本性常常受到情的干擾。情是那裏來的呢？韓愈說「情也者接於物而生也！」❸換句話說情的產生是當客觀與主觀接觸時才產生的主觀反應。這種主觀反應共有七種：喜、怒、哀、懼、愛、惡、欲，這就是七情。韓愈把情也分為三個品等：上、中、下。品等分別的標準，決定於七情的外發是否適當。下品是「直情而行」，中品是「求合其中」，只有上品才能「動而處其中」，恰到好處❹。

柳宗元和劉禹錫

　　雖然韓愈的思想牽涉到許多問題，但是歸根結柢而論，還是以天命為最高的原則。他的這種思想，也可以從他的朋友柳宗元的作品中得到證明。柳氏的著名哲學論文〈天說〉，就是針對韓愈的天命論而發的。〈天說〉中指出韓愈的論點有兩層：第一是元氣論，第二是天命論。柳文引用韓愈的話說：「元氣陰陽之壞，人由而生。」又說「人

---

❷　同上，卷11：〈原人〉，頁98a。

❸　同上，〈原性〉，頁97a。

❹　同上。

之壞元氣陰陽也亦滋甚」❷。另一方面韓愈又認為天是有知覺有意志，並且對人間的道德和罪惡有賞罰作用。柳文引用韓愈的話說：「吾意天聞其呼且怨，則有功受賞必大矣；其禍焉者受罰亦大矣!」❷

　　從上面的幾句引文來觀察，我們可以看出韓愈一方面認為元氣陰陽是人的根源；另一方面又認為天對「有功者受賞」。前者是自然生成世界論者的說法，後者接近神學理論。如果按照自然生成論的觀點，人及世界都是自然變化的一部份，這種變化的本身是物質力量，沒有任何道德目的，也不受任何制裁。如果按照神學的解釋，萬物都是天生的，天對人間的道德罪惡，有賞有罰。這兩種不同的理論，正是韓愈思想中內在的理論矛盾。柳宗元認為韓氏的理論是一種激情衝動的作品，否則無法解釋這一論點的內在矛盾。為了澄清這一混亂，柳宗元提出了他的〈天說〉❷。

　　柳宗元的理論比韓愈的論點要清楚得多。他首先對元氣這一概念，加以說明，並且進一步分析了元氣與天地、陰陽之間的關係。他說：

　　　　彼上而玄者，世謂之天。下而黃者，世謂之地。渾然而中處者，世謂之元氣。寒而暑者，世謂之陰陽。❷

---

❷　《註釋音辯唐柳先生集》，卷 16，頁 88a。（以下簡稱《柳集》）

❷　同上。

❷　參閱傅雲龍著，《柳宗元》，收於前引《中國古代著名哲學家評傳》，卷2，頁 721–760。並閱《中國哲學史研究》（季刊）（1984 年），第 2 期：《柳宗元哲學思想研究專輯》所載田真、孫以楷、張鐵夫及曹錫仁等人論文（頁 3–28）。

❷　《柳集》，卷 16，頁 88a。

從這一清楚的分界基礎出發，柳氏對韓愈的天命論提出了幾項評論。柳氏首先指出，天地、元氣、和陰陽都是大自然中的物質現象。這些現象雖然是自然界的大觀，但是如果從本質上去觀察，人們就會發現「是雖大，無異果蓏、癰痔、草木也」❷⁹。既然這些都是物質現象，物質是自然性的，就不可能有主觀意志和道德行為。柳氏清楚指出：

> 假而有能去其攻穴者，是物也。其能有報乎？蕃而息之者，其能有怒乎？天地，大果蓏也；元氣，大癰痔也；陰陽，大草木也。其烏能賞功而罰禍乎？❸⁰

自然現象自有其本身的變化規律。它和人類的主觀願望、道德標準和文化生活完全是兩回事。因此之故，人希望自然界對人類行為作出賞罰、憐憫等行動，都是一些根本沒有可能的妄想。人們怎麼可以把仁義道德的情操和生死變化等，推置於無知無識的自然界呢？

　　雖然韓、柳兩人的理論，都同意元氣是人和物質世界的根源，但是元氣倒底是什麼東西，韓愈並沒有說明。直到柳宗元，才對這一概念提出了進一步的推論。這一推論見於他的論文〈天對〉一文中。〈天對〉是回答《楚辭・天問》裏，所提的宇宙問題，其中有關元氣的部份，下列兩段最為重要，問答原文如下：

> 問：遂古之初，誰傳道之？上、下未形，何由考之？冥昭瞢闇，誰能極之？馮翼惟象，何以識之？明明闇闇，惟時何為？

---

❷⁹　同上。

❸⁰　同上。

> 對： 本始之茫，誕者傳焉。鴻靈幽紛，曷可言焉。曶黑晰眇，
> 　　往來屯屯。龐昧革化，惟元氣存，而何為焉。
>
> 問： 陰陽三合，何本何化？
>
> 對： 合焉者三，一以統同。吁炎吹冷，交錯而功。**㉛**

從這些問、對中，柳氏的自然元氣論是這樣的：在天地未分以前，古老的各種傳說都是荒誕不經的。當時整個宇宙只是一個分別不清的大磈，黑夜和白晝不停的交替變化，在這種昏沌不清的變化裏面，只有元氣存在。這些尚未分化的物質之中，具有陰陽兩種相對的力量，產生兩種相對的作用——冷和熱。冷熱交錯變化的結果，才產生宇宙間一切事物。柳宗元的元氣生成論，和現代物理學界的宇宙形成理論，非常接近。

韓、柳兩人理論上的分歧之點，被他們的朋友劉禹錫看得非常清楚。他在〈天論〉一文中對兩家的立場，作了總結性的評論。他把韓愈的立場，形容為「拘於昭昭者」的天命論；柳氏的立場被他稱為「泥於冥冥者」的自然論。由於這種基本立場的不同，導致下列一系列的分歧：

> 拘於昭昭者，則曰：天與人實影響：禍必以罪降，福必以善
> 徠，窮厄而呼必可聞，隱痛而祈必可答，如有物的然以宰者。
> 故陰騭之說勝焉。**㉜**

㉛　同上，卷14，頁76a。

㉜　〈天論上〉，《劉夢得文集》，卷12，頁83a。關於劉氏的哲學思想，參閱魯孝文著，《劉禹錫》，收於《中國古代著名哲學家評傳》續編三（齊魯書社，1982年出版），頁45–82。

這一段話真的概括了天命論的要點：天人感應，福善禍罪，上天有知，應物而臨。自然論的觀點，與此正好相反：

> 泥於冥冥者，則曰：天與人實相異：霆震於畜木，未嘗在罪；春滋於堇荼，未嘗擇善。跖蹻焉而遂，孔顏焉而厄，是茫乎無有宰者。故自然之說勝焉。❸❸

儘管在宇宙論的根本問題上，劉禹錫和柳宗元更接近一些。但是他仍然認為柳氏〈天說〉一文雖然是一篇好文章，還沒有「盡天人之際」。就是為了這一原故，劉禹錫才寫作〈天論〉一文。

劉禹錫的哲學思想包括兩項論題。其一，天地萬物，全是「乘氣而生」❸❹，這是自然論的說法。他在這一點上和柳宗元的哲學立場是一致的。其二，是「天人交相勝」的說法。在劉氏的理論中，自然界和人類各有各的功能：「天之所能，生萬物也」；「人之所能，治萬物也」❸❺。人為什麼可以做天做不到的事呢？因為建立法則，以法治物，因此「人能勝乎天者，法也！」只要法理公正無私，賞罰得當，得到眾人的擁護，福善罰惡的裁決，以法為準，決定在人而不在天。因為：

> 生乎治者，人道明，咸知其所自，故德與怨不歸乎天。生於亂者人道昧，不可知，故由人者舉歸乎天。非天預乎人爾。❸❻

---

❸❸　《劉集》，卷12，頁83a。

❸❹　同上，〈天論下〉，頁85b。

❸❺　同上，〈天論上〉，頁84a。

❸❻　同上，頁84a。

柳宗元雖然也相信，「受命不于天，于其人；休符不于祥，于其仁」❸❼，但劉氏對這一問題的解釋，比柳宗元更透澈一些，也更能說服讀者。

二、道家思想的影響

道教在唐代算皇室的家庭宗教，因為唐王朝家出李氏，所以把老子尊為祖先，號為「太上玄元皇帝」❸❽。唐代道教思想的主流，現在還說不清楚，因為唐代道家的科學研究到最近才有系統性的探索。話雖如此，我們從當時的歷史書籍、佛家撰述和道典殘卷中，還是可以看出某些最有影響力的道家思想。例如 636 年成書的《隋書》在〈經籍志〉一章中，就對道經的大意，有所記載：

> 道經者，云有元始天尊，生於太元之先，稟自然之氣，沖虛凝遠，莫知其極。❸❾

又說：

> 所說之經，亦稟元一之氣，自然而有，非所造為。❹⓪

---

❸❼　〈貞符〉，《柳集》，卷 1，頁 17b。

❸❽　《唐會要》，卷 50：〈尊崇道教〉條，頁 865；《唐大詔令集》（商務印書館，1959 年排印本），卷 78，頁 442。「玄」，《唐會要》作「元」，今從《唐大詔令集》改正。

❸❾　《隋書・經籍志》（商務印書館，1955 年排印本），頁 138。

❹⓪　同上，頁 138–139。

　　佛教歷史學家道宣 (596–667)，在其《集古今佛道論衡‧卷丙》中稱，唐顯慶三年 (658) 四月，在皇宮內舉行佛、道二宗名理辯論時，道士李榮的立論，就是立「道生萬物義」❹。大慈恩寺僧人，玄奘三藏法師的高足慧立（約 629–665）曾對這一命題加以質詢，利用道是否有知覺能力，以及能否「混生萬物，不躅善惡」❷？並用這兩點，攻破李榮的論點。由此可見「道生萬物」是道家思想的主題之一。這一主題思想也可以從宗密對道家哲學的批判中，得到更進一步的證明。

　　李榮的立論「道生萬物」原文，現在已經見不到了，不過他的思想仍然可以從《敦煌卷子》本《老子道德經注》（李榮撰）中，看出其基本立場❸。在那本書中，李榮注釋「道生一」為「虛中動氣，故曰道生元氣。未分，故言一也」。他對「一生二」的注解為「清濁分陰陽著也」。「二生三」為「運二氣三材」，「三生萬物」為：

　　　　圓天覆於上，方地載於下，人主統於中，何物不生？

可是萬物到底是怎樣才生出來的呢？李榮在注解「萬物負陰而抱陽，沖氣以為和」一句時，對這個問題，回答如下：

　　　　陽氣熱孤，亦不能生物。陰氣寒單，亦不足成形。故因大道以

---

❹　《大藏經》，卷 52，頁 387c。

❷　同上，頁 388a。

❸　《敦煌卷子》中所保存的李榮著作，見王重民著，《敦煌古籍敘錄》（商務印書館，1958 年排印本），頁 242–246。引文來自《輯李榮老子註》（嚴靈峰輯校），收於《無求備齋老子集成初編》，第三函，卷下，頁 9b。

通之，借沖氣以和之，所以得生也。❹

在注釋「道生之，德畜之，物形之，勢成之」一段時，李榮對這項問
題，還作了別的注解。他說：

> 至道運而無壅，何適而不能？玄德動而不滯，何事而不可？今
> 約事分用。道生則理歸於道，德畜則義在於德。生畜於物，物
> 各有形。既秀而實曰熟，生畜俱全成也。❺

從這些篇章觀察，那位道教思想家所講的「道生萬物義」，是一種自
然演化論。在主要論點上和儒家新思想中柳宗元和劉禹錫的立場接
近；但還沒有達到柳氏對自然與天命兩不相關的理論水平，也沒有像
劉禹錫那樣強調「人治萬物，以法勝天」的那種說法。雖然如此，道
家在唐代哲學思想上，仍具有相當的影響力和相當的地位。

三、宗密對中國傳統哲學的批判

宗密早年習儒，當時儒學科舉一度包括道家的經典在內，因此他
對中國哲學傳統的主流——儒道兩家的理解，都相當深刻。又因為他
自己不滿意於當時的儒家傳統，終至棄儒從佛，所以他對儒學傳統有
所批評。在上一章中，本書曾討論到宗密出家前後，指出他對當時儒
學主流的失望是因為儒家經典如《詩》、《書》等的講授與性命等大問
題「本不相關」。等到他棄儒出家，對佛學作了系統研究之後，更對

---

❹　《輯李榮老子註》，卷下，頁 10a。

❺　同上，卷下，頁 20b。

中國傳統中的儒、道哲學，作了系統性的批評❹。值得加以特別注意的是他對儒道的批評，完全是從哲學思辨上去著眼，思想的細密和哲學性的強度，在中古中國哲學史上，可以算是相當驚人的。雖然在宗密的時代，佛法在中國的傳佈已近千年，但是以佛學理論批評中國傳統哲學的思想家，還沒有別人能作出像他那麼深刻的貢獻。宗密批評中國傳統時所用的許多哲學論點，現在仍然是哲學爭論的大問題。

他對中國傳統哲學批判的文字，見於《圓覺經大疏》、《圓覺經大疏鈔》和《原人論》三書中。其中《圓覺經大疏鈔》所引用的資料最為豐富，而問題的尖銳卻是以《原人論》為最好的代表。宗密對傳統中國哲學的批評，集中於四點論題：「一道、二命、三自然、四元氣」❹。宗密批判的方法，也是先把討論的主題分析清楚，徵引儒道兩家有關典籍，說明原典的哲學立場，然後再指出那種立場和理論的內在矛盾。這種尊重事實和討論層次都富於學術精神。

A. 大道問題

在討論這一問題時，宗密首先根據他所讀過的子書，對「道」的概念，加以確定：「道」是指的什麼？宗密說：

> 子書曰：夫道虛也、無也、非有也、非物也。非物不可以物徵，非有不可以有詰。若具而言之：非天、非地、非陰、非陽云云，乃至白黑玄黃，角徵宮商，長短圓方，幽明暗光，盈虛卷張，生死出亡。一切皆非也。一切皆無也。無也不可詰，非

---

❹ 參閱作者論文：Jan, "A Buddhist Critique to the Classical Chinese Tradition", *Journal of Chinese Philosophy*, Vol. 7 (1980)，頁 301–318。

❹ 《鈔》，頁 414b。

也不可窮。**❹❽**

　　這一段話可以說是「道可道非常道」**❹❾**一語的最好解說。「道」的本身是虛是無，不是有也不是物，因為這一最高的大道非語言可以查詢，也不能用具體事物對道作全面性的證實。在宇宙事物中，天地、陰陽雖然是非常巨大的現象，但它們仍然不是道。說得更具體一點，黑白玄黃等色彩，角徵宮商等音調，長短方圓為代表的大小，幽明暗光為代表的光度，以盈虛卷張為代表的動態，以生死存亡作界限的存在等等，只能說明事物；但無法說明大道，也不是大道本身。為什麼呢？因為道是超越現象世界的。宗密引用《老子》原文，說明這種狀況：「杳杳冥冥，其中有精」。按河上公本及王弼本，此句都作「窈兮冥兮，其中有精」。馬王堆帛書《老子甲本》「窈兮冥兮」讀作「潯（幽）呵鳴（冥）呵」，《乙本》讀作「幼（窈）呵冥呵」皆與流行本接近**❺⓿**；只有樓觀臺唐代石刻《道德經碑》，讀作「杳兮冥，其中有精」，頗似宗密所據的版本**❺❶**。「杳杳冥冥」是因為道是超越聽覺和視覺的。《老子》有言：

　　　　視之不見名曰夷，聽之不聞名曰希……**❺❷**

---

❹❽　同上。

❹❾　《道德經》，第一章。

❺⓿　《馬王堆漢墓帛書》（一），國家文物局古文獻研究室編（文物出版社，1980 年精裝本），頁 11, 97。

❺❶　朱謙之著，《老子校釋》（中華書局，1963 年排印本），頁 57。

❺❷　《道德經》，第十四章。

　　按照道家的說法，道雖然是超越世界現象，不是任何事物；卻又是天地之本，萬物之源。宗密分析道家的理論稱：

> 覆天載地等者，謂天地是萬物之本，既覆載萬物，大道是天地之本。故又覆載天地也，次行星等，亦例此知。謂道行於星，能翔於鳥。若無道者，星不能行，鳥不能翔，明不能暗……故結云無、非虛無之道也。❸

這就是說「道」雖然超越觀感，但也並不是全然無有。恰好相反世間的一切行動靜止，都是因道而成。這一點也可以從《老子》第三十九章中清楚看出。經過這種分析之後，宗密對道家所言的「大道」概念，得到結論：

> 由以上而觀，一切是道而能為之，則知是生死源，賢愚本、等也。❹

　　把道家思想的概念，加以分析之後，宗密接著指出這一概念所引起的後果及其所存在的內在矛盾。第一，如果道是禍福之基，能出吉凶等事，而且又以道為常；那麼只要常道存在，想求「除禍除亂，棄惡棄愚」❺，都成為不可能的事。為什麼呢，因為禍、亂、惡、愚都以常道為根，根存則枝葉無法完全消滅。這麼一來就產生了一個嚴重的後果——如果一個宗教或哲學，不能夠有助於「去愚成賢，修福夷

---

❸　《鈔》，頁 414c。

❹　同上。

❺　同上，頁 414d。

禍」❺，那麼這種宗教或哲學將是完全無用，而其本身也沒有存在的理由。

　　第二，如果萬物都是由道而生，那麼虎、狼、桀、紂，自然全都是道所產生的。假使如此，宗密質問說：「道能生成養育，養育無道之君，塗炭生靈；生成虎狼之類，殘害人畜」❺，這豈不是說明道是不仁的麼？另一方面宗密也舉出反面的例子，如顏回和冉伯牛，一為「十哲之首」，一屬「德行之科」，兩人皆是不幸短命。又如伯夷和叔齊，「皆有志節，是賢是仁」❺，兩人卻餓死在首陽山上。這足以說明大道夭賢者之壽，短仁者之福。何況疾病、霖旱等自然災害，也是由道而生。這些殘民害世的事物，如果任其存在，道將無用；如果應加剪滅，除暴去惡，豈不是又成為「反天地，逆造化」的大賊了嗎❺？《老子》稱道尊德貴❺，但從上面引證的事實而論，育虎胎紂是助長惡物，夭顏禍夷是拋棄善道；長惡棄善的道，又有什麼可貴的地方呢？

　　第三，宗密指出主張道生萬物的經典根據，就是上面討論過的《老子》第四十二章，「道生一，一生二……」的那一段話❺。儒家的理論根據是《周易‧繫辭》：「太極生兩儀」那一節❺。直到唐代孔

────────────────

❺　同上。

❺　同上。

❺　同上。

❺　同上，頁 415a。

❺　《道德經》，第五十一章有「是以萬物莫不尊道而貴德。道之尊，德之貴……」等語。
　　此節所討論的大道問題，是宗密對道家理論「道生萬物」（見本章上節）的批判。

❺　參閱本章上節：道家思想的影響。

❺　見高亨著，《周易大傳今注》（齊魯書社，1979 年排印本），頁 538-539。

穎達注疏《易經》時，儒道兩家的「大道生成論」才結合起來成為一個系統。孔疏云：

> 太極者，天地未分之前，混而為一，即是太初太一也。《老子》「道生一」即此太極之謂也。混元既分，即有天地，故云「太極生兩儀」，即《老子》「一生二」也。❻❸

宗密在批評這一理論時，引用佛家經典中的思想，提出有哲學深度的批判。這一有哲學意味的評判，直到現在還未受到學者們的廣泛注意，值得加以討論。宗密說：

> 若法能生，必非常者。如地水火風四大種，能生一切；而四大亦無常。應立量云：自然大道，決應非是常，是能生故。❻❹

這就是說「道」或「太極」應該是超越世間的絕對概念，只有超越的絕對，才不受時間的限制。和此相對的是物質世界，物質世界的現象是變化不息的，因而也是暫時的。一切事物如果具有生的能力就同時具有無可避免的生、成、壞、滅的變化過程。「道」既然能生，它就不是超越的絕對，因而也不能被看作是永久性的「常」。這一結論，也將導致更進一層的結論：不是永久的就不可能是普遍的。為什麼呢？宗密解釋說：

> 初以能生，而破於常。成無常已，即以為因，而破於遍。立量

❻❸ 《鈔》，頁352c。
❻❹ 同上，頁352a。

> 云：大道決定非遍，以非常故。如瓶盆等物，現見草木人畜，
> 千般萬類，無常之物，皆不同太虛遍一切處也。❻❺

這一段話是邏輯性的推論，也分幾個層次：第一層因為能生，一定不
常。能生是因，不常是果。第二層，因為非常，所以不遍。非常為
因，不遍是果。第三層是解釋為什麼非常就不可能遍有。理由是所有
非常的實物，像瓶、盆等，都受時間和空間的限制，不可能在同一時
間之內，普遍存在於各處。凡是普遍性真理，一定是抽象的概念（「同
太虛」），而不可能是具體的事物。

　　既然道並非永久性，也沒有普遍性，宗密的邏輯推論得到第三項
結論：道家和儒家所講的「道」，並不是真實的。宗密寫道：

> 既非常、遍，實義不成。已破遍說，又以不遍為因，破真實
> 也。❻❻

從以上三項討論，宗密在破道生萬物的理論上，一共使用了三項邏輯
推論：能生所以不常；不常所以不遍；不常、不遍所以不真。在中國
哲學史上，還沒有比宗密批評傳統「道」論更富於邏輯意味的論文。
可惜他的論著，長期被埋沒在卷帙龐大的疏鈔典籍裏面，沒有受到應
有的重視。

B.「天命」質疑

　　從韓愈和柳宗元的論辯中，讀者已經看出，韓愈的論點和詩文，

---

❻❺　同上，頁 353a。

❻❻　同上。

都顯示出他是一個天命論者❻。天命論自然不是韓愈的新理論，而是中國宗教哲學中最古的傳統主題之一。值得注意的是韓、柳等人的討論，只說明韓愈對這個問題所持的態度；但是並沒有說明這一種觀點的經典根據和演變過程。拿學術用語來說，韓、柳等人討論天命元氣等問題，只是說明了他們對那些概念的分別立場。那只能算是立場說明，不能被看為嚴格的學術研究。在這一問題上，宗密的研究，質量遠超過韓愈和柳宗元的論著。宗密不但批評了天命論本身所具有的理論困難，並且還指出了這種理論的經典根據。

歷來討論天命問題的文章，多半都以為天命論的經典根據多是儒家典籍。宗密也看到這一點，並且具體指出儒家經典著作中討論天命的章句。例如：

> 《禮記》云：天命之謂性，率性之為道。（原註：此言仁義本於性，性本於天。）《論語》云：唯天為大，唯堯則之。《孝經》云：則天之明，因地之利。《易》曰：樂天知命故不憂。（原註：故知窮理盡性，以至於命。故夫子學《易》以知天命。）故湯武革命，順乎天、應乎人。❽

所不同的是宗密認為不但儒家主張天命，道家的經典中也有類似的理論。他特別指出《莊子》和《列子》兩書中的幾段文字：

> 外計天命者，《莊》云：天地萬物之父母。合則成體，散則成始。又曰：才之殊者，受之於天。《列》曰：精神者所受於天，

---

❻　參閱本章第一節，韓愈部份。
❽　《鈔》，卷9之下，頁415b。

骸骨者所棄於地。 ❻⑨

宗密特別引用孔子「生死有命，富貴在天」這句話，然後對天命論，提出了疑難。他認為這一理論中的第一點困難是：

> 如汝所計，富貴賢愚、貧賤好醜、仁暴勇怯、禍福凶吉，皆天命者，則天之賦命奚為貧多富少？ ❼⓪

如果天在賦於命這一點上，貧、愚、暴、禍、凶佔絕對多數，賦於富、賢、仁、福、吉等卻是非常稀少，那麼這就引起道德上的問題，「多少分數，由天與之，何不均平與之？而乃不平！」 ❼①
　　第二項困難是不但天命的降賜很不平均，而且是「賞罰顛倒，功過翻覆」 ❼②。這就是說善良的人常受冤屈，害惡的人卻常是很僥倖的；有德行操守的人困於貧賤，無德行的人卻享受富貴；有道的人短命，無道的人反而長壽。根據這些事實，宗密詰難說：

> 天命既不以賢愚為序，不以長幼為倫，不以善惡為偕，不以仁暴為等。故吉凶參差，禍福殊錯，不得以理求，不可以道驗，故如無恆之人，不可占知唯定也。 ❼③

---

❻⑨　《大疏》，卷中之三，頁 163b。

❼⓪　《鈔》，卷 9 之下，頁 415b。

❼①　同上。

❼②　同上。

❼③　同上卷，頁 415c。

這一段話首先指出，天命論事實上沒有道德標準，自然無法確定是非，更無法去徵驗對是非的賞罰。

第三，天命不但沒有道德標準，並且是不道德的，例如《易》云「天地之大德曰生」**⑭**；如果生是大德，死應該被看作是大賊。既然如此不問賢愚罪善，都要賊之以死，何必要德之以生？如果生為德，死為賊，那麼上天豈非不能始終其德嗎？德如不終，還能算是德嗎？如果天是殺害之根，氣是禍亂之本，世間的水旱蟲疫，各處發生，從這些事實加以觀察，天命無道更是明白可見。

第四，如果一切禍害，皆由天命，由天而不由人，那麼聖人在他的教訓中，反而「責人不責天，罪物不罪命」**⑮**！由此可見聖人的話也是不妥當的。可是《論語》又說：惡利口之覆邦家**⑯**。如果邦家的滅亡是由天命，與利口何關？若與利口有關，那麼應該是沒有天命。由此可見，聖人的話，自相矛盾，不能自圓其說。

C. 詰難「自然」

按照老莊道家的說法，天地萬物都是由道而生，生成的過程是自然變化，道的本身是虛無無為，恍惚杳冥。這一虛無恍惚的道，正是天地萬物之所以為天地萬物的根本原因。但是這一虛無的道，怎麼能在實有的事物裏產生作用呢？《莊》學的看法，是「物之自爾」，「物各自造」**⑰**。宗密對道家的自然之說有數段文字，現在選幾段作為例證。他先討論「自然」的涵意及其與道的關係：

---

⑭　《周易・繫辭下》，見《周易大傳今注》，頁 558。

⑮　《原人論》，見《大藏經》，卷 45，頁 708c。

⑯　《論語・陽貨》。

⑰　參看湯一介著，《郭象與魏晉玄學》，頁 290–313。

> 自然者不藉為作，自化者不藉因緣，咸出於虛無，生於無為。
> 夫無為而成，不勞規矩；虛無而出，不假鉤繩。是故自生自
> 化，其理已備；自成自長，其事已足。故曰：已而不知其然，
> 謂之道。 **❼❽**

正因為一切事物都是自生自化，自成自長，因而所有事物的存在都是
自然如此。自然如此，無法以人事改變事物的本性，也無能力改變事
物的本性。宗密指出：

> 由是推之，天理自然，不假修學。修學則是人之所為，非天之
> 所為也。 **❼❾**

這一段話是符合道家所持之立場的。老、莊的去仁義，非禮法之目的
正在於保全天理自然，免其為鉤繩規矩，毀其真性，損害自然。宗密
進一步解釋說：

> 任天狀之自直，不須鉤者；任天狀之自曲，曲直自然，不待鉤
> 繩，則人各有性，性各有天，不勞仁義。是故任天者不藉修，
> 因理者不待求。故曰：為道者日損，絕學者無憂，此之謂
> 也。 **❽⓪**

人各有性，事各有理，一切聽任自然，天性天理自然流露，人為的道

---

❼❽　《鈔》，卷9之下，頁416d。

❼❾　同上。

❽⓪　同上。

德標準和文化等事，不但全無需要，反而會妨害自然之性。學習修為
都是人事，而不是自然，所以在道的進程中，必須要「損之又損，以
至於無為」❽。正因為學習不但於事無益，於人有害，所以「絕學無
憂」❽才是正確的為道辦法。

　　道家自然無為的理論，是中國哲學史上的一個大題目。儘管其他
學派和道家的看法不同，可是在這一論題上爭論不多，距離有限。直
到佛學傳入中土，佛學理論中因緣論，才使道家的自然論受到嚴重的
挑戰。在佛家的挑戰中，宗密對道家的評論最為細密，也更富於邏輯
性。宗密首先批評道家自然而生不待因緣的說法：

　　　萬物皆是自然生化，非因緣者，則一切無因緣處，悉應生化：
　　　謂石應生草，草或生人，人生畜等。❽

宗密在《圓覺經大疏鈔》裏面，對這一小段話，還有更進一步的分
析。他解釋說：

　　　「無因緣處悉應生」者，頓出偏生之過也：如穀芽莖無種子，
　　　是無因處。無水土人已，是無緣處。「應生化」者，應生穀芽
　　　等也。「悉」者，一切物皆如此也。❽

如果這種理論，一旦被人接受，那麼世界山川，都應當在一時之內，

---

❽　《老子》，第四十八章。

❽　同上，第二十章。

❽　《原人論》，見《大藏經》，卷45，頁708b。

❽　《鈔》，卷9之下，頁417a。

自然而生，粟芽豆芽、瓜果草木、男女、禽獸、狼蟲虎豹等，一切有感覺和無感覺的事物，也都應當同時出現，毫無差別，因為一切都是由道自然而生，不待因緣也。但是人們所看到的世界萬物，並不是那種情形，一切事物的生成都按照自然規律，雜而不亂。以此觀之，「今既現見無本因緣之處，皆不生化。即自然之理破矣。」❽

　　沒有因緣萬物難生，已如上述。但宗密再進一步指出，不但因緣是必要的，而且各個事物的因緣不同，所以才能產生不同的事物。例如「畜生所生不取人生之因緣，人生因緣不關草石等」❽。依此類推，各種事物都有不同的因緣，彼此在生產的過程中，無法彼此互用因緣，無因緣而能生出事物的說法，不攻自破。因為從邏輯觀點而言，一因多果是完全不可能的事。

　　從因緣問題上，宗密提出了另一個重要論點——時。並且以「時間」為論題，對道家的自然論，作出進一步的批評：

> 縱其能生，成無窮過。頓生者，人、畜、草、木萬類，皆應一時齊生。日日時時，常合如此，以有自然之道，常能生因故。能生既已辨定，不應無所生。故不應有生時、不生時、生此物不生彼物。❽

自然生萬物的理論，不僅在時間的論點上，是無法立足的；而且也有空間問題。宗密質難說：

❽　同上。

❽　同上。

❽　《鈔》，卷7之上，頁353a–b。

遍生者，能生之因既遍一切處，則處處皆應生一切人、物等
類。不應有生處、不生處。❽❽

事實證明世間一切事物全受空間限制，如南方的水果菜穀，在北方不
能生長。又事物也受時間的限制，如「穀待三月四月，蕎豆待六月七
月，麥待九月十月」❽❾才能下種生殖。

　　以上的事例和評論證明，沒有因緣，無法生長。自然論者也許可
以這樣辯解：自然生長也須要等待「時」緣。宗密指出這種辯解不但
於事無益，更可能產生新的困難。因為如果承認須待「時」緣，這種
說法的本身，已經違反自然論的立場；何況一旦承認了這一條件，馬
上就引起新的問題。例如：

　　謂此時緣，復從何生？若從大道之外別法而生，即不得言萬物
　　皆從道生。若時緣從大道生，大道常遍，故應一切時常生時
　　緣，一切處遍生時緣。例如上說，何得更有所待？❾⓪

這裏宗密用佛學的邏輯論理，指出大道自然生成論的內在矛盾，這樣
就逼得自然論者進退失據。像這樣尖銳而高水準的反自然論，在中國
中古哲學史上還是空前未有的理論。

　　宗密又從宗教哲學的立場，指出自然論在宗教學上，也使道、儒
兩家主張自然論的人士，顯得毫無意義。他詰難道家說：

---

❽❽　同上，頁 353b。

❽❾　同上，卷 9 之下，頁 417a–b。

❾⓪　《鈔》，卷 7 之上，頁 353b。

彼立教云：一切自然而生，自然而得，不因修習。若如此者則
自然神仙，而承彼教之徒，何必燒鍊還丹，採種靈藥，吐納津
氣，服食蔘苓等耶？ **❾❶**

這種道家自然論理的內在困難，也存在於儒家傳統之內，因為：

自然太平，何必立君臣、設風政而治之耶？自然仁義，何必
詩、書、禮、樂教習耶？故云：何用立此教為軌則乎？ **❾❷**

通過這些詰難，宗密否定了自然生成論的說法。

D. 檢考「元氣」

「元氣」這一概念是新儒家代表，韓愈和柳宗元所共認的，不過
柳宗元對元氣的分析和定義，比韓、劉兩人較為細緻 **❾❸**。但是新儒家
當時的著作，並沒有對這一概念在中國哲學裏的歷史發展，作有系統
的說明。在這一點上宗密比韓、柳諸人的論著更進了一步。他在討論
元氣問題時，首先考徵中國古代典籍對這一概念的理解和紀錄；把元
氣理論一直上溯到《莊子》、《周易》和《禮記》等權威經典作品裏
面。這些有關的經典表示，元氣之說為道儒兩家所共同接受。這種看
法在中古漢文著作中，還沒有比此更為清楚和全面的觀察。宗密討論
古代典籍對這個問題的記載說：

---

❾❶ 同上，卷9之下，頁 417b。

❾❷ 同上。

❾❸ 參閱本章第一節，柳宗元部份。

外計元氣者，《莊》曰：人之生，氣之聚則為生；散則為死。
又曰：恍惚之間而有氣，氣變而有生。又曰：萬物一也，通天
下一氣，聖人故貴一。又曰：天氣為魂，地氣為魄。❹

從儒家的經典中，宗密舉出了《周易》的「精氣為物，遊魂為變」一
語❺，和《禮記》所載：「魂氣歸於天，形魄歸於地」❻。然後把這
些傳統的說法加以會通，說出了他自己對元氣概念的理解：

意云：萬物唯氣，離氣無物。稟神於天，受形於地，故神形
者，麤妙之質。麤妙者清濁之氣。散則反至本，聚則成於物。
聚散雖異，而氣一焉。以恆一之氣，運造化之功。千轉萬變，
而未始有極也。❼

　　把中國傳統中元氣概念清理出來以後，宗密又從佛學的立場上，
指出這一概念有三點過失，既無法解釋問題，也無法自圓其說。這三
點過失，是這樣的：第一，宗密認為如果元氣是物質性的，本身就自
然沒有知覺；那麼從元氣生出的精神，怎麼能夠具有情感和思慮能力
呢？他舉出一個初生的嬰兒為例：一個孩子才出世不久，就能夠作出
愛、惡、驕、恣等表情。由此可知這種愛惡之情，絕不是由元氣造
成。換句話說，在神、形相合出生之前，一個人的前生所得的經
驗——「業」，對今世的種種影響。中國傳統哲學中，沒有過去、現

❹　《圓覺經大疏》，卷中之三，頁 163c。

❺　《周易・繫辭上》，見《周易大傳今注》，頁 512。

❻　《禮記・郊特牲》。

❼　《鈔》，卷9之下，頁 417c。

在和未來這一套「三世」相續的理論，所以元氣論也無法對人生的形成，作出圓滿的解釋。這一缺點，宗密稱之為沒有「前世的過失」**❾❽**。

　　從另外一個角度來觀察，如果元氣論者認為，一旦元氣忽然之間變成嬰兒之後，就能夠自然對其周圍的事物，有所表情、有所反應。這些表情和反應全由自然而來，不待因緣學習才能如此。在宗密看來這種論調也無法自圓其說。這是因為如果真是如此，初生嬰兒就應當在一時之間，對一切事物作出種種反應，可是事實上並不是那樣簡單。例如一個嬰兒對事物的反應，才生一月，即知驚怖；貪、嗔、愛嬌的發展，須要一至三年的時間。對其他的現象，還須要更久的時間，才可以逐步形成。例如：

　　　　逢女色等便愛，遇技藝便為，見不平能斷，對怨親能辨等不應待十年五年，方有能為之事。**❾❾**

這些事實證明，人類對事物的情感和表現，不可能是突然之間馬上產生；而是經過有條件的學習，才可形成的。這種情感知覺的形成，不但包括現世的條件，並且也包括前世的影響。因此元氣論的說法：「稟氣成神，神散歸氣」，是不能說服人的。因為「神」和「知」都不可能是氣。

　　第二，宗密列舉了許多民間傳說和宗教儀式等，證明「神散歸氣」，又成為無知的元氣等說法，具有「無後世」的過失。他指出說：

---

❾❽　同上。宗密言：「非也，於中又三：一，無前世失；二，無後世失；三，無三性失。」

❾❾　同上，頁 417d。

又驗鬼神靈知不斷，則知死後相續，非氣散而欻無。故祭祀求禱，人皆為之。況死而甦者，說出幽塗事。或死後感動妻孥，求索飲食，或酬恩冤，及邪病呪禁而愈等……。❿

從這些事件中，宗密否定了元氣論者對死後神靈泯亡的說法。

第三，宗密認為元氣論沒有佛學中「三性」的理論，也是一種過失。宗密的看法是每一個人都具有如來藏心，也就是絕對真心。真心和合於生滅，叫作阿賴耶識。阿賴耶以下的一系列意識，在主觀上形成自我感覺，在客觀上認識外在事物，並且對那些事物作取捨決定。這種取捨的決定和引起的一切行動就造成了業；然後「乘業受生，稟氣成質」❶。造業是因為無明，「受生」是基於貪愛等業。這是中國佛教哲學對現象世界，生、老、病、死的解說。奇怪的是宗密對他所用的「無三性失」一語，沒有加以闡明。按「三性」一語，在佛學中有兩義：一為佛教倫理學中的善、惡、無記三種思想和行為；一為唯識學派的三性論：遍計所執、依他起、及圓成實性❷。宗密此處討論的題目是「業」，「三性」一語應當指的是倫理方面的三性。

※　　　　※　　　　※　　　　※

---

❿　《大疏》，卷中之三，頁163c–d。宗密在注文中，舉出蔣濟之子，託母求官；蘇韶卒後，來與姪節問答等，作為「有後世」的證明。蔣濟兒子的故事等，詳見《鈔》，卷9之下，頁418b–421a。

❶　《大疏》，卷中之三，頁163d。宗密並不反對「稟氣成質」，但認為氣只是人的一部份；另一部氣就是「乘業受生」，這是他和傳統元氣論所不同的地方。

❷　參看中村元著，《佛教語大辭典》，上卷，頁475a。

　　從以上四個題目的討論中，我們可以看出宗密用佛學中的因果律，把傳統儒道兩家所持的四個概念：大道、天命、自然、元氣，逐一批判。佛學批評這四個概念的理由，有邏輯上的問題，也有倫理與宗教方面的爭論。宗密所批評的內容，包括傳統的儒、道要點，也包括新儒家在唐代中葉對那四個概念的新詮解。宗密所用的哲學立場和理論方法，是中國哲學史上中古時期對傳統哲學最嚴重的挑戰，也是最有系統的探討。他所指出的儒、道思想缺點，從儒、道立場而言，自然還可以作別的解釋，例如自然、天命、時間等；但是必須要加以注意的，就是那些可能的解釋在唐代長安還沒有被人提出，也不是儒道兩家思想中的主流。宗密所批評的四大題目，卻是儒、道傳統與儒家新思潮躍動中的大問題。宗密的立場是華嚴佛學，這種立場自然和儒、道不同。因為如此，他所批評的儒道過失，自不免含有強烈的主觀因素。但是如果從學術觀點上考察，有兩個問題應該是衡量一切爭論的標準：對對方理論的理解和資料的引用，是否全面而公允？質疑的理由是否充分並且合於邏輯？

　　從上面的論述來看，宗密在理解大道、天命等四個問題時，所引用的資料，相當豐富全面。他所引用的儒、道古典著作，比他同時代的思想家，如韓、柳、劉等人還要多一些。他對儒道兩家的觀點，也相當公允。他對儒道有關概念的批評，是合乎佛家邏輯的。他指出中國傳統哲學中，缺乏因緣論證一點，是很有哲學意義的批評。他雖然沒有指明他所批評的傳統概念，正是韓愈、柳宗元等人所爭論的問題；但是他對那些問題的敘述和批評，表示出他的理解能力和批判精神。值得注意的是宗密在他批判儒道兩家思想時，對李翱的復性學說，完全沒有提到。這是因為什麼原故呢？據我推想，李翱與宗密同年去世，但比宗密大八歲。李氏的一生活動，大部份和韓愈有關。在

韓氏盛名四播的情形下，李氏的學術見解，在宗密生前還沒有受到多數學者的注意。他所主張的復性學說，在當時還不能算是主流思想的中心論題。另外一種可能性是李翱的復性學說，雖然是以《中庸》《孟子》為根據，但恢復本性這個論題，和佛家「見性成佛」的主張非常接近，因此佛學思想家不必對李氏的主張加以排斥。在儒家反佛的運動中，韓、李兩人雖然立場接近，他們之間仍然存在著嚴重的理論分歧：韓愈的重點是在排斥佛家的一切；李翱在社會、經濟、政治、倫理方面，和韓愈的排佛立場一致。但是在理論重新結構方面，李對佛學是重於容納；韓則重於排斥。

四、宗密所肯定的儒道思想

從上一節的討論中，我們可以看出宗密對儒道兩家的四個基本概念，都作了哲學批判。他從佛教哲學的立場，指出中國傳統思想的矛盾和缺點，因而認為儒道兩家的思想，至少在上述的四項論題中，無法對人的根源作出圓滿的答案；也無法對人生的根本問題，提出有效的解決辦法。另一方面，宗密究竟是一位學者，而不是一個狂熱的宗派教徒，並且對儒、道兩家的教義有相當深刻的研究，所以他對儒道思想中若干重要教義，仍然作出肯定的評價。正是因為這種比較開明的態度，也才使得讀者對宗密的思想，在感覺上顯得容易接受一些。

宗密自己在《圓覺經大疏鈔》中，清楚解釋他對儒、道思想的批評，有否定的地方，也有肯定的地方；並不是盲目的排斥一切。他把他的這種批評，形容為「但破其病，不除其法」[103]。又說他批評儒道兩家思想的目的，在於「破執不破教，破解不破行」[104]。換句話說，

---

[103]　《鈔》，卷7之上，頁353d。

在宗密看來儒、道兩家的教和行都沒有多大的問題；其病在於兩家對他們教義的理解，和由那種錯誤理解所產生的固執態度。這些錯誤的理解和固執的態度，對「慧解證入，有累而無益」**⑯**，所以從佛教信徒的觀點而言，一定得對這種錯誤加以批判。

　　宗密也認為儒家的教行「是治國養親忠教之至道」；道家的教行，為「修身慎禍仁讓之宗源」**⑯**。這就是說從社會政治方面而論，儒家的思想是處理國事家務的原則；就個人的行處而言，道家的教行也是修身慎禍的根本。根據這種原因，上述兩家的教行，都有保存的必要。

　　再更深一層去探討，儒家的教行，對佛教所宣揚的戒律，很有幫助；道家的教義也對佛教的禪定有所助益。宗密引用《老子》說：

　　　　上士聞道，勤而行之。中士聞道，若存若亡。下士聞道大笑之，不笑不足以為道。**⑰**

宗密的重點是「勤而行之」，就是說在修行禪法上，上等人物在聽到道理之後，就應當勤而行之。在談到儒家思想值得肯定之處時，宗密首先說明他所談的思想就是儒教中的「五常」，著重點仍是一個「勤」字。他說：

　　　　五常者，儒教所詮之行也。即仁、義、禮、智、信。君子常行

---

⑭ 同上，同頁 c。

⑮ 同上，同頁 d。

⑯ 同上，同頁。

⑰ 同上，同頁 d。此處引文，出自《老子》，第四十章。

此五事，造次必於是，顛沛必於是。不欺闇室，故云常也。常
即勤義。❿

宗密不但解常為勤，他並且更近一步指出：「然此五德，大同五戒」。
這裏所說的五德，就是上述的五種常德，也就是「五常」；五戒指的
是佛教戒律中最基本的五條戒律：不殺、不盜、不邪淫、不妄語、不
飲酒食肉。

「五常」的說法，起自漢代的董仲舒（約前 179–前 104），他是
中國歷史上的第一個思想家，把仁、誼、禮、知、信看作是「五常之
道，王者所當修飭也」❿。董仲舒的思想是把五種常德，和天與神鬼
的保祐，連在一起。而他的整個哲學系統，充滿著陰、陽宇宙的神秘
色彩。早期把「五常」與佛家「五戒」連結在一起的佛教理論家，分
為兩派：一派仍然有濃厚的陰陽宇宙色彩，一派則對「五常」、「五
戒」作出倫理的解說。前者可以拿智顗 (538–597) 的著作為代表❿；
後一派可以顏之推（531–約 595）和宗密作典型。

雖然在上述的許多人中，「五常」與「五戒」一致是大家共同的
主張，但在說明兩者為何是一致的理由時，宗密的見解比起別家，仍
然要詳細有力得多。他在這一問題上的理論，還沒有經過學者們的充
分注意，而且這一問題又富於比較宗教學的趣味，現在應該加以討
論。過去的研究著作，如道端良秀和鎌田茂雄，都注意到宗密在《原

---

❿　《鈔》，卷7之上，頁 353d。

❿　《漢書》，卷 56，〈董仲舒傳〉內〈賢良對策〉中的第一策。參閱章政通
　　著，《董仲舒》，第六章第二節。

❿　參閱道端著，釋慧嶽譯，《佛教與儒家理論》（中華佛教文獻編撰社，民
　　國 62 年出版），頁 59；鎌田著，《研究》，頁 151。

人論》註文中的一段話⑪：

> 不殺是仁，不盜是義，不邪婬是禮，不妄語是信，不噉酒肉、
> 神氣清潔益於智也。⑫

其實這一段話，除開最後一條，其他只說明「五常」與「五戒」相一
致；並沒有解釋相一致的理由。想要探求這一解釋，還得在宗密的其
他作品中去尋求。

在《圓覺經大疏鈔》，宗密有他對「五常」相當於「五戒」最長
的一段理論。他在那裏對「五常」與「五戒」大同的原因有所詮解。
他對不殺是仁的對比，作了這樣的解釋：

> 仁是愍物，博施恩惠，廣濟患難，即不殺戒也。⑬

他對不盜是義一點，解釋更為完備：

> 義者，有志有準，非理不為，即不盜戒故也。「臨財毋苟得，
> 臨難毋苟免」，「義然後取」。「不義而富且貴，於我如浮雲」。
> 非義之財，尚與而不取，況偷盜也？故盜戒亦云不與取戒。⑭

---

⑪　同上。

⑫　《原人論》，見《大藏經》，卷45，頁708c；參閱《鈔》，卷7之上，頁
　　353d。

⑬　同上。「惠」，原文作「慧」。

⑭　同上。

「臨財毋苟得，臨難毋苟免」一語，原出於《禮記・曲禮上》。「不義而富且貴」一語，原出於《論語・述而》，是孔子所說的話。「義然後取」也是引自《論語・憲問》章中。從這些引文中人們不難看出，宗密對儒家的經籍是非常熟悉的。他對儒家思想的理解，也是根據第一手的資料。

至於禮、信二常和佛家的淫戒和不妄語戒，為何相當一點，宗密也有說明：

> 禮者、別尊卑，息譏嫌，分內外，禁諍亂，即不邪婬戒也。邪婬非禮之極也。信者、發言無二，不虧其約，即不妄語戒也。❶❶❺

他對智德與禁酒肉戒一致的理由，也有更較細緻的解釋：

> 智者、識達分明，即不飲酒食肉戒也。唯此戒與智不得全同，然亦是其事類。謂飲酒昏亂，識鑒不明；飽食羶腥，臟腑穢濁，神不爽利故也。❶❶❻

上面的這些引文，都足以證明宗密對有關的概念，都是理解清楚，相當客觀。他指出儒家的五種常德，和佛家的五種戒律，只是大略相同，並不是像其他佛教徒在討論此一問題時，只是粗略敘述，認為二者完全一致，卻又不作任何說明。就是在對儒家五常所下的定義一點上，宗密的用字也是清楚分明，遠比儒者還要準確得多。

---

❶❶❺　同上。

❶❶❻　同上。

　　以上各點，是宗密對中國固有哲學中，儒道兩家的道德及五常思想所肯定的理由。自然，肯定並不表示等於承繼；但是也不能說是對那些思想的拒絕，因為宗密究竟是一位思想家和佛教徒。作為一個思想家，他必須對其他哲學作出深刻的觀察和分析；作為一個信徒，他必須對自己的信仰具有絕對的信心。他的這種立場特點，一方面使他不能不肯定中國傳統思想中一些重要概念和行為標準；另一方面他又聲明佛家不但也有類似的概念和標準，而且比中國原來的那一些，要高明得多。如果一個良好的佛教信仰者，能夠依照自己的信仰，實踐其宗教教旨，就可以同時達到，乃至於超過儒、道傳統的目標。

　　中國傳統中最為宗密稱揚的倫理標準，就是孝道。他不但自己創造了以通過《盂蘭盆經》的宗教儀式，以表達佛教信仰者對雙親的懷念和孝思，並且把那種孝道思想和表達方式，寫在《盂蘭盆經疏》一書裏面。值得特別加以指出的，是宗密在這本《疏》裏，對孝道加以最高的評價。他說：

　　　　始乎混沌，塞乎天地，通人神，貫貴賤，儒釋皆宗之其唯孝道矣。⓲

這種將孝的概念，擴張於宇宙範圍；把孝的行為，解釋儒、佛兩家「二教之宗本」，可以算是稱頌孝道最高的評價了。他又特別標明儒、釋二教的行孝方法，有別有同。不同的地方有三點：一、「儒則棺槨宅兆，安墓留形；釋則念誦，追薦其去識」。二、「儒則內齋外定，想其聲容。釋則設供講經，資其業報」。三、「儒則四時殺命，春夏秋冬。釋則三節放生，施戒盆會」⓳。儘管儒釋二教表現孝思的方法不

⓲　《大藏經》，卷39，頁505a。

同，但是宗密的目的卻和儒家是一致的。由於宗密對孝道的重視，和他製定以盂蘭盆經會為佛家表達孝道的方法，中國後世的佛教徒，大部份都受了宗密的影響，盂蘭盆節也成為中國人民生活中的一個大節日了。

---

⑱　同上，c。

第三章　對佛學的承受與批評

　　宗密早年雖然曾經習儒，但因對當時流行的儒學非常不滿意，終於下定決心，棄儒從佛，成為一位很有學問的和尚。作為一位佛教信徒，宗密對待佛家的學說和實踐方法，和他對儒教與道家思想的態度，自然有根本性的區別：他對佛學是有接受也有批評；對儒、道兩家則批判較多，肯定之點則很少。何況肯定並不是接受。從佛學立場去觀察，儒教只是世間的宗教，對宗教解脫沒有直接和關鍵性的關係。道家的教義，只是對禪定有所幫助而已。真正的宗教解脫，還得從佛教中尋求。

　　想要討論宗密對佛學的承受和批評，先得對隋唐佛教的全局，有一個整體的概念。因為宗密思想中的佛學，正是以當時的佛教為背景的。隋唐佛學的特點，是新教派和新教義的建立，佛教被納入中國社會制度，各派互相爭論和派內不斷分歧，以及宗教文學的建立等為重點的。宗密的思想形成，和一生著作都和這些特點有密切的關係。

　　隋唐時代是中國佛學的巔峰。在那一時代裏中國佛教界高僧相繼出現，有許多富有開創性的思想家。經過他們的努力，佛教在中國形成百花競開，碩果豐收的局面：新佛學思想的形成，新的實踐方法和新教派的建立。這些新思想，新方法，和新宗派有的是中國思想家消化了印度佛學，融會了中國宗教和哲學中的因素，從而形成了新的局面；有的是從印度引進當時最流行的佛學；有的則是從他們自己的宗教體驗中，摸索出新的道路。由於他們的努力，再加上當時中國經

濟、政治、文化上的有利條件，中國佛教的種種成就，都達到歷史上最輝煌的巔峰。

　　佛教來自印度，印度的文化背景和社會制度與中國的有很大的差異。尤其是歷代的印度王朝，多對宗教採取尊重及容納的態度而不加干涉；中國自秦漢以來，一直是中央集權，社會、文化、經濟、政治上的重要政策，完全由中央政府決定。自從佛教成為中國人民生活中的一個重要方面之後，佛教僧侶對宗教自主、是否接受政府管轄一點，有過幾百年的爭論。自從慧遠 (334–416) 在西元 403 年，提出「沙門不拜王者論」的口號以後，王權和僧權之間的矛盾和衝突，一直沒有得到解決的辦法，直到唐代因為中央政府威信甚著，又對佛教比較同情，僧伽終於被容納於中國社會制度以內。從那時起，僧伽集團接受政府的管轄，享受政府的優待，接納政府給予的榮譽，成為整個中國社會結構的一部份。這種景況和佛教在印度社會中的地位，根本不同。宗密本人曾受命到皇宮去說法，受到「賜紫」的榮譽，及「大德」的稱號，從這一點上去評論，他對佛教中國化的變遷，以及在中國社會中的地位等，毫無異意，完全接受。

　　雖然隋唐佛教的發展，有許多方面，但是作為一個哲學家來說，宗密最注意的還是新教義的發展和教派的形成。按照歷史時代的先後計算，隋唐時代形成的教派，先是天台、三論，接著有唯識、華嚴和禪宗。其他如律宗、淨土雖然對佛教僧團及信仰等的發展，有很大的影響；但是在隋、唐時代，這兩家是否可以算是宗派，還不能達成明確的結論。除了上述的宗派和活動以外，小乘佛法是大乘佛學的前身，它的教義和宗教實踐方法，很多與大乘相通。因為這種關係，中國佛教思想家在討論佛學時，仍然離不開這一基礎。小乘對中國佛學的影響仍然是可觀的。現在讓我們先討論隋、唐佛教宗派的大勢，其

次再談宗密對佛學的批判和承繼。

一、隋唐中國佛教的宗派

中國佛學開宗立派最早的當推天台，天台宗的實際創立者智顗 (538-597)，以他的許多著作，特別是晚年所寫《法華玄義》，《摩訶止觀》等書，為天台宗建立了一套有系統的學說和宗教實踐方法。智顗的高足灌頂 (561-632)，筆記下智顗的說教，為天台宗的經典，奠定下穩固的基礎。但是天台佛學當時集中於華東和長江中游地區，再加上慈恩、華嚴各宗的新學說，勃興於唐代文化、政治中心的關、洛地區，天台宗在初唐和盛唐之際，幾乎沒有什麼發展。直到中唐時期，玄朗 (673-754) 的弟子湛然 (711-782)，進一步對智顗的重要著作，作了新的注解並有新的發揮，這才使天台宗的基本理論如「三諦圓融」等，更為深刻，更加圓滿。湛然的另一重大貢獻，是他在發揮天台教義的時候，從天台佛學的立場，對當時有影響的其他佛學家加以批評，因而抬高天台宗的地位。例如他在《法華五百問論》書中，指出了窺基對《法華經》的錯誤理解；在《金剛錍》中，諷刺華嚴宗的觀點，提出「無情之物也有佛性」的大膽論題；又在《止觀義例》裏，批評當時的禪宗，是一種修而無教，證而不知的宗教。除開湛然自己的著述以外，他又和許多當時的社會名流交往，例如他的門下梁肅 (753-793)，就是當時的名士，這對天台宗教的弘揚，非常有利。對宗密而言，湛然是一位重要的前輩，因為宗密的老師澄觀，早年曾經一度跟隨湛然「習《止觀》、《法華》、《維摩》等疏」。宗密自己在他的數種著作中，也曾多次談到天台宗的教義和修行方法。

隋代創立的另一個重要佛學宗派就是三論宗。雖然早在隋代以

前，這一派的思想可以上溯到羅什 (334–413) 和僧肇 (374–414?)，但是直到嘉祥大師吉藏 (549–623)，完成了三論的注疏，三論宗才算是真正建立起來。三論指的是印度中觀佛學的三部重要典籍:《中論》,《百論》和《十二門論》。這幾部論書的哲學內容，是通過辯證方法，證明主觀的自我，客觀的事物等等理論，一切全空。這種道理被稱為「八不」: 不生、不滅、不斷、不常、不一、不異、不來、不去。通過這八個方面的否定，去理解佛教的緣起理論，不走任何一個極端，超越一切，上達中道。這種哲學是「破而不立」，最後又將一切歸於一無所得，一切皆空。因為這種觀點，中觀學派又被稱為「空宗」或「大乘空宗」。三論宗的其他部份教義，特別是「行於中道，見於佛性」一類的話，已經和印度中觀佛學有所不同；但是卻仍然強調一切皆空等基本觀點，所以仍被認為是「空宗」。三論宗的佛學到了中唐早已衰落，但是萬法皆空的理論，仍然是佛教中心教義之一。宗密在他的著作中，多次討論這一派的學理，並且對這一學派的哲學有所批評。在宗密的著作中，這一學派的理論，被稱為「密意破相顯性教」，又叫作「大乘破相教」。

　　初唐時期所建立的宗派，最先是慈恩宗。這一學派的哲學是三藏法師玄奘 (602–664) 從印度求法所得到的新佛學。他在 645 年從印度返回中國以後，首先集中力量對印度大乘瑜伽學派的經籍，有系統的譯為漢文。他先譯出這一學派的根本經典《瑜伽師地論》，再譯出與此論有關的其他著作:「如《顯揚論》，是此論的提要；《佛地論》，是此論發展的歸宿；《攝論》，是此論發展中的樞紐。」❶玄奘還翻譯了許多其他重要的佛典，包括卷帙浩博的《大般若經》(六百卷)。玄奘忙於譯經，並介紹印度當時最有影響的佛學思想，但是並沒有組織他

---

❶　呂澂著，《中國佛學源流略講》，頁 184。

自己的宗派。到他去世以後，他的弟子窺基 (632-682) 才根據玄奘所傳的印度佛學，加以發揚，形成宗派。窺基的弟子慧沼 (650-714)，對這一派的教義，作了更進一步的澄清，從而使慈恩宗的基礎得以奠定。因為這一派的三代大師都住在長安有名的大寺院慈恩寺內，所以一般人就把這一教派，稱為慈恩宗。

　　慈恩宗的哲學思想，主要的是唯識學說。這一學說邏輯性很強，不合中國佛教徒的胃口，所以從被介紹入華之時起，就遇到了很多批評。雖然如此，因這種思想仍然代表著當時印度佛學的最新發展，許多概念對闡解佛法非常有利，所以其他學派雖批評這種學說，卻又不能不從《唯識》哲學中，吸取精華，豐富他們自己的佛學。宗密自己就研究過這一學派的經籍，並且曾寫了十二卷《唯識頌》疏、鈔、科文。宗密把慈恩宗的哲學，稱為「密意依性說相教」，或「大乘法相教」。他對這一學派的思想，有所介紹，有所批評，也有所接受。其中要點，下一節中再去討論。

　　賢首宗又名華嚴宗，是盛唐時代完成的新教派。這一派尊杜順 (557-640) 為創建人，但是宗派的完成人實際上是法藏 (643-712)。法藏判分佛法為五教——小乘、大乘始教、大乘終教、大乘圓教，及大乘頓教，將印度及中國佛法的主流，予以分類歸納；又以「別教一乘」和「無盡緣起」為中心思想，建立了華嚴哲學體系。宗密的老師澄觀，學問淵博，他用神會禪法中的「靈知之心」，闡解《大乘起信論》中的「本覺概念」。本來法藏所說的「性起」，認為佛的境界屬於淨心；可是《大乘起信論》所說的「本覺真心」，卻具有淨染兩重性格。從這一點上去觀察，澄觀所說的眾生之心已經包括淨染兩種緣起，和法藏不同。有人認為澄觀在這個問題上，是把天台的性具善性和惡性的論點融入華嚴思想，是非常有道理的。澄觀的活動時代，禪

宗已成為中國佛教中的主流之一，澄觀把「大乘頓教」指為禪宗一點，也不是法藏判教的原意。法藏曾以《楞伽經》的菩薩修行斷無初地、十地之分一頌，和《維摩經》以沉默體現不二法門的方法，列「頓教」，根本不及禪宗。澄觀把禪宗列入判教範圍，並且給予「頓教」以最高地位，一方面修改了法藏判教的原意❷，也為宗密後來的禪、教一致理論，開了先路。

作為一位華嚴宗的成員，宗密對華嚴哲學非常推崇。他把華嚴佛學的教義，稱為「顯示真心即性教」，或「一乘顯性教」。他對華嚴祖師所傳的佛法，沒有一字的貶語，但在思想的承受上，主要的是得自澄觀的親自傳授，上承杜順的「法界觀門」思想。其詳細內容和分析，將於討論圭峰思想及其特點時，再加分析。不過從華嚴思想的全部發展史去著眼，宗密的哲學所受影響，仍是以澄觀為主，杜順為次，來自法藏的似乎不多。

按照傳統的說法，禪宗是南北朝時代由天竺僧人菩提達摩傳入中國，六代傳授至於慧能，是為南宗。不過這種傳統的說法，現在已經動搖。近幾十年中外學者研究的結果表示，初期禪宗的歷史，還有許多關鍵問題無法澄清。學者們也同意禪宗分為南北兩枝和宗派內部的糾紛，並非由慧能開始，而是起於荷澤神會對北宗的攻擊❸。神會從西元第八世紀起，開始批判神秀的弟子普寂等人所傳的禪法：「凝心入定，住心看淨」是「障菩提」；只有慧能所傳的「頓悟」禪法，才是正宗。經過神會的努力，南宗禪法風行一時。南、北宗的內部爭論是第八世紀中國佛教界的大事之一。當時有名的思想家柳宗元就曾指

---

❷　同上，頁 194。

❸　參閱胡適著，《神會和尚遺集》，頁 5–23；印順著，《中國禪宗史》，頁281–299。

出那種情況說：「由達摩至忍，五世而益離。離而為秀為能，南北相訾，反戾鬥狠，其道遂隱」❹。宗密自己也說：「南能北秀，水火之嫌」❺。

　　無論早期禪宗歷史的問題是如何複雜難明，但其自稱的歷史經過南、北兩宗的學者們的宣揚，從第八世紀後期起，他們的傳統，已為中國佛教界人士所公認：大家都承認菩提達摩是禪宗的創建人，六代傳法，再由神秀和慧能，分為南、北兩派。這些歷史也被後期的禪宗領袖接受。不過到了西元第八世紀末，南宗禪者勝利的擊敗北宗，成為禪門正統以後，南宗內部又起糾紛：「荷澤、洪州，參商之隙」❻；殘留的北宗禪法也在分宗立派。這一時期的禪法，既不同於早期的祖師禪，也和後來禪門的五家七宗相異。作者在發表於《通報》的論文中，曾把第八世紀後期到會昌廢佛之間的禪學發展，稱為「中期禪法」，以區分禪宗思想史的發展，並且用以區別那一時代的禪學特色。

　　「中期禪法」主要的歷史紀錄，來自宗密的著作和《敦煌卷子》。《宋高僧傳》雖然也保存了一些資料，但是那些資料已被南宗五家的聲勢所遮掩，顯不出「中期禪法」的特點。例如以馬祖道一 (709-788) 為首的洪州宗，在「中期禪法」時代，只是有影響的七宗領袖之一；但是到了《宋高僧傳》裏，馬祖門下，人才輩出，發展為人數眾多遍於江河之間的溈仰宗和臨濟宗❼。又像行思禪師（740 亡）這一枝禪法，雖然不見於宗密所記錄的資料；但是到西元第十世紀時，卻又形成巨流之一，分出為曹洞、雲門及法眼三家❽。與此相反的是神

---

❹　引自《註釋音辯唐柳先生集》（《四部叢刊初編縮本》）卷 6，頁 40a。

❺　《禪源諸詮集都序》，頁 59。

❻　同上。

❼　參閱印順著，《中國禪宗史》，頁 402–427。

會所建的荷澤宗，它雖然有過擊敗北宗，建立南宗的輝煌歷史，曾經是南宗禪法的主流；但是到十一世紀時，竟然被斥為「旁出」，而不算作是「正宗」❾。這些變化，足以說明「中期」與後來的禪門派系是不相同的。

宗密對中國禪宗史的貢獻，主要的有兩個方面：第一，他記錄下「中期」禪法的流派和教義。第二，他從各派禪法的實踐方法裏面，找尋出他們的佛教哲學根源。如果沒有宗密留下的資料，以及他所作的分析，也許「中期禪法」的內容，無法被人知曉。他為禪宗各派的修行方法，找出他們的理論根據，更是一件有創造性的成就。在中國中古的宗教史學家的行列中，還找不到其他像宗密這樣思路清楚，目光銳敏的作家。也許和現代的學者相比，他所持的態度，還不能夠算是「客觀」；但是他總能夠從紛亂的資料及分歧的立場中，找出他們的哲學根據這一事實，就是一件很重要而又了不起的成就。

宗密對中國「中期禪法」的記載，分見於現存的《圓覺經大疏鈔》、《禪源諸詮集都序》、《原人論》和《禪門師資承襲圖》等書中。據他所記的「中期禪法」共分七宗：牛頭、北宗、荷澤、洪州、淨眾、保唐、南山念佛等。這七宗裏面只有荷澤與洪州屬於南宗系統，牛頭算是「早期」的禪法，其餘四家都算是和北宗有關。根據現代學者們的研究，牛頭宗的傳統只能上推到慧方 (629–695)。慧方以前的歷史，特別是所謂牛頭禪的創始人法融 (594–657)，根本和禪宗無關❿。北宗、荷澤兩家的禪法，已經可以從《敦煌卷子》中，看出其主要教義。洪州禪後來變成禪宗的主流，教義作風為人所熟知⓫。淨眾寺這

---

❽　同上。

❾　參閱陳垣著，《中國佛教史籍概論》，頁 87–88。

❿　印順著，《中國禪宗史》，頁 85–128。

一派的禪法，也因宗密等人的記載，再加上敦煌出土的漢文、藏文卷子，學者對這一派的禪法，也可以看出大要。但是南山念佛禪到現在為止，主要的資料還是宗密的紀錄。宗密的著作是中國「中期禪法」最有系統，深度最高的宗教思想史著作⓬。《敦煌卷子》未發現以前，宗密的紀錄幾乎是唯一對中期禪史的詳細紀錄；《敦煌卷子》出土以後，證明了宗密紀錄的可靠性。從「中期禪法」歷史全局去觀察，宗密所記的禪史和禪法，仍然是最全面，最有系統和最有深度的資料。

作為一個荷澤宗禪法的實踐者，宗密不僅熟悉第九世紀上葉中國禪法的趨向和內容，他並且從佛典中找出那些禪法的哲學根據，然後再以荷澤禪法的觀點，批評其他各宗的教義和宗教修行方法。就是對荷澤禪法，宗密也不是盲目的接受傳統，有些地方他仍然能夠指出其某些缺點和局限性。

二、批評各宗教理

宗密將唐代中國佛學，分為「禪」和「教」兩大系統。本節只討論「教」的部份。什麼是「教」呢？宗密自己詮解說：「教也者諸菩薩所留經論也。」⓭用現代話來講，「教」就是佛學中的教義，也就是通常所說的佛學。宗密由禪入教，追隨澄觀以後，曾經「捨眾入山，習定均慧，前後息慮，相繼十年」⓮。這種定慧雙管齊下，使宗密成為一位學行兼長的宗教學者。對那一次學習的結果他曾很自信的說：

⓫　同❼。

⓬　《研究》，頁 293–390。

⓭　《禪源諸詮集都序》，頁 33。

⓮　同上，頁 30。

「豈比夫守默之痴禪，但尋文之狂慧者也！」**⓯** 宗密在《禪源諸詮集都序》中，將佛教哲學分為「說相」、「破相」、「真心即性」三種教義 **⓰**，後又在《原人論》中把佛教教義，分為四種：小乘、大乘法相、大乘破相、一乘顯性 **⓱**。這兩種分類數目雖有差別，但其內容卻無不同。因為前一分類中的「說相」教內，就包括著「人天因果」、「斷惑滅苦」，和「將識破境」等三種教義。除開「人天因果」教不是佛教而是和世俗有關以外，「斷惑滅苦」就指的是「小乘教」；「將識破境」也是「密意依性說相教」的一部份。鎌田曾把兩書中所講佛教教義分類的異同，列表說明如下：**⓲**

《原人論》　　　　　《禪源諸詮集都序》

(1)人天教————(I) 人天因果教 ⎫
(2)小乘教————(II) 斷惑滅苦教 ⎬（一）密意依性說相教
(3)大乘法相教——(III) 將識破境教 ⎭

(4)大乘破相教————————————（二）密意破相顯性教

(5)一乘顯性教————————————（三）顯示真心即性教

小乘教

　　《原人論》中所列的「人天教」指的是在家人的信仰，包括信仰佛教或其他宗教的信徒在內。因為本章的內容是討論宗密對佛學的批判，所以不必對俗人宗教加以討論。小乘教是早期佛學的直接發展，它的教義也和原始佛教更接近一些。宗密對佛學的敘述，也是從小乘

⓯　同上。

⓰　同上，頁 85。

⓱　《大藏經》，卷 45，頁 708c。

⓲　《禪源諸詮集都序》，頁 108。

佛法開始。因為其他佛學都是對早期教義的闡解或反映，因此如果不先把小乘教義講清楚，就無法說明其他教義的特點，也看不出佛教思想發展的脈絡。小乘佛學的主要內容是什麼？宗密的理解如下：

> 斷惑滅苦教，說三界不安，皆如火宅之苦。令斷業惑之集，修道證滅。**⑲**

宗密這裏所講的正是佛學的根本教義——「四聖諦」：苦、集、滅、道，四項真理。

宗密認為苦的形成，主要由於「我執」。「我執」是指一般人對自己的錯誤認識及執著，以為自我是永久不變的。所謂自我包括身、心兩部。佛家對自我的分析，是這樣的：

> 形骸之色，思慮之心，從無始來，因緣力故，念念生滅，相續無窮，如水涓涓，如燈燄燄。身心假合，似一似常，凡愚不覺，執之為我。**⑳**

因為對自我的執著，人們就對一切事物，產生貪、瞋、癡三種有害的思想。這些思想一旦侵入意志，就會在思想、語言和行動方面造成各種「業」。各人的「業」一旦造成，就無法可以逃避，結果身受五道苦樂，生老病死。死而再生，循環不已。小乘佛教的宗教解脫哲學，是以「無我」的智慧，斷除對自我的執著，破除貪、瞋、癡等三毒，從而息業鍊智，體現「我空真如」，乃至得到「羅漢果」，這就達

---

⑲　同上，頁 103。

⑳　同上，頁 104。

到了宗教解脫的目的。按照小乘佛學的說法，只有色（物質）和心兩法（因素）才是世間事物的根本，除此而外，「過去未來，更無別法為本」❷１。

宗密是大乘佛教學者，他對小乘佛學提出了這樣的批評：

> 夫經生累世為身本者，自體須無間斷；今五識缺緣不起，意識
> 有時不行，無色界天無此四大，如何持得此身，世世不絕？❷２

這一段引文的原文中，有兩段小字註解：「缺緣不起」一句中的「緣」字，指的是「根境等為緣」。「意識有時不行」語內的「時」，指的是「悶絕、睡眠、滅盡定、無想定、無想天」❷３。

一般大乘佛家對小乘佛教哲學的批評，多指小乘佛學只談「我空」不知「法空」。上述宗密對小乘佛學的指責，倒是和小乘犢子部的調子相同。《異部宗輪論》所記犢子部的主要問題，正是如此：

> 諸法若離補特伽羅，無從前世轉至後世。依補特伽羅，可說有
> 依轉。❷４

犢子部所堅持的這一論點，也可以從別的佛教論著中，找出證明，例如《俱舍論・破我品》中說：

---

❷１ 《大藏經》，卷45，頁709b。

❷２ 同上。

❷３ 同上。

❷４ 《大藏經》，卷49，頁15c。

若定無有補特伽羅，為說阿誰流轉生死？❷❺

作為一個大乘學者，宗密對小乘佛學的批判，怎麼會與犢子部的觀點一致呢？這是因為宗密所信仰的禪宗，和華嚴思想兩家，都持有佛性，如來藏或真心作為中心思想。從禪學的立場來說，禪是「諸佛萬德之源，故名佛性」❷❻。從華嚴思想去觀察，「至道本乎其心」❷❼。而心的本體正是「非有非空，不生不滅。求之不得，棄之不離」❷❽，卻又是「靈知不昧」的❷❾。宗密既然承認真心是不生不滅，是絕對的真實，他對小乘「無我」、「無常」等教義的批評，自然和印度大乘佛學空有兩宗的論點不同，立場各異。

法相教

法相教是大乘佛學，有時也被稱為「唯識宗」或「瑜伽行者」。宗密在《禪源諸詮集都序》裏，把這種佛學，稱為「將識破境教」。這裏所講的識，指的是八種意識：

> 但各是眾生，無始已來，法爾有八種識。於中第八藏識是其根本。頓變根身、器界、種子，轉生七識，各能變現自分所緣。此八識外，都無實法。❸❶

---

❷❺　《大藏經》，卷 29，頁 156c。

❷❻　《禪源諸詮集都序》，頁 17。

❷❼　引自澄觀著，〈答順宗心要法門〉，見《中國佛教思想資料選編》，卷 2，第 2 冊，頁 373。

❷❽　同上。

❷❾　同上。

按照法相佛學的說法，八識指的是眼識、耳識、鼻識、舌識、身識、意識、末那識、阿賴耶識。因為每個人過去所作的業力，影響到現在的認識能力，所以大部份人士的末那識和意識被「無明」所蔽，所以各種識發生外射現象的時候，就把那些意識現象，誤認作「實我實法」。其結果是將虛幻變成真實，惹起無窮煩惱；輾轉相生，無法得到解脫。這種對識起時的誤解，在法相宗的術語中被叫作境，其中包括一切起滅現象。宗密以病時和夢境譬喻這種對現象的誤解和堅持。他說：

> 如患夢者，患夢力故，心似種種外境相現。夢時執為實有外物，寤來方知唯夢所變。我此身相，及外世界，亦復如是，唯識所變。**㉛**

上面所說的是法相宗對現象的認識，及對宗教問題的分析。既然夢境不實，只有在夢醒以後，作夢的人才能理解到他所夢見的一切其實全是幻影；宗教問題的解決也是同樣的道理。法相宗的教義，正是以「本無我法，唯有心識」作為理論，以「修唯識觀、及六度、四攝等行」作為宗教實踐的方法。「伏斷煩惱，所知二障，證二空所顯真如」作為行踐的目標，以「轉八識成四智菩提。真如障盡，成法性身大涅槃」**㉜**為最高目的。這就是「將識破境」教義的內容。識指「唯有心識」。境指「實我實法」。因為實我實法只是情、識中所浮起的虛妄變化，不但本身不真，而且是一切煩惱的根源，所以除非破了這些

㉚ 《禪源諸詮集都序》，頁104。

㉛ 同上，頁105。

㉜ 同上。

「境」，就無法斷絕煩惱。

　　宗密曾研究過唯識典籍，他對法相佛學的理解也算是得其綱要。但在哲學立場上，宗密信仰的是法性哲學；那一哲學承繼了大乘空宗對法相宗的批判。他批判法相哲學的根據也是以空宗為立足點。宗密說：

> 將欲破之，先詰之曰：所變之境既妄，能變之識豈真？若言一有一無者，則夢想與所見物應異，異則夢不是物，物不是夢。寤來夢滅，其物應在。又，物若非夢，應是真物。夢若非物，以何為相？故知夢時則夢想夢物，似能見所見之殊；據理則同一虛妄，都無所有。諸識亦爾：以皆假託眾緣，無自性故。❸❸

宗密對法相佛學的質詢是有層次的。他首先質問：如果境由識變的說法成立，識和境豈能是一真一妄？其次說明識、境相連，不可能強分為二。最後說明諸識和諸境的性質相同，都是沒有自性的現象。沒有自性就有所待，不能被看作是絕對真實。

　　宗密在《禪源諸詮集都序》中，把小乘教和大乘法相教歸為一類，統稱為「密意依性說相教」。書中對這一名稱自有解釋：

> 佛見三界六道，悉是真性之相。但是眾生還性而起，別無自體，故云依性。然根鈍者卒難開悟。故且隨他所見境相，說法漸度，故云說相。說未彰顯，故云密意也。❸❹

---

❸❸　《原人》，頁 709c。

❸❹　《禪源諸詮集都序》，頁 103。

在宗密看來，世間的一切現象，包括小乘及法相佛學所說的教義，只是「真性」的相，而不是真性的本體。這些教義只就現象討論真理，在理論上只能算是「相教」；在方法上也主張漸悟，不講頓悟。這種粗淺的教義和實踐方法，只能對根基不深的信徒有益處；但對理解力強（利根）的人士，不但無益反而有害。兩種教法都沒有把佛學的意圖與真理，直接而明白的指出，所以叫作是「密意」。「密意」者理未彰顯，尚隔一層也。

破相教

破相教也是大乘佛學，通常被稱為「空宗」或「大乘空宗」。宗密在《禪源諸詮集都序》中，把這一派佛教哲學稱為「密意破相顯性教」。這種佛學是由龍樹 (Nāgārjuna) 所創建，也是大乘佛法最早期的新哲學。龍樹以後，這派佛學的學者，人才輩出，成為大乘佛教哲學的主流。上面所講的「破相教」在歷史上是比較遲後一些，在哲學上卻可以說是對「大乘空宗」的反動。宗密在他的著作中，先講「相教」，後敘「空宗」，是按照他對佛學的深淺標準，由淺而深加以排列；而不是按歷史年代先後加以討論。但是因為他先講「法相」，後談「空宗」，而且還把空宗教義稱為「破相教」，這就容易給讀者造成一種印象，以為「破相」是後起教義，是對「法相教」的反動。這自然是不合歷史事實的。

雖然宗密不重視歷史次序，但是他對大乘空宗的哲學，仍然有著基本理解。他分析這一教派的佛學時，直接引用空宗的根本經典——《中論》說：「未曾有一法，不從因緣生。是故一切法，無不是空者。」❸❺又引用了「眾因緣生法，我說即是空」❸❻，來說明大乘空宗

---

❸❺ 《大藏經》，卷30，頁 33b。

所持的中心教義。他又根據這一中心教義，把空宗的主要思想加一概
括：

> 是故一切法，無不是空者。凡有所相，皆是虛妄。是故空中無
> 眼、耳、鼻、舌、身、意，無十八界，十二因緣，四諦，無智
> 亦無得，無業無報，無修無證。生死涅槃，平等如幻。但以不
> 住一切，無執無著，而為道行。❸❼

值得特別指出的是，引文中所否定的教義如六識、十八界和十二因緣
等，都是初期小乘佛學的教義，從這裏可以看出，大乘空宗早期經典
所破除的教相，原來指的是小乘佛法所說的教相。這些教相並不屬於
大乘法相宗。

　　一切皆空的理論，通常被認作是大乘佛學的精萃和最高深的哲
學。但是因為這一理論徹底掃空一切執著之後，常使人們在否定之
餘，深感無所適從。作為一種哲學，空宗的理論是可以說通的。可是
作為一種宗教哲學，一切皆空的說法是很危險的。因為一個傳教士總
不能只說別家宗教不夠完善，卻又不能拿出自己認為更圓滿的教義。
就是因為這一缺點，法相宗才出而修正空宗教義所造成的危機，提出
了唯識的論點。也是在這種基礎上，宗密才對空宗的立論提出類似的
批評。

　　宗密對破相教的理論，提出了一連串的問題，他質問說：

> 若心境皆無，知無者誰？又若都無實法，依何顯諸虛妄？且現

---

❸❻　同上，頁 33b。

❸❼　《禪源諸詮集都序》，頁 121。

見世間虛妄之物，未有不依實法而能起者。如無濕性不變之
水，何有虛妄假相之波？若無淨明不變之鏡，何有種種虛假之
影？❸❽

上面的引文指出，大乘空宗的哲學有兩項缺點：第一是與知識論有
關，第二是形而上學方面的問題。一種知識的存在，包含著三種因
素：客觀事物、主觀知覺，以及兩者交接過程中所產生的知識。按照
空教的說法，上述的三種因素是「都無所有」。因此宗密才質問說：
如果心境全是空的，知道「空」的又是什麼人（或物）呢？從形而上
學來觀察這項問題，形而上的應當是本體；形而下的是世間現象。世
間現象是虛是假，虛假的事物是依靠形而上的本體，才能夠出現。宗
密用「濕性不變之水」和「淨明不變之鏡」的譬喻，說明本體，稱之
為「實法」。又以「虛妄假相之波」和「種種虛假之影」譬喻世間現
象。從這種形而上學著眼，宗密認為破相教不但破除諸種虛妄之相，
並且也破除了「實法」，那實在是一個嚴重錯誤。他在《禪源諸詮集
都序》中，對這一點有更進一步的批判：

據真實了義，即妄執本空，更無可破。無漏諸法，本是真性，
隨緣妙用，永不斷絕，又不應破。❸❾

這就是說空宗教義，根本不能夠自圓其說：如果「妄執本空」，就沒
有可破的對象。另一方面，那些具有一切煩惱，有助於證得智慧的教
義──「無漏諸法」，都是真性本體的隨緣妙用，又不應該去加以破

除。這裏所說的「無漏法」(Anāsrava-Dharma)，又稱為「無為法」
(Asamskṛta-Dharma)。無漏法的數目，佛教各宗派所列不同：部派佛
教中有三種（說一切有部）和九種（大眾部）的說法；大乘唯識佛學
主張有六種無為法❹。

　　在批判佛教哲學的體系中，宗密認為空宗的教義雖然比法相教的
哲學思想，要深一層；但仍然不夠透澈。因為華嚴佛學所講的真理
「真心」和禪宗的了義教中的「佛性」還是沒有被明白點出，因此宗
教目標未明，只能算是「密意」。他對「密意」一辭有所解釋：第一，
「但為一類眾生，執虛妄相，障真實性，難得玄悟。故佛且不揀善
惡、淨垢、性相，一切呵破。以真性及妙用不無，而且云無，故云密
意。」第二，「又意在顯性，語乃破相，意不形於言中，故云密也。」❹

　　佛教發源於印度，經過一千多年的發展，有過不同的部派。這些
部派一方面都信仰佛陀的教義；一方面卻又在經籍的選取，教義的闡
解和修道的方法上有許多爭論和矛盾。佛教傳入中土以後，南北朝時
代一些佛學家，開始注意到這些教義方面的衝突。因為他們都相信一
切佛經都是佛陀本人所講說的，但佛經的內容又有矛盾，所以就用
「判教」這種辦法，去解釋佛經中的分歧。例如慧觀曾根據《涅槃
經》以「五時」去判教，劉虯又根據《無量義經》以「七階」作為判
教的根據。到了天台宗的智顗，他才以過去各家的判教為基礎，又以
天台宗的經典和教義，將佛教重新編排，建立了「五時八教」的新系
統。五時是以佛陀說經的五段不同的時代。這是根據佛教的傳說和教
義的深淺而劃分，所以只能算是教團意識的反映，但不能被看作是真

---

❹　參閱 André Bareau 著，*L'Absolu en Philosophie Bouddhique: Evolution de
　　la Notion d'Asamskrita* (Paris, 1951).

❹　《禪源諸詮集都序》，頁 121。

正的歷史事實；八教是以教化的方式（「化儀」）把佛教分為四類：
頓、漸、秘密、不定；又以教理（「化法」）為標準，分為藏、通、
圓、別四教❷。自然天台宗的經典和教義在這一系統中都佔有優先地
位。其他教派也用過類似的方法對佛教加以判釋，其中包括華嚴宗的
賢首大師法藏。賢首把佛教分為小、始、終、頓、圓等五教，其中名
稱雖然不同，內容和天台宗的判教大略相同。澄觀在《華嚴經疏鈔·
序》中就曾清楚說過：賢首所說大同天台，只增加了頓教一條。但是
天台的判教是以教化方式和教理為標準的；賢首卻以「化法」四教為
基礎，再從「化儀」中挖出了頓教，湊成華嚴五教的新系統❸。這種
混「化法」與「化儀」為一體的方法，從哲學上去評論，是說不
通的。

　　作為一個華嚴宗的教徒，宗密在判教問題上，並沒有追隨法藏所
建立的系統。他對佛教的批判是按照他自己的哲學標準和經驗，自成
一家，別開生面。雖然在他的判教系統內，仍然保存著宗派觀念，把
「真心」和「佛性」列為最高的一級，認為這才是最直接了當的佛
法；但在佛學分類和解析方面，都更富於哲學意味。他這種新的嘗
試，不但擺脫了以前判教中常用的辭彙，並且對印度佛教哲學的分析
也更正確，也更有系統。從中國判教歷史上去觀察，宗密的判教可以
說是後來居上，學術意義最大。

三、對禪宗的批判

　　宗密的宗教生涯是以進入禪門為開始的。從那時起一直到了晚

---

❷　參閱呂澂著，《中國佛學源流略講》，頁 117, 167–173。

❸　同上，頁 193。

年，他對當時所盛行的禪宗流派，皆特別留心。對禪宗各家的典籍，特意收集，編纂了一部長達一百三十卷的巨著——《集禪源諸論開要》❹。雖然這部巨著，現在已經佚散不存，但是學者們從現存的其他著作中，仍然可以看出宗密所記中期中國禪門所流傳的主要支派，和它們的主要教義及實踐方法。宗密在其所著《圓覺經大疏鈔》中，曾把中唐時期禪宗流派，分為七家。在《禪門師資承襲圖》一書中，又把那些禪宗派系分為五支。他的另一本著作——《禪源諸詮集都序》，又把禪門分為三宗。這些分類因為目的不同，所以數目也有差別。可是從內容上去觀察，三書所記的「中期禪法」，並沒有矛盾。這種現象可以列表說明如下：❺

《大鈔》	《承襲圖》	《禪源諸詮集都序》
⑴拂塵看淨、方便通經		
⑵三句用心、謂戒定慧	(a) 北宗	(I) 修心息妄宗
⑶教行不拘而滅識		
⑷觸類是道而任心	(b) 洪州	
⑸本無事而忘情	(c) 牛頭	(II) 泯滅無寄宗
⑹藉傳香而存佛		
⑺寂智指體無念為宗	(d) 荷澤	(III) 直顯心性宗

從上面的分析中我們可以看出《大鈔》所列的禪宗是歷史紀錄，《承襲圖》中所記是以南、北分裂為主題，《禪源諸詮集都序》是以哲學特點與宗教意義為著眼點。宗密自認是荷澤宗的嫡系，他對其他各派禪法的評擊，自然是可以想見的。但是他在批評各派禪法時，不僅能夠指出各家的修行方法，並且能夠為那些禪法找出哲學基礎，並予以

---

❹　見本書頁 47，第 35 項。

❺　參閱《研究》，頁 296, 316–339。

系統性的批判。他的觀察深度和清晰的論點,都是中國學術史上很少見的成就。他雖然非常崇敬神會和尚,卻仍能夠看出神會禪法的時代限制,並且明確指出那些限制。這都足以表示他的宗教哲學超出了宗派感情。他主張以「和會」的方法,作為消除宗派鬥爭的手段;這也表現出他的眼界廣闊,胸襟坦蕩。

北宗禪法

宗密所記的北宗禪法,共分四支:北秀、南侁、保唐、南山。這四家雖然都是北宗,但是在修道方法和宗教哲學方面,有同有異。北宗的主流當推神秀一支。這一枝禪法的哲學要點,在宗密的筆下,是這樣的:

> 眾生本有覺性,如鏡有明性,煩惱覆之不見,如鏡有塵闇。若依師言教:息滅妄念,念盡則心性覺悟,無所不知。如磨拂昏塵,塵盡則鏡體明淨,無所不照。❹

引文中的「覺性」一辭,是「佛性」的同義字。「眾生本有覺性」就是說人人都有佛性。在這一點上,禪宗各家意見一致,北宗、南宗沒有分別。南北兩家在哲學上的分歧,集中於「妄念」一點。根據宗密的記載,北宗禪所談的「妄念」及其與覺的關係,是這樣的:

> 所言覺意者,謂心體離念。離念相者等空虛界。❹

---

❹ 《禪門師資承襲圖》,頁 298。

❹ 《鈔》,頁 277c。

宗密在註釋這一段話時稱:「心也、釋自覺。謂讚歎不喜、打罵不瞋。離念即無心,無心即與空虛合體,故名等空虛界。若起念即不等空界也。」❹宗密所記的這一段提要文字,也見於《敦煌卷子》本〈北宗五方便〉一文中。雖然兩者之間的字句並不全同,但宗密對北宗教義的陳述,是客觀而忠實的。

宗密批評北宗的「離念」理論,集中於「妄念」本身的性質。他說北宗的哲學,

> 未見妄念本無,一性本淨。悟既未徹,修豈稱真? ❹

又說:

> 此但是染淨緣起之相,反流背習之門,而不覺妄念本空,心性本淨……❺

在南宗的禪師們看來,所謂「妄念」只是真性與因緣接觸之後所引起的現象。凡是由因緣所產生的現象,都是沒有自性,不是獨立存在的,所以就是「妄念本空」。「妄念」既然根本就不存在,「離念」自然成為不必要的事了。任何「離念」的努力,只能引人進入歧途,白費精力。不僅於事無補,反而有害──「反流背習之門」。

和北宗思想相適應的是它的宗教修行辦法。宗密所記載的北宗修行方法,稱作是「趣入禪境方便」:

---

❹ 同上,c–d。

❹ 同上,c。

❺ 《禪門師資承襲圖》,頁 298。

> 又須明解趣入禪境方便：遠離憒鬧，住閑靜處，調身調息，跏
> 跌宴默，舌挂上齶，心注一境。**❺**

宗密對這一種佛教傳統的坐禪方法，並沒有作正面批評。他只說「悟
既未徹，修豈稱真?」**❺**可見抨擊的焦點，仍在思想方面。話雖如此，
坐禪是佛教的三學之一，到底是應當還是不應當修習呢? 宗密的態度
是有伸縮性的肯定：他一方面承認「此等種種方便，悉是佛所勸
讚」**❺**；一方面又引述《維摩詰經》中的名言：「不必是坐」。然後又
從這兩種互相矛盾的態度中，得到了一個有辯證性的結論：「坐與不
坐，任逐機宜。凝心運心，各量習性。」**❺**換句話說，這些方法的本
身，沒有絕對性的價值，主要的是禪法與習禪者的「機宜習性」，是
否合適。

　　上面所指的北宗，不僅包括著神秀一系的禪法，並且也指當時四
川所流行的三家。宗密在《禪門師資承襲圖》中，自作註解說明這三
家與北宗的關係：「劍南復有淨眾宗，旨與此大同。復有保唐宗，所
解似同；所修全異。」**❺**淨眾寺一派的禪法，就是「三句用心，為戒
定慧」的那一派。「三句」就是「無憶、無念、莫忘」。「無憶」是要
人「勿追憶已過之境」，「或不憶外境」。「無念」的意思是「勿預慮未
來榮枯等事」，也就是「不念內心」。「莫忘」是「常與此智相應，不

---

❺　《禪源諸詮集都序》，頁 87。

❺　《禪門師資承襲圖》，頁 298。

❺　《禪源諸詮集都序》，頁 116；參看《維摩詰經・弟子品》，見《大藏經》
　　　卷 14，頁 539c。

❺　同上。

❺　《禪門師資承襲圖》，頁 298。

昏不錯，名莫忘也。」[56]因為思想既然常與智慧相應，對待事物和智慧的態度應當沒有差別，所以稱為莫忘。這一種禪學思想，也從《敦煌卷子》的《歷代法寶記》中，得到證實。卷子中有幾段話，非常值得注意，其中一條說：

> 念不起猶如鏡面，能照萬象；念起後猶如鏡背，即不能照見。[57]

從這一段引文去觀察，淨眾一支的禪法思想，雖然用了「無念」一辭，但是「無念」的意思，卻和神會——宗密所說的不同：後者所說的「無念」意為「妄念本空」；前者還在講「念起」和「念不起」。淨眾禪法的思想還是屬於北宗的範圍之內。

保唐寺的一支禪法重點，曾被宗密概括為「教行不拘而滅識」。宗密在分析這一家的禪法時，說它的悟解和北宗主流「似同」；但是在修行方法上則與北宗「全異」。這一支禪法的悟解，著重於「滅識」。識是什麼，為什麼要滅除呢？宗密解釋說：

> 意謂生死輪轉，都為起心，起心即妄。不論善惡，不起即真，亦不似事相之行。以分別為怨家，以不分別為妙道。[58]

---

[56]　《鈔》，頁 278c。參閱作者英文論文："Mu-sang and His Philosophy of No-thought"，刊於 Proceedings of the 5th International Symposium, National Academy of Sciences, Republic of Korea（漢城，1977），頁 55–86。

[57]　《禪の語錄 3：初期の禪史 II》，頁 143。參閱作者論文：〈敦煌文獻中的「無念」思想〉，刊於《敦煌學》，輯 9，頁 1–13。

[58]　《鈔》，頁 278d。

「起心即妄」，仍是承認妄念的存在，這一點與北宗相同。但是北宗只主張「離念」，保唐寺的禪師卻要求得更徹底一些——他要人們根本「滅識」。可見宗密在評論這一家的悟解時，所用「似同」二字，是非常嚴謹的。宗密又言，在修行方法上，這一派主張的是：

> 謂釋門事相，一切不行。剃髮了便掛七條，不受禁戒。至於禮懺轉讀，畫佛寫經，一切毀之，皆為妄想。所住之院，不置佛事。故云教行不拘也。❺❾

保唐寺的禪師，把佛教中的一切事相，都列入「妄想」，完全取消。這種極端的態度，正和其他禪法的宗教行為，完全相異。保唐寺禪法的典籍《歷代法寶記》，已在《敦煌卷子》中被發現，整理出版。這部書中所記的思想和修行方法，雖然不像宗密所記的那麼有系統，但是精神面目，大致相同。例如該書把佛教分為「事相佛法」與「無相佛法」，「不居寂地、不住事相」，「以直心為道場……」，以及「心生即種種法生，心滅即種種法滅。轉經禮拜，皆是起心。起心皆是生死，不起即是見佛」❻⓿等，都是很好的例證。

北宗在四川還有一家分支，宗密在《禪門師資承襲圖》中稱，弘忍門下有「果閬宣什」，與神秀、慧能等併肩排比❻❶；但在文中未加評論。在《禪源諸詮集都序》中，宗密說「南侁、北秀、保唐、宣什等門下，皆此類也」，把他們都算在「息妄修心宗」❻❷。只有在《圓

❺❾　同上。

❻⓿　見❺❼所引書，頁 273 等。

❻❶　《禪門師資承襲圖》，頁 289。

❻❷　《禪源諸詮集都序》，頁 87。

覺經大疏鈔》中，才有一段紀錄，談到這一支禪法的特點是「藉傳香
而存佛」❻。傳香指的是在懺儀進行中間，「以傳香為資師之信：和
尚手付，弟子卻授和尚，和尚卻授弟子。如此三遍。」存佛指的是「一
字念佛」❻。這一支禪法著重宗教實踐，不講理悟，大概因為宗教哲
學不強，流傳只限於川東的果州、閬州一帶，所以宗密未加深的分
析。此外再無其他紀錄可查，其實情如何，現在已經失傳了。

牛頭禪

　　根據近多年來的研究，牛頭宗的法融和禪宗本來沒有關係這一
點，已為學術界所接受。但是到第八世紀中期，禪宗信徒卻已公認牛
頭是禪宗一支，而且具有很大的影響力。最近印順在其所著的《中國
禪宗史》中，更進一步指出，唐末以後的禪宗主流，真正的思想根源
是牛頭禪法❻。宗密在《禪源諸詮集都序》中，將當時的禪門七家，
根據哲學立場分類，劃成三宗；牛頭宗獨佔一支❻。由此可見牛頭禪
思想的重要性和其對禪宗各家所產生的影響。宗密在其歷史性的紀錄
中，清楚指明牛頭宗所尊崇的創建人慧融大師，是「通性高簡，神慧
靈利，久精般若空宗，於一切法，已無計執。」❻這段記載不但說明
慧融的才能，並且指出牛頭哲學本屬大乘空宗。大乘空宗向來以《般
若經》為根據，是大乘佛教哲學的基本思想。牛頭禪的立場雖然是以
此為本，但是在教理的闡解方面，卻不像大乘空宗那麼系統深入，用

---

❻　《鈔》，頁 279c。

❻　同上。參看印順著，《中國禪宗史》，第四章，頁 129 等。

❻　參看上註所引印順書，第三章，頁 85-128。

❻　《禪源諸詮集都序》，頁 91。

❻　《鈔》，頁 279b。

邏輯方法來說明問題。牛頭宗的理論是直接敘述，明白易曉。這種說理的形式，更接近禪宗文獻。

對牛頭宗的禪法和教義，宗密有這樣的提要：

> 說凡聖等法，皆如夢幻，都無所有。本來空寂，非今始無。即此達無之智，亦不可得。平等法界，無佛無眾生，法界亦是假名。心既不有，誰言法界。無修不修，無佛不佛，設有一法，勝過涅槃，我說亦如夢幻。無法可拘，無佛可作，凡有所作，皆是迷妄。如此了達，本來無事，心無所寄，方免顛倒，始名解脫。❻❽

宗密清楚指出，牛頭禪法的主旨，就理而言，主張「一切皆無」；就修行方法而言，是「休心不起」。悟修的目標，是使修行的人在理解和行為上都能夠「不令滯情於一法上」。這裏所說的法，指的是一切世間法，和出世法在內。所謂「凡聖等法，皆如夢幻」❻❾。

宗密認為，牛頭宗不承認一切法相具有自性一點很有道理。但是這一派的徹底皆空冒過了頭，甚至連宗教的本體——絕對真心，也一併否定。這種思想未能理解就在「色相皆空之處」，還存在著一顆「靈心」❼⓿。在宗密的哲學體系中，這一「靈心」，就是佛性，也是真實。如果連這一絕對的真實都不存在，宗教哲理和實踐方法豈不是都變為沒有意義的麻煩。他以空瓶作為比喻，說明這一問題：

---

❻❽　《禪源諸詮集都序》，頁 91。

❻❾　《禪源諸詮集都序》，頁 91。

❼⓿　《禪門師資承襲圖》，頁 327。

如瓶空者，謂瓶中無物，名為瓶空，非謂無瓶。言無者，心之中無分別貪嗔等念，名為心空，非謂無心。**❼①**

從這一點上著眼，宗密批評牛頭禪的思想，缺點在於「但遣其非，未顯其是」**❼②**。

不但牛頭宗以空為理，其他宗派也相信這種教義。宗密在《禪源諸詮集都序》中指出，這種教義在不同的宗教中，都佔有不同的份量：「石頭、牛頭下至徑山，皆示此理」**❼③**，這是「泯滅無寄宗」的主流。牛頭徑山原屬一系；石頭通常指的是希遷禪師 (700–790)，是青原行思 (740 卒) 的高足，也被列入牛頭教義之內，理由不太清楚。大概正是這種原因，譯註此書的人對此不加注釋。按第十世紀中葉編著的《祖堂集‧卷四》，記載石頭禪師的語錄中，有幾段對話，的確和牛頭禪的教義類似。例如

> 侍者去彼問：如何是解脫？師曰：阿誰縛汝？
> 　　　　　　如何是淨土？師曰：阿誰垢汝？
> 　　　　　　如何是涅槃？師曰：誰將生死與汝？**❼④**

又如當大顛 (732–827) 問石頭說：

> 古人道：道有道無二謗。請師除。師曰：正無一物，除個什

---

❼①　同上。

❼②　同上，頁 327–328。

❼③　《禪源諸詮集都序》，頁 91。

❼④　《祖堂集》，卷4，頁 76b。

摩？ **⑦⑤**

上面的這樣答案，不是正和宗密所記的牛頭禪法，「都無所有，本來空寂」等精神是一致的嗎？

除開上述的牛頭主流以外，宗密還說有一類道士、儒生、閒僧等，也是「皆說此言」。可見這種泯滅無寄的思想，也影響到佛教其他宗派，甚至某些道士。宗密又稱：

> 荷澤、江西、天台等門下，亦說此理，然非所宗。 **⑦⑥**

由此可見，大乘空宗的一切皆空都無自性的哲學理論，對禪宗許多支派都有不同程度的影響。牛頭一派固然是以此為中心，其他像荷澤、洪州兩家，在討論宗教問題時，也要利用空宗的哲學。所不同的是牛頭禪法是以空為目的；其他兩家則是以空為方法。在空的後面仍然存在著絕對真心。

洪州禪

所謂洪州禪法，就是由馬祖道一 (709–788) 和他的弟子百丈懷海 (720–818) 等人在江西所建立的禪宗。這一派禪法傳到第十世紀，成為禪學的主流，也是臨濟宗的源頭。在西元第八、九世紀時，中國禪學南宗一支共有三朵花：流行在唐代中心——關中、洛陽一帶的是荷澤禪，流行在華中及東南一帶的是江西或洪州禪，湖南及附近地區的是石頭禪師一系的禪法。因為荷澤禪在中原地帶，取得達官權要的支

---

⑦⑤ 同上，頁 76b–77a。

⑦⑥ 《禪源諸詮集都序》，頁 91。

持，並且有推翻北宗的貢獻，所以在宗密時代被目為是南宗的嫡系和
代表。在這一派禪宗信徒的眼光中，洪州禪法只能算是「傍出」。到
了第十一世紀，別的禪法成為正統，時移斗轉，洪州一系成為嫡傳，
荷澤禪卻成為「傍出」。宗密在《圓覺經大疏鈔》裏，是以「觸類是
道而任心」七字，概括洪州禪法。其中「觸類是道」一語指的是宗教
哲學；「任心」指的是修禪方法。

　　對於「觸類是道」的思想，宗密作了這樣的記敘：

> 　　起心動念，彈指動目，所作所為，皆是佛性全體之用，更無別
> 用。全體貪、瞋、癡，造善造惡，受樂受苦，此皆是佛性。如
> 麵作種種飲食，一一皆麵。❼

這是一種廣泛而極端的佛教哲學，再沒有其他佛學對世間的種種現
象，作過這麼大膽而廣泛的肯定。把貪、瞋、癡和造惡受苦等等，全
都看作佛性，實在是一種大膽的說法。但是這種立論的理由又是什麼
呢？宗密紀錄稱：

> 　　如一念今終，全身都未變壞，即便口不能語，眼不能見，耳不
> 能聞，腳不能行，手不能作，故知能語言動作者，必是佛
> 性。❽

在這一派的禪者看來，一切世界現象雖然沒有自性，所以不能被看作
是真的；但是這些現象之所以能夠出現，正是因為現象本身受本體的

---

❼　《禪門師資承襲圖》，頁 307。

❽　同上。

支配。從這一點去分析，現象和本體雖然不同，卻也非異。何況對本體的認識，必須通過對現象的分析才能夠達到。自然這並不是說現象就是本體，對這一點宗密也有記述：

> 佛性非一切差別種種，而能作一切差別種種。意准《楞伽經》云：如來藏是善、不善因，能遍興造一切趣生，受苦受樂與因俱。又云：佛語心。又云或有佛剎，揚眉動睛，笑欠磬咳，或動搖等，皆是佛事。故云觸類是道也。❼⑨

這就表明洪州宗認為佛性不是現象，而是現象的根源。既然現象是因根源而出現，就這一點而論，現象可以說是與其根源沒有分別。

　　因為現象和本體是牽連在一起，從本質上言，傳統佛法中的一切行事，都成為不必要的麻煩。因為傳統佛法的修行，是把現象當作虛妄，修行是去妄求真的方法和過程。現在既然所接觸的現象全是本體——「道」，那麼自然就沒有「妄」了。就是因為這種認識，洪州禪的修行方法，也是自然主義式的「任心」。宗密寫道：

> 言任心者，彼息業養神之行門也。謂不起心造惡修善，亦不修道。道即是心，不可將心還修於心；惡亦是心，不可以心斷心。不斷不造，任運自在，名解脫人，亦名過量人。無法可拘，無佛可作。❽⓪

這就是「任心」的具體辦法和内容。不起心、讓心自然而為，就可以

---

❼⑨　《鈔》，頁 279a–b。「興」原文作「與」；「睛」原文作「晴」。

❽⓪　同上，頁 279b。

達到精神解脫。為什麼呢？紀錄解釋說：

> 心性之外，無一法可得。故云任心即為修也。**㉛**

宗密對洪州禪承認真心或佛性一點，非常贊同，因為在這個問題上，南宗各枝的看法是一致的。因為這種原因，他把洪州禪與荷澤禪，都列在「直顯心性宗」，認為是禪學中最高的哲學和最好的實踐方法。他說：

> 直顯心性宗者，說一切諸法，若有若空，皆唯真性。真性無為，體非一切：謂非凡非聖，非因非果，非善非惡等。然即體之用，而能造作種種：謂能凡能聖，現色現象等。**㉜**

由於如此，宗密才說荷澤、洪州兩家「皆會相歸性，故同一宗」**㉝**。「會相」並不是破相，也不是單純的解釋現象，而是要把現象會合到根源——「佛性」上去。

在宗密看來，洪州宗的「會相歸宗」主張，雖然沒有錯誤，但「觸類是道」的說法，對現象世界肯定過份，因而可能導致學者把現象單純的認作本體。這種錯誤的認識，不僅把現象認作本體，從而成為多元本體論者（因現象是多樣的）；並且會妨礙對本體的認識。這是因為如果把現象認作本體，就會導致以為現象之外再無本體。這種「朝暮分別動作，一切皆真」**㉞**的說法，不但不夠完滿，並且還可能

㉛　同上。

㉜　《禪源諸詮集都序》，頁 95。

㉝　同上。

招致危險的後果。

荷澤禪

宗密的佛教生涯，是以進入禪門為開始的，而他所入的禪門就是荷澤一系。宗密在他的著作中，對荷澤一系的禪法一直深加讚揚，認為是禪學中的最上乘。他在《禪門師資承襲圖》中，對荷澤禪的思想和修行方法，都有很高的評價。宗密認為荷澤大師神會的宗教哲學重點，是「知之一字，眾妙之源」；修行方法是「唯以無念為宗」。他對神會的哲學有這樣的描繪：

> 諸法如夢，諸聖同說，故妄念本寂，塵境本空。空寂之心，靈知不昧，即此空寂寂知，是前達摩所傳空寂心也。任迷任悟，心本自知。不藉緣生，不因境起。迷時煩惱亦知，〔知〕非煩惱；悟時神變亦知，知非神變。然知之一字，眾妙之源。 [85]

妄念和塵境，是針對北宗禪思想而發的。空寂之心，靈知不昧，是宗密宗教哲學中的本體，詳情在下章中再加討論。現在必須指出的是這一哲學命題，可以從神會遺書，《敦煌卷子》本《南陽和尚頓教解脫禪門直了性壇語》找到證據；但是對靈知的描寫字句，卻是得自澄觀。他在《圓覺經大疏鈔》裏，解釋「心體本寂……即寂而知」一段話時，清楚承認他的這一種見解，是根據澄觀所著《華嚴經懸談》而寫的 [86]。換句話說，宗密所記的荷澤禪思想，是根據他和澄觀所得的

---

[84]　《禪門師資承襲圖》，頁 308。

[85]　同上，頁 317–318。

[86]　《鈔》，頁 279d。

理解，倒不一定和神會所說的字句完全相同。但是在修行方法上，他
所記的荷澤禪法：「無念為宗」，的確是神會的原義。宗密說：

> 若得善友開示，頓悟空寂之知，知且無念無形，誰為我相人
> 相。覺諸相空，真心無念。念起即覺，覺之即無。修行妙門，
> 唯在此也。故雖備修萬行，唯以無念為宗。**❽**

本書的作者曾在一篇研究論文中指出，神會禪師所說的「無念」，有
三層意思：第一，無念法是聖人法。第二，無念與真如沒有差別。第
三，無念與真如的關係**❽**。如果把《敦煌卷子》本《南宗定是非論》
中的一段話，和上面所引的宗密紀錄，加以對比。人們就可以看出兩
者的精神是完全一致的。《南宗定是非論》稱：

> 若在學地者，心若有念起，即便覺照。起心既滅，覺照自亡，
> 即是無念。是無念者，即無一境界。**❽**

　　宗密總結荷澤禪法的思想，是「於解則見諸相非相」；修行禪法
是「於行則名無修之修」**❾**。
　　儘管宗密在禪學思想和修行方法上，對神會一系非常推崇，但是
在一點重要的問題上，卻有明顯的分歧：神會主張的是「無修」而

---

❽　《禪門師資承襲圖》，頁 318。
❽　參閱作者論文：〈敦煌文獻中的「無念」思想〉，《敦煌學》，輯 9，頁 1-
　　13。
❽　見《神會和尚遺集》，頁 308-309。
❾　《禪門師資承襲圖》，頁 318。

「頓悟」，宗密卻主張「頓悟漸修」。關於宗密的修行理論，後面再加討論，不過現在必須指出他為什麼不贊成無修頓悟的說法。按照神會的原意，「迷即累劫，悟即須臾……恆沙妄念，一時頓盡。」❾❶因此頓悟成佛的關鍵，就在悟字上面；而悟的過程，只在一霎那之間。由於這種理解，神會主張的是見本性為禪。所以不教人坐身住心入定❾❷。宗密的看法卻又不同，他認為種種坐禪法門，「悉是佛所勸讚。淨名云不必坐；不云必不坐。」❾❸這裏所引用的《淨名經》，也就是《維摩詰經》裏那段有名的對話，《六祖壇經》和《神會語錄》，都曾以這段對話作為反對坐禪的經典根據。《神會和尚遺集》裏的引文，可作最好的說明。當他回答遠法師的問話時，神會說：「若指彼教門（按：此指北宗禪法）為是者，維摩詰不應訶舍利佛宴坐。」❾❹現在宗密卻說，上面的對話只「云不必坐」；但並不是說一定不要坐——「不云必不坐」❾❺。在宗密看來，「坐與不坐，任逐機宜。凝心運心，各量習性」❾❻。從宗教傳統與實踐方法上觀察，宗密看出坐禪的必要有三種理由：一，坐禪是佛經所稱讚的方法。二，每個學佛的人資質不盡相同，所以需要也不同。有的人不須要坐禪就可以覺悟；有些人只有經過坐禪才能得到智慧。三，就是那些不經過坐禪就可以得到頓悟的人，在頓悟之後還要以坐禪的辦法，慢慢消除頓悟以前的積習。所以宗密在「頓悟」上還是尊重荷澤禪的教義，可是他又在頓悟後面加了

---

❾❶　參閱胡適著，〈荷澤大師神會傳〉，見《神會和尚遺集》，頁 46。

❾❷　同上，頁 45–49。

❾❸　《禪源諸詮集都序》，頁 116。

❾❹　《神會和尚遺集》，頁 117。

❾❺　同❾❸。

❾❻　《禪源諸詮集都序》，頁 116。

「漸修」的一條尾巴，這又與荷澤原義有別。

　　宗密怎樣解釋他與荷澤的分歧呢？他在《禪源諸詮集都序》中，有一自白說：

> 當高宗大帝、乃至玄宗朝時，圓頓本宗，未行北地。唯有神秀
> 禪師，大揚漸教，為二京法主、三帝門師、全稱達磨之宗，又
> 不顯即佛之旨。曹溪荷澤恐圓宗滅絕，遂呵毀住心調伏等事。
> 但是除病，非除法也。**❼**

這一段話顯示，宗密認為神會反對坐禪的原因，只是針對當時北宗偏重「漸教」，才「呵毀住心調伏」式的禪法；但不是呵毀坐禪的本身。北宗神秀一派只重坐禪，不及其他是一種片面性的「病」，而不是說坐禪本身就是病。所以宗密認為神會呵毀住心調伏之舉，目的只在「但是除病，非除法也」。

　　胡適在他的〈荷澤大師神會傳〉一文中，看出了宗密在坐禪問題上，所持的態度與神會不同。不過胡氏又以為宗密是忘掉了南宗「革命的真意義」，使他「不惜曲解神會的主張。」**❽**胡氏又說：「宗密在神會死後的七、八十年中已不能明白荷澤一宗的意旨了。」**❾**可是如果人們能夠仔細閱讀宗密原文，讀者就可以看出宗密對神會的宗教「革命」意義，並沒有忘掉，也沒有曲解，只是在某些地方和神會的意見不同。這種不同的意見，是以不同的時代要求為基礎：神會的教義，目標是要打倒北宗的宗旨，革掉北宗的統治地位。那是一次「革

---

❼　同上。

❽　《神會和尚遺集》，頁 58。

❾　同上，頁 59。

命」，只有經過革命性的破壞，才能建立新的系統。到了宗密時代「革命」早已成功，所急須的是建設。建設的成敗決定於建設的項目是否是以理性為基礎。宗密是一個富於理性的思想家。他只是想把神會在「革命」中一些極端主張，給予合理的解釋，重加修正而已。否則在革命成功以後，還要繼續極端的革命論調，革命不就變成沒有實際意義的高調了麼？

禪宗各家總評論

除開對禪宗各家的分別批評之外，宗密在《禪門師資承襲圖》中，還以一顆寶珠為喻，綜論禪宗各家的利弊和得失 **⑩**。他以寶珠譬喻靈心，以明淨本性譬喻空寂之知。他認為寶珠本身並沒有任何色彩。但是因為它的本性是透徹清明，所以能夠反映出周圍所存在的一切色彩。如果把這顆寶珠，放置在一處黑暗的地方，寶珠就會反映黑色，看起來好像是一顆黑珍珠。沒有受過訓練的人，初見此景，就認為一切寶珠，定是黑色。如果有人指出寶珠本身實是明淨無色，那位沒有受過訓練的人，不但絕不相信，反會認為別人想欺騙他。即使他肯相信寶珠可能是明淨的，但因他曾目睹珠色是黑，所以認為必須要把黑珠，加以磨拭洗揩，等到黑光去掉，才能看到明珠。宗密把北宗禪法，比作認珠為黑色的人士。寶珠指的是佛性本淨，黑色意為妄念。洗掉黑色的方法指的是漸悟漸修，目的在於「離念」。錯誤在於不知妄念本空，佛體本淨，修禪實際上只是空過場，不僅白費功夫，更要誤事。

江西道一所創建的洪州禪法，指示學徒：「即此黑暗，便是明珠」。除此以外，再見不到別的本體。如果要見明珠，只能向黑色裏

⑩ 《禪門師資承襲圖》，頁 322–330。

面去尋求。這就使得那一家的後學，只信那一種教義：只死記黑色是珠。結果可能把一切黑色球形的東西，不論是木、石、玻璃或其他質料，一概誤認作是寶珠。與此相反，當他們真的看到一顆亮晶晶的寶珠時，卻又不認識寶珠；因為寶珠所反映出的色彩，不是黑色的，和他們所知曉的顏色不同。洪州宗旨的一切皆真，缺點正在此處。

　　和洪州禪法對立的是牛頭禪。他們認為寶珠所映出的一切色彩，全是虛妄，都沒有自性，所以全體皆空。這種說法，本來是佛教哲學的精髓，沒有錯誤。但是牛頭禪的教義卻更進一步，認為不但色彩全空，連明珠本身，也不存在。因而他們主張：「都無所得，方是達人。」宗密批評這一家的宗旨，錯誤在於「不悟色相皆空之處，乃是不空之珠」❶。

　　在宗密的眼光中，荷澤禪法宗旨，見解最高。在這一家看來，

> 何如直云，唯瑩淨圓明，方是珠體。其黑色……悉是虛妄。正見黑色時，黑元不黑，但是其明……即於諸色相處，一一但見瑩淨圓明，即於珠不惑。❷

從這一段評論中，宗密以為荷澤一家既看見明珠的本體是晶瑩透明，也看見明珠有反映各種色彩的作用，現象與本體於是統一，卻又沒有偏執一端的弊病。其他三家則是各有所偏：洪州宗以黑為珠，北宗則是離黑求珠，牛頭宗則說明珠黑影兩者全無❸。

---

❶　同上，頁 327。

❷　同上，頁 329。

❸　同上，頁 330。

第四章 宗密的主體思想──絕對真心

一、思想核心是什麼?

　　一個思想家的哲學,總是有自己的一個體系;一個思想體系所包含的題目,可能是多方面的。但是在所涉及的那許多題目中間,並不是一律平等,而是有輕重的分別,也有次序上的差異,其中最主要的自然是主導思想。這種主導思想就是一個思想家的哲學中心,其他有關的概念,也都是以主導思想為標準;一切問題的解決,也都是以主導思想的立論,作為根據。

　　在這個大前提下,研究宗密思想究竟應當以什麼論題作為主導思想呢? 想要對這項問題,作一清楚的解釋並不是一件簡單的事。因為宗密是一個多產作家,編寫了數量驚人的著作,涉及到中國思想和佛教哲學中許多的重大問題,想要從數達百卷以上的現存宗密著作中,找出宗密所討論過的問題,然後再清理出他自己的哲學思想系統,實在需要相當的時間和精力,才能為這種分析工作,打下一個穩固的基礎。大概正是這種原因,近多年來研究這一題目的著作,還沒有對宗密的主體思想,達到一項明確的結論。

　　用現代科學方法研究宗密思想的著作,可以推溯到 1942 年,當時日本學者高峰了州出版了他的巨著《華嚴思想史》,其第十八章專門討論宗密,其中談到哲學的地方只有兩節:一節討論宗密的「禪教

一致」理論；另一節分析宗密的「判教」思想❶。鎌田茂雄在 1965年出版《中國華嚴思想史的研究》，書中最後一章專門討論宗密思想。他又於 1975 年出版他的《宗密教學の思想史的研究》，對宗密的思想作進一步的分析。在鎌田看來，宗密思想的特質，包括來自《圓覺經》的影響，和《禪源諸詮集都序》中的禪教相即，《原人論》中的三教和會，以及《大乘起信論》等影響❷。李世傑在他的《華嚴哲學要義》中也認為，上述的幾項論題是宗密的哲學重點，並且特別指出，宗密承繼了澄觀的「一心」概念❸。呂澂所著的《中國佛學源流略講》中，只有一小段介紹宗密思想，但卻抓住了要點：他認為宗密統一禪教理行的說法，「純是由於心性本覺的論點加以擴大的結果。」❹呂氏又指出，宗密的理論根據是《圓覺經》和《大乘起信論》，然後構成淨、染各有十重的一套心學，才能夠「以心統一了禪、教的說法」❺。郭朋在《隋唐佛教》(1980) 一書中，雖然指出宗密的華嚴思想，遠比法藏、澄觀更為複雜；但到討論宗密思想的時候，仍然只限於「禪教一致」及「三教和會」兩項題目❻。

　　從上面的著述中人們可以看出，宗密哲學論題包括有「禪教一致」、「三教和會」、「一心」等題目；但是如果要問其中那一項才是宗密的核心思想，似乎只有呂澂道出了一個結構輪廓；但卻沒有理論上

---

❶　高峰此書由釋慧嶽譯為中文（中華佛教文獻編撰社，民國 68 年出版），頁 218–223。

❷　見鎌田兩書，前者頁 578–594；《研究》，頁 113–232, 433–494。

❸　李書，後篇第四章，頁 164–178。

❹　呂書，頁 203。

❺　同上。

❻　郭書，頁 476–479。

的分析和論證。這一問題的決定，還得再從宗密自己的著作中，去尋求答案。

宗密在許多著作中，曾一再說明他在佛學教義的立場上是「法性」哲學；在禪門的立場，是「荷澤」一系的「直顯心性宗」。在討論「空宗」與「性宗」兩種佛教哲學時，宗密著重指出，「空宗」以「諸法本源為性」；而「性宗多目諸法本源為心」❼。宗密認為既然心是本源，禪宗所學正是心學，所以他的宗教哲學正是「心法」，他的宗教實踐方法也正是依照「心宗」所用的法門。更重要的是在宗密看來，真性、法性、如來藏識、佛性等等，都指的是同一真理。他說，

> 況此真性，非唯是禪門之源，亦是萬法之源，故名法性。亦是眾生迷悟之源，故名如來藏識。亦是諸佛萬德之源，故名佛性。亦是菩薩萬行之源，故名心地。❽

宗密認為這一絕對的「真性」，是禪學的根源，也是一切「法」的根源。這裏所說的「法」，不但包括道家哲學中的天地萬物及道與德等；也包括著儒家所說的「生死有命，富貴在天」的「天命」；以及佛學中所分析的心理現象——「心法」。世界上的一切事物，包括天地在內，都是以這一「真性」作為根源，次第變化才形成的。從此可見宗密思想的主要環節，正是「真性」，也就是「一心」。這一絕對的真性從其絕對一點上去分析，它是超越性的，不是用語言可以表達的。但

---

❼　《禪源諸詮集都序》，頁 16–17。宗密又在《圓覺經略疏鈔》中指出，空宗是以「諸法無性為真如」；性宗則是以「常住真心為真如」。《大藏經》，卷 39，頁 526a。

❽　《禪源諸詮集都序》，頁 16–17。

是作為現象世界根源的真性，又是可以從它的功用方法，用別的名字加以表達：「如來藏藏識」、「佛性」、「心地」等都是例子。名稱雖然不同，實際而言都是真理本體。宗密形容這一真性，是「昭昭不昧，了了常知」。也是「不生不滅，不增不減，不變不易」的絕對真理。從這些話中大家可以看出，這一真心才是宗密哲學的核心，思想的關鍵，理論的基礎，和宗教解脫的歸宿點。

宗密自言：「初唯一心為本源：是心則攝世，出世間法等。」❾心既然包括世間法，也包括出世間法；佛教哲學又認為世間法是染法，出世間法是淨法。現在宗密認為「是心則攝世，出世間」等法，這不正是自我矛盾嗎？不是混亂了污染與清淨的界限嗎？這種矛盾現象並不是由宗密開始，而是大乘佛學中所共有的問題。早期佛學是出世的，因為一切世界法都不清淨，都有缺陷，所以除非出家，無法得到宗教解脫；淨染的分別，和修道時應作的取捨，都被區劃得非常清楚。大乘佛學的慈悲觀，著重入世精神，各個哲學學派，都主張不住涅槃，也不住世界。大乘佛學的哲學態度，已不是以出世而求宗教解脫；而是以析辨的態度對付現象世界：一方面承認現象世界是幻而不真；一方面卻又不捨世間，另求理想的天國。這一基本矛盾，受到印度和中國佛教哲人的注意，他們對此都有所解釋，並且都在這個基礎上建立起他們特有的哲學體系，宗密也不例外。

二、四種心

為了解釋世間現象和宗教解脫之間的關係，既是不同又是一體，宗密對「心」的概念，作了不同層次的分析。他說：

---

❾　《疏》上之二，頁116。

泛言心者，總有四種。梵語各異，翻譯亦殊。❿

他又在《禪源諸詮集都序》中，對這四種心和彼此之間的關係，作了進一步的分析。

第一，「肉團心」

宗密的意思，指的是物質性的心臟。他說：「一、紇利陀耶，此云肉團心，此是身中五藏心也」⓫。「紇利陀耶」是梵語 Hṛdaya 的音譯，有時也被寫為「紇哩馱耶」。書中自註，這裏所講的「五藏心」，「具如《黃庭經》五藏論說也」。《黃庭經》是討論道家金丹術的經典，其中涉及中國中古時代的生理學知識，尤其是〈內景〉部份，更有詳細的討論。宗密所稱的「肉團心」就是生理上的「心臟」，也就是物質性的心。

第二，「緣慮心」

宗密所說的這一種心，指的是具有思想功能的心。生理上的心，相當於英文中的 Heart，有思惟活動的心，相當於英文中的 Mind。宗密對這一種心，有一段解釋：

> 此是八識。俱能緣慮，自分境故。此八各有心所，於中或唯無記，或通善染之殊。諸經之中，目諸心所，總名心也。謂善心、惡心等。⓬

---

❿　《疏》上之四，頁 138b。

⓫　《禪源諸詮集都序》，頁 70。參閱《黃庭內景玉經》第十〈心部章〉；《正統道藏》，卷 11，頁 8245–8246。

這一段話中有許多佛學名詞，須要先作一番疏理，然後才能完全理解「緣慮心」這一概念。

先解釋佛學名辭。所謂「八識」，指的是眼、耳、舌、鼻、身、意等早期佛教所講的六種識，再加上大乘佛學中的「末那識」和「阿賴耶識」。前六種識是人體器官和客觀境界接觸所產生的識。因為身體每一器官的功能，專做一種事，無法交替——如耳朵能聽聲音而不能看見色彩，舌可知味而不能觀色，所以它們是各「自分境」。這八種識的作用是緣慮、思量、分別、積累和保存經驗。它們是主觀心理上的主體，所以又被稱為「心王」。因為它們的主要作用是攀緣境界、思慮分析，所以叫做「緣慮」心。這八種識是主觀的主體，此外還有「心所」。「心所」是「心所有法」的簡稱。唯識學派把「心所」分為五十一種：⑴遍行五種；⑵別境五種；⑶善十一種；⑷煩惱六種；⑸隨煩惱二十種；⑹不定四種❸。這就是宗密所說的「謂善心、惡心等。」「心所」和「心」的關係，熊十力先生講得很好：「心是一，心所便多；心所雖多，皆依一心而與之相應合作。」所以心是主，心所有法是從屬。「無記」指的是有些心理活動，無法分出善惡，所以叫作無記。「有記」的「心所有法」是以善惡為標記的。

從上面的術語詮解，人們可以看出宗密哲學中的「緣慮心」，指的是人們常見的心理活動。這種心理活動是通過主觀的心和客觀事物的接觸，對客觀事物的分析和認識，以及對客觀事物的態度和決定，所完成的一系列心理活動。對客觀或主觀事物所產生的結論，及其所

---

❷　《禪源諸詮集都序》，頁 70。

❸　唯識學派的心所有法，參閱 A. K. Chatterjee 著, *The Yogācā Idealism*（巴納勒斯印度大學，1962 年出版），頁 150–163。熊語引自《佛家名相通釋》，頁 17。

決定的相應的行為。思想與行動的結果，就造成了「業」。善的行為
產生「善業」；惡的行為造成「惡業」。所以上面引用的文字在最後
說：「謂善心、惡心等。」

第三，「集起心」

宗密描繪這種心的內容說：

> 「質多耶」，此云集起心，唯第八識。積集種子，生起現行
> 故。❹

接著他又在文後，加了一段註文，頗有比較思想趣味，他進一步指出
這種心的特有性質。註文如下：

> 《黃庭經・五藏論》目之為神；西國外道，計之為我，皆是此
> 識也。❺

按「質多耶」在別的宗密書中，稱為「質多」，是梵文的音譯，一般
認為是 Citta 一字的音寫。Citta 一字的語根是 ci，意為「積集」。按照
印度佛學的說法，一切思想和行為都由心決定，事過境遷，在經驗中
所形成的「識」就保留下來，存放在阿賴耶識中。阿賴耶是梵文
Alaya 的音譯，意為「藏」，就是「藏物的地方」。《成唯識論》說：
「此識具有能藏所藏執藏義。」從過去經驗所產生的「識」被存放到
阿賴耶識中，就叫做種子（梵文 Bīja）。阿賴耶識的功能有兩種：一、

---

❹　《禪源諸詮集都序》，頁 70。

❺　同上。

收藏種子；二、生起世界現象。這種生起的功能就是宗密所說的「生起現行」。它的收藏作用和生起作用，才使得這一種心，名為「集起心」。《顯揚聖教論》描述這兩種作用是通過轉識過程才產生的：

> 轉識與阿賴耶識為二種因：一于現法中，長養彼種子故，謂善不善等轉識生時，能熏發習氣，入彼阿賴識中，成為當來一切轉識種子故。二于后法中，為彼得生，攝植彼種子故。**⑯**

這就是說阿賴耶藏一方面收藏種子，這就是「集」；一方面又放出種子外射變成世界現象，這就是「起」。因為種子是來自各種不同的經驗，所以它們的性質也不一致：有的純淨，有的不淨——這是道德方面的差別；有的相同叫「共相種」，有的特殊叫「自相種」；有的是原來就有，有的是現在才生的。宗密「集起心」這一概念，主要是根據唯識一派的佛教哲學。

宗密說這一「集起心」被道教看作為「神」一點，頗有問題。《黃庭經・內景》的註文在談到「神」的地方，只有數處與佛家所說的第八識，有類似的作用：例如說神就是「隨感而應者也」；又說「神者妙萬物而因相立名」等。又如《內景玉經註・上》解釋「心神」是「臟腑之元」，也和第八識和其他七種識的關係相似**⑰**。不過這些相似之點，並不能證明兩家所說的東西是相同的。至於宗密說「西國外

---

⑯ 《大藏經》，卷31，頁566a。宗密此處引文，與經文字句不全相同。

⑰ 參閱前引《黃庭內景玉經註・心神章》，見《正統道藏》第11冊，頁8272。關於此書的作者及編著日期，參閱王明〈黃庭經考〉，原載《中央研究院歷史語言研究所集刊》第20本 (1948)。又見王著，《道家和道教思想研究》(中國社會科學出版社，1984年出版)，頁324–371。

道，計之為我」一點，也不完全符合事實。這裏所說的「我」，指的
是 Atman，按照印度婆羅門學派哲學的說法，人的自我存在是可以知
道的；那種知識也是和絕對真實距離最近。另一方面「我」又是淨、
染混和的境界，真妄交雜。作為「自我」的基本組成部份，如感覺、
心、智、感受和意志等，都因「無明」而產生，所以「自我」的本身
只是接近「神我」，卻並沒有到達天人合一的境界。婆羅門教哲學把
這種境界稱為 Sākṣī。從上面的說明裏面人們可以看出，婆羅門教哲
學裏的「自我」或 Sākṣī，確實和佛教中的阿賴耶識性質近似。從這
一點上說，宗密的比較是有道理的。但是「自我」並不是「我」
(Atman)，這兩種境界有根本性的差異。就是「自我」概念和阿賴耶
識之間，也有非常不同的地方：例如「自我」只是一種沒有具體內容
而又不變的透明識質；而阿賴耶卻是一連串的識，包括各種「種子」，
作為其內容。從這些地方來觀察，中國歷史上的佛學家，包括宗密在
內，大多數對印度佛教以外的其他的宗教哲學，知識是有限度的 **⓲**。

第四，「真實心」

宗密對這一種心，也有所解釋：

> 四、乾栗陀耶，此云堅實心，亦云真實心。此是真實心也。然
> 第八識別無自體，但是真心。以不覺故，與諸妄想有和合、不
> 和合義。和合義者、能含淨染、目為藏識。不和合者、體常不
> 變、目為真如。都是如來藏。**⓳**

⓲　對於印度教中的梵、我概念，參閱 C. Sharma 著，*A Critical Survey of*
　　Indian Philosophy（1973 年），頁 19–29。阿賴耶與 Sākṣī 之比較，見前引
　　A. K. Chatterjee 書，頁 128–129, 176–184。

這種「真實心」，就是宗密思想裏的最高範疇，也是宗密哲學的核心。更嚴格的說，只有「覺心」，才是最高的範疇。宗密將「真實心」分為覺與不覺兩層，又把這兩層都包括在「如來藏」的範圍之內，主要是取材於《大乘起信論》的理論結構。《起信論》說：

所言法者，謂眾生心。是心則攝一切世間法、出世間法。❷⓿

這就說明世間一切人的心，都含有凡俗和聖人的兩重可能性。這種自生的潛力，是人們可以解脫的保證。宗密把這兩種潛力，分為眾生心的兩個方面：真、妄。妄心就是真心受無明的遮蔽，對自我和客觀世界，不能作出正確的認識，也不會產生良好的言行，因此輪迴受苦。《起信論》描繪妄心的起源說：

以不達一法界故，心不相應，忽然念起，名為無明。❷⓵

因為真心受到無明的感染，又看見自身和整個的客觀世界之間，種種形象的確不同，所以就被這些現象所迷惑，執一切為實有。於是產生主觀的思惟，作出各種計算；也對客觀事物有取有捨。人們就是這樣的被陷入生死輪迴的世網之中，淪落苦海。

但是心的本質，卻是不同。《起信論》說：

是心從本已來，自性清淨。❷⓶

---

❶⓽　《禪源諸詮集都序》，頁 70。

❷⓿　《大藏經》，卷 32，頁 575c。

❷⓵　同上，頁 577c。

因此真心雖受無明的影響，陷入迷惑；但是心的本質仍然是清淨的。禪宗大師常用浮雲遮日，譬喻妄念與真心的關係：浮雲如妄念，雖然遮住陽光，但只是暫時的現象，因此日光本有的光和熱，並未因浮雲的阻礙，而有所改變。

　　這種淨染交叉的關係在許多宗教哲學中都可以看到：例如儒家的「天人合一」之說，道家的「體用不二」，婆羅門教義中的「梵我一體」，華嚴佛學中的「理事無礙」都是這類宗教理論。這種凡、聖交叉的哲學結構，是宗教解脫論的保證，因為人人都有「真心」；而「真心」本來就是清淨的，所以宗教解脫的可能性根本就是先天存在的。就是基於這種理論，宗教的實踐並不是向外拜膜乞求，而是應該向自己的內心去探索。一旦在探索的過程中忽然發現一切煩惱和一切錯誤，都是因為妄念所引起，而妄念本身也是虛妄而不真，都是因為心受「無明」所蒙蔽而已。只要人們在探索解脫的過程中，能夠覺悟到這種道理，他們的自心就會豁然而悟。從這一點上來說，染淨交雜、凡聖一體的哲學結構，是一種最樂觀的精神。這種理論不但保證人人都可以得到最高的智慧；甚至遠在沒有覺悟以前，每一個人已經就有「覺」的全部潛能了，就是宗密所說的「本覺」。

　　如果真妄是一體，甚至連未覺的人都也本來是佛，那麼「真實心」和其他三種心豈不是相同嗎？宗教理論和各種實踐方法，不是全成為不需要的冗事了嗎？事實上並非如此，宗密對這一點特別加以解釋：

> 然雖同體，真妄義別，本末亦殊。前三是相，後一是性。依性
> 起相，蓋有因由。會相歸性，非無所以。性相無礙，都是一

---

❷　同上。

心。❷

這就是說雖然以上所說的四種心，在本體上是一致的；但是若從理論意義上說，它們之間仍然不是完全沒有分別。「前三是相」指的是肉團心、緣慮心和集起心，它們都屬於現象範疇，是妄非真，是末非本，是現象不是本體。只有最後的一種心——「真實心」，才是絕對的本體，才是真、是本。其他的三種心都需要依靠「真實心」才能生起，如樹枝的繁盛是依靠根深才能成事。就是因為這種既有連繫，卻並不完全相同的結構，才是宗教解脫的保障。而解脫的哲理、過程和實踐方法，都是圍繞著「會相歸性」這一前提而進行的。一旦「性」與「相」和會融通，修習的人才不會由於字句、概念、修行方法的分歧而去爭辯優劣，分別高下。到了那一地步，他們就達到「性相無礙」；理會到一切「都是一心」。不懂這一道理的人，就會處處碰壁；通達的人，才會面對明鏡，一切了然。

三、絕對真心

從上面的分析中，人們可以看出「心」是宗密哲學的核心，其他思想問題的展開和終結，都是圍繞著這一核心問題並且以此為終點的。真心又稱為「圓覺妙心」，或「清淨真心」。宗密解釋說：

離相故圓、非空故覺、染而不染故妙。❷

---

❷　《禪源諸詮集都序》，頁 70。

❷　《疏》，頁 138a–b。

這就是說絕對真心，雖然置身於現象世界，但並不為現象所困擾；雖然與不清淨的事物混在一起，但它的本身並沒有被不淨的事物所薰染。這種很難說清楚的境界，卻並不是空而不實。這種不是語言文字可以說清楚的困難，正是由於心的本身，包括兩個方面：淨與染，真與妄，世間與出世間等。語言文字，思想概念都是世間現象，這些工具對出世間的境界，不能作完善的描述，這就是《老子》所說，「道可道非常道」的那種限制性。用語言文字去解釋絕對的道已不可能；想用這種現象性的工具去解釋包含真妄兩個方面的「一心」，情形就變得更為複雜。因此宗密才依照《起信論》的哲學結構，對他的唯心哲學，建造了一個體系。他說：

> 依一心開二門：一者，心真如門。即是一切法界大總相法門體。所謂心性不生不滅。一切諸法，唯依妄念而有差別；若離心念，則無一切境界之相，乃至唯是一心，故名真如。二者，心生滅門。謂依如來藏，故有生滅心。所謂不生不滅，與生滅和合，非一非異，名阿梨耶識。㉕

如果把這一段話和上一節所講的四種心加以詮釋，那麼「肉團」、「緣慮」和「集起」等三種心，都屬於「心生滅門」；只有「真實心」才是屬於「心真如門」。這兩門合起來，才是絕對「真心」或「一心」。現在先討論「心真如」這一概念。

宗密說：「真如相應之時，萬化寂滅，此時更無所見」。這就是說所謂「心真如」，就是心與真如相應的境界。也就是真心達到一種超越世間的狀態。宗密在註解這一境界時，用「善惡不思，空有不念」

㉕　同上，頁 116d。

八個字，形容這種情況。善和惡、空和有都是有分別、相對的世間概念；超越的境界自然不可能是分別和相對的。在註釋「萬化寂滅」時，宗密說：

> 萬法俱從思想緣念而生，皆是虛空，故云化也。既一念不生，則萬法不起，故不待泯之，自然寂滅也。❷⑥

這裏所說的「化」，是幻化的意思。幻化的現象都不是實有，所以是空虛不實的。當心和真如應合的時刻，心就回到它的本來狀態，超越世間現象，包括主觀的意見，和取捨的態度在內。一切虛妄的現象既然已被看透，所以真心就不再受到世間現象的干擾，這樣就恢復到心的本來狀態。到了那一時刻，就可以達到「更無所見」的境界。宗密解釋這種境界是「照體獨立、夢智亡階」。照體獨立，就是超越相對；夢智亡階就是超越分別。到了這一地步，就會證悟唯有心是真實的。宗密說：

> 唯心者，直是真如之心。無為、無相、離諸緣慮分別。緣慮分別，亦唯一心。❷⑦

他更進一步指出，「真如之心」，雖然和言說、名字、心緣等完全分離，卻又是「畢竟平等，無有變異。不可破壞，唯是一心，故名真如」❷⑧。

---

❷⑥　宗密著，答註蕭俛，見《燈》，卷 13，頁 307a。

❷⑦　《鈔》，卷 1 之上，頁 212d。

❷⑧　同上。

　　這一絕對真心，是超越語言文字、思想概念，但又不能離開語言文字的工具，和思想概念等方法；否則真理就會無法傳達，超越的境界沒有別的方法加以講解。這是世界宗教哲學中的一個普遍存在的問題。所以宗密在他的著作中，一方面強調絕對真心的超越性；一方面卻又不能不利用語言文字和思想概念去說明那一超越的絕對真心。從這些說明裏面，我們可以看出在宗密哲學中，絕對真心有什麼特點。

常住真心

　　宗密思想中的絕對真心，有許多特點，「常住」就是其中之一。他在《圓覺經大疏鈔》內，對這一點加以說明：

> 自性清淨常住真心者，不待會色歸空，不因斷惑成淨，自心本淨，故云自性清淨。此性無始以來，乃至盡未來際，有佛無佛，常不滅壞，故云常住心也。㉙

從超越時間、超越變化、超越外在條件（有佛無佛）等方面去觀察，真心是永遠存在的，所以稱為常住真心。宗密在〈答山南溫造尚書〉中，把這一種超越狀況，用「無所從來，亦無所去」㉚八個字加以概括。這就清楚說明真心是不受來去，不限於生滅現象；而是永遠存在的。

自性清淨

　　絕對真心的另一個特點，就是「自性清淨」。宗密引用《寶性論》

㉙　《鈔》，卷 2 之下，頁 257a。

㉚　《燈》，頁 308a。

的說法，把清淨分為兩種：一為「自性清淨」，二為「離垢清淨」**❸**。「自性清淨」的意思是：「謂性淨解脫，以自性清淨心，遠離煩惱垢故」。這就是說絕對真心的本身，本來就是清淨無垢，常住解脫。本來無事，庸人自擾。庸人自擾的原因，是因為受到無明的障蔽，看不到自性清淨的本質，因而為煩惱所擾。但是煩惱和無明，都沒有自性，而是依據本體而產生的幻相。現象世界的幻相雖然可以迷惑世人，但其本心原來清淨的特質，並沒有因為暫時的錯覺而受到影響。所以一旦智慧放光，就可以消除塵垢，除掉無明的障礙，得到「障盡解脫」。宗密又引用《二十唯識釋論》，對上述的兩種清淨，作進一步的解說：

> 心有兩種：一者，相應心。所謂一切煩惱受相行等。二、不相應心。所謂第一義諦，常住不變，自性清淨心。**❸**

這裏的「不相應心」，也就是上面所說「自性清淨」；「相應心」就是上面所說「離垢清淨」。清淨與塵垢指的是心的特點，心是主體。

靈知不昧

宗密的本體思想，在很大的程度上深受荷澤禪師神會和華嚴疏主澄觀兩人的影響。而這兩位佛學大思想家都認為心是本體，知是特性。宗密形容神會禪學的特色時，特別對其本體思想，加以推崇：

> 諸法如夢，諸聖同說。故妄念本寂，塵境本空。空寂之心，靈知不昧。即此空寂之知，是汝真性。任迷任悟，心本自知。不

---

❸ 《鈔》，卷 2 之下，頁 257a。

❸ 同上。

藉緣生，不因境起。知之一字，眾妙之門。❸❸

一旦理解世間的一切境界（塵境），本來是空幻不實，人們就不會再對現象世界產生妄念，從此可以達到「空寂之心」。不過這一「空寂」境界，並非空無感覺，而是「靈知不昧」。宗密說：「性宗以靈明，常住，不空之體為性」。所謂「靈明」者，重點在於「靈」字。澄觀喜歡用這個字，說明本覺真心，例如「無住心體，靈知不昧」。宗密解釋「靈」字的含義說：如果只用「明」一個字，就會和日、月的光明，混同一起。現在用「靈明」一詞，意思著重於「心之明者」❸❹。「心之明」是主觀意識，「日、月之類」的明朗只是客觀現象。主觀的意識是能動而有思惟性的功能；客觀現象只是可知之物，並沒有能知的作用。

宗密更進一步認為「知即是心」，意思是說心是名字，知是心體。他認為一切事物和道理，都有「名和體」的分別。他舉出水是名，濕是性。「心是名」，「知為真體」。他解釋知與心的關係說：

設有人問：每聞諸經云，迷之即垢，悟之即淨，縱之即凡，修之即聖，能生世、出世間一切諸法，此是何物？
答云：是心。愚者認名，便謂已識。智應更問：何者是心？
答：知即是心。

依此而推，水之名體，各惟一字，餘皆義用。心之名體亦然❸❺。

---

❸❸　《禪源諸詮集都序》，頁95。

❸❹　《鈔》，卷1之上，頁209c。

❸❺　《禪源諸詮集都序》，頁170。

宗密特別著重「知即是心」這句話。他為這四個字加了一段按語說：

> 指其體也。此言最的，餘字不如。若云非性、非相、能語言運
> 動是心者，何異他所問之詞也！ **㊱**

宗密更進一步說，既然知是心之體，那麼宗教哲學的目的，應當是認
識本體才能解決其他問題。他對這一點也分析得很清楚：

> 性宗對久學及上根，今忘言認體，故一言直示。認得體已，方
> 於體上照察義用，故無不通矣。 **㊲**

只有在認識到心之體以後，才能用這種智慧心體之光，去照察事物的
意義和功用。沒有「認體」這一番功夫，所有的問題都得不到根本的
解決辦法。

心寂而知

知既然是心之體，又是超越性的；心在一方面是寂然不動，卻在
另一方面又可以「照察義用」，凡此種種初看起來都是自相矛盾。宗
密自然理解這種語言和思惟上的困難，也清楚意識到問題的所在。例
如他在《圓覺經大疏鈔》中，就曾對這個問題加以討論：

> 先問真心既非色、聲、香、味等相，復無分別、緣慮、愛惡等
> 相，未審何者是此真心？真心自體有何勝能？云何表顯的有真

㊱　同上。

㊲　同上。

心？凡欲釋諸法門，皆須釋出名體；不可但言一心不出體相。❸

宗密對這三項問題，作了這樣的回答：

> 寂而能知也。寂者即是決定之體，堅固常定，不喧不動，不變異之義、非空無之義……。❸

他進一步反問說：

> 若無真心之體，說何物寂、何物不動不變耶？知者謂體自知覺，昭昭不昧、棄之不得、認之不得、是當體表顯義，非分別比量義。上言不喧、不動、不變、等說者，只說此知寂而不變等耶。寂是知寂，知是寂知。寂是知之自性體，知是寂之自性用。❹

這一段話是用中國傳統哲學的「體」「用」關係，解釋「寂」與「知」的關係。宗密也像其他同類的哲學家一樣，一方面承認「體」是本體，在理論上佔有更重要的地位；但是與此同時，卻也一再強調體、用不分。他引用荷澤神會的一段話，說明這一理論：

> 即體而用自知，即知而體自寂。名說難差，體用一致。實謂用

---

❸　《鈔》，卷1之上，頁213a。

❸　同上。

❹　同上。

而常寂，寂而常用。知之一字，眾妙之門，恆沙佛法，因此成
立。❹

如果「體用一致」，那麼本體與現象就沒有區分。既然本體與現象是
一回事，則哲學上的分別和實踐上的差異，都成為不須要的冗事。這
是混合一致思想裏面，一項很難解決的問題。宗密怎麼處理這一層困
難呢？他把真心的「用」，分為兩種，並且進一步討論了這兩種用之
間的關係和異同。宗密說：

> 然此真心，有二種用。一自性用，二應用。今言知者，即自性
> 用。❷

他解釋「自性用」是一種用，不須相對的因和緣就可以自知自覺；
「應用」剛巧相反，必須要待相對的因緣條件一切具備，才能成立，
他用「應」字，意正在此。他又用其常用的譬喻摩尼寶珠和明珠的周
圍事物，說明「自性」與「應用」的關係：

> 如大摩尼寶，能現一切色像；亦能隨意出生一切所要之物，名
> 應用也。若無意願，即不出生，於所不對物，亦不能現。❸

這是「應用」。「意願」就是「對緣」，指的是必需條件。「自性用」恰
好不是這樣的，它不需要等待上面所說的那些條件，自性完全獨立。

---

❹　同上。

❷　同上，頁 213b。

❸　同上。

宗密指出：

> 其珠之光明，即衣裏透澈，常自照耀。對物不對物，明無增
> 減。此明堅實瑩淨，內外無瑕。縱影像有無，種種變異，明亦
> 不變，常自堅淨，即喻心之寂體也。❹❹

隨緣不變

這種自性與應用之間的關係，一方面有本質的不同；一方面又是相即相合的。不能辨別這兩種相即而又相異的關係，就會把兩者混為一談，陷於無知。只有在對這兩者之間相異之點，有清楚的認識以後，才能體會到絕對真心，因而獲得解脫。宗密常用「隨緣不變」，來解釋為什麼絕對真心雖然在現象世界中起著種種作用，卻仍然能夠保持著絕對的清淨。他在《禪源諸詮集都序》中曾經指出：

> 真心本體，有二種用：一者自性本用，二者隨緣應用。猶如銅
> 鏡，銅之質是自性體；銅之明是自性用；明所現影，是隨緣
> 用。❹❺

從這一段話中，我們可以看出「自性用」和「隨緣用」都是以「自性體」為本體。問題是既然本體清淨，一切世間的許多煩惱又是從何產生？宗密認為一切煩惱的根源在於「無明」，由於「無明」的掩蔽才產生妄念，引起種種是非分別，愛惡取捨。

一旦人們明白真心的兩種作用雖然不同，卻又具有相即的關係，

---

❹❹　同上。

❹❺　《圖》，頁 336。

都是從一個根本生出。如果能明白這一點，人們才不會荒廢時間在自心以外，去尋求天國，拜膜上帝，追求解脫。才能明確知道，自己本身才是解脫的對象，自己的真心就是解脫的保證，也是解脫的本身。一切自足，不必外求。從這一點來說，「自性」和「應用」的同根結構，在宗教哲學和實踐中，都有非常積極的作用。

不生不滅　不增不減

　　從絕對一點而言，真心是不生不滅，完全絕言超意的。因為言語文字是世間的交流工具，絕對真心是超越世間，因此採用言語說明絕對真心時，只能有兩種方法：其一，是用一個抽象名辭，如「道」、「性」、「真心」等；其二，是用否定語氣加以辯證。宗密把前一種理論方法稱為「表詮」；後一種方法稱為「遮詮」。「表詮」指的是直接和肯定性的論說方法；「遮詮」是間接而否定性的論說方法。宗密自己的主張，自然是「直顯一真，方為表語」，但是他並不是無條件反對使用間接的表現方法，例如他在《原人論》裏，就曾使用過這一方法，去說明絕對的「一真」的概念：

　　　　一真靈性，不生不滅，不增不減，不變不易……❹⑥

雖然這種以否定語氣，表達最高的哲學範疇，在古代中國哲學中是古已有之，例如道家常用的「無名」、「無為」、「無物」、「無象」、「無形」、「無極」等，都是最好的說明；但是宗密在使用「遮詮」的理論方法方面，主要的是來自印度佛學。他自己對這一點說得很清楚：

---

❹⑥　《大藏經》，卷45，頁710b。

如諸經所說真妙理性，每云：不生不滅，不垢不淨，無因無果，無相無為，非凡非聖，非性非相等，皆是遮詮。❹

他在這一段話的後面，還加了註文說：

諸經論中，每以非字，非卻諸法。動即有三十、五十個非字也。不字無字亦爾。故云絕百非也。❹

這裏所指的「一真靈性」，或「真妙理性」，都是絕對真心的異名。這一點曾在本章開頭一節中討論過了，現在不必再加重複。

從上面的討論中，我們可以看出，各種「遮詮」對絕對真心的解釋，主要的是來自印度佛教哲學。宗密自己對「不生不滅，不增不減」的理由，並沒有深加討論，想要知道這一點，還得向印度佛教哲學中去追尋。這種哲學理論的主題，是《般若經》系統所說的「一切皆空」，特別是《中論》中所說「八不」論理的辯證方法。《中論‧觀因緣品》對「不生不滅」一語的解釋是這樣的：

諸法不自生，亦不從他生；不共不無因，是故知無生。❹

對「不滅」的解釋，也是以「無生」或「不生」作根據的：

不滅者，若無生，何得有滅？❺

---

❹　《禪源諸詮集都序》，頁167。

❹　同上。

❹　《大藏經》，卷30，頁2b。

《中觀論疏》對這一點有進一步的說明，指出「不生不滅」這些論點
的根據，主要的是因、緣和合，才能產生世間現象；如果因、緣不
合，現象就會轉變。從這一點上觀察，一切現象都沒有「自性」。《中
觀論疏》對此，有這樣的解釋：

> 因緣所生法，是即無自性。……一切法本自無生，以一切法本
> 無其自體。❺

從這裏可以看出，佛教哲學中所說的「無生」，並不是簡單的否定一
切存在，而是說現象世界的存在，是要依靠各種因緣才會出現，所以
沒有「自性」。凡是沒有「自性」的現象，不能被看作「真正存在」。
　　宗密雖不反對在哲學理論中使用「遮詮」，但是他卻主張只有同
時使用「遮詮」和「表詮」這兩種方法，達成辯證的理論，才能完成
哲學理論的目標。宗密說：

> 如說鹽，云不淡是遮，云鹹是表；說水，云不乾是遮，云濕是
> 表。諸教每云：絕百非者，皆是遮詞；直顯一真，方為表語。
> 空宗之言，但是遮詮；性宗之言，有遮有表。但遮者未了，兼
> 表者乃的。❺

「遮者未了」就是說只用間接而否定的論理方法，不足以表達哲學的
全部理論（「未了」）。宗密認為只有「遮詮」和「表詮」兼用，才能

❺　同上，頁 1c。

❺　《大藏經》，卷 42，頁 6c, 41a–b。

❺　《禪源諸詮集都序》，頁 167。

達到哲學目的（「乃的」）。

其實宗密和「中觀學派」──即他所說的「空宗」之間，不僅在論理方法上有差別；而且在哲學立場上也是根本不同。「中觀」學派是主張一切皆空，實無一物；宗密的哲學，是以唯心是實為主的本體思想。他們之間的哲學方法的分歧，也是基於這一哲學立場的矛盾──「本體」與以「虛無」表達本體思想方法上的不同。

無去無來　非中非外

雖然如此，在討論絕對真心時，否定性的「遮詮」，仍然無法避免。宗密在許多地方，還要以否定語氣來詮解真體。例如在討論心的絕對境界時，宗密還用了不少的「遮詮」：「無去無來」、「非中非外」、「非有非無」、「離性離相」。現在先看他自己對此的解釋。他說：

> 無去無來者，謂此心不遷向前際去，不從後際來，亦不於現在住。現在住者是諸有為法……今不同彼也。以此真心無相無能所，故不可見之於現在。❸

這就是說宗密思想中的絕對真心，是超越時間限制的。而現象界的種種事物，因為因緣和合，只能於現在這一霎那間存在（「現在住」）。這種依靠因緣的存在現象，才能以它的「形」、以及主體的「能」和對客觀事物所起的作用（「能所」），確定這一事物在這一霎那間的存在。因此之故現象事物的存在，是暫時性的，所以可以用過去（「前際」），現在和未來（「後際」）去加以確定。真心的絕對狀態，卻根本沒有「相」，也沒有「能所」，所以不能用時間的分別，討論它的是否

❸　《鈔》，卷1之上，頁209d。

存在。從時間上著眼，絕對真心既是「冥通」三際，卻又不屬三際。
宗密對此有所詮解：

> 冥通三際者，由不屬三際，故俱通也。且如今日眼識，不能見
> 於昨日色者，以隨所見色，皆已過去也。今以真心，不隨諸法
> 遷向過去。故於今時向真心中，能現前際諸法，影像歷歷；亦
> 能預見未來之法歷然。❺❹

這就是說過去的事物現象，雖然已經過去，未來的現象還沒有出現，
但心體於現在這一霎那之間，仍然能夠非常清楚的想像到過去和未來
的事物。從這一點上說，心是超越時間界限的。另一方面，宗密卻也
指出：

> 然雖通於三際，三際求之，皆不可得；與所知所現三際之境，
> 而不可分。故言冥也。❺❺

這就表示，真心雖然和三際相通，但是卻超越時間，所以無法在時間
分際之間求得。另一方面真心中所知覺的和意識到的，卻和三個時間
內的境界，無法分開。這種既相通而又有分別的關係，很難用語言表
達全部，所以只能用一個抽象的──「冥」字，去形容這一複雜和辯
證性的關係。

　　絕對真心不但是超越時間，而且也超越空間。宗密用「非中非
外」四字來解說這一特點：

---

❺❹　《疏》，頁 209d。

❺❺　同上。

> 非中非外者，有二意：一，不在身中及中間，亦非身外。若在
> 身中，中間，則有處所；若在身外，則非我心。根、塵、識三
> 者皆不可得，何說有內外中間者？❺❻

這裏的內、外、中間是佛教哲學系統中，對主體的器官（「根」），與客
觀的事物（「塵」）接觸之後，所產生的「識」（「中間」），這三個部份，
以確定事物在空間中的存在。絕對真心自然不會是客觀物質，也不是生
理上的「肉團心」，雖然和「識」近似，但卻超越八種識以外，和智結
合，成為絕對。因此之故，絕對真心是超越空間，無法用內、外、中間
等空間上的區分，加以規範。這是他對「非中非外」的第一點解釋。

　　宗密對這一概念──「非中非外」，還有第二點解釋。他說：

> 二謂此心非有、無二邊，故非外。二邊既遣，中道亦亡，故非
> 中。非中非邊，是絕待靈心也。此言非中，所謂非是中；非謂
> 是非中。言非外，所謂非是外；非謂是非外。❺❼

他在這裏以中、邊的界限，來分析真心。他認為「絕待靈心」是越過
了「有」和「無」這兩種極端的立場，所以不能用「外」字表達真心
全部。「外」和「內」是一對相反相成的概念，如果「外」的說法不
能成立，「中」的存在也自然取消。從這一點上去分析，絕對真心，
只能用「非中非外」加以說明。他特別提醒讀者，他所說的「非中」，
意為「非是中」，不是說單純的「非中」。

---

❺❻　同上，頁 209d–210a。

❺❼　同上，頁 210a。

離性離相

　　宗密認為，作為超越現象世界的真心，自然是和「性、相」分離的。因為「性」和「相」都是屬於現象世界，而絕對真心，和現象世界的一切根本不同。他解釋說：

> 離性離相者，諸法皆無性，皆空即性也。謂色即空等。緣生諸法即相也，謂空即色等。今以真心，雖空無一物，而體非空故離性。雖隨緣而成一切色等諸法，而體非色，故離相。❺❽

這一段話表示，「性」字是一般佛學的用語，不是「真性」或「真心」。「諸法皆無性」，所以是「空」。空的原因是現象世界的事物，都有待因緣而生，不是依靠本身的力量才出現。這種存在是有條件的，也是暫時的。從這一點上說，色（物質）即是空，空即是色。《般若心經》對這一點有清楚的說明。但是宗密的哲學比「般若思想」更直接了當，承認在現象世界的「空」裏，還有更重要的本體存在。這個本體就是「真心」。這一「真心」雖然是和「性、相」不同，但並非是空無所有，只是說這個本體不是空，也不是色，所以不能以「性、相」等字眼去解釋真心。如果要用這些辭彙，也只能用否定語氣加以表達。所以才有「非性非相」這樣的論說方法。一旦所有的現象全被否定，本體自然可以為人所理會，那一種境界已不是言語文字、思想概念所可以表達，因為它是超越性的。

---

❺❽　同上，頁 210b。

真心無念

一個修道的人如果理解到絕對真心一方面是「離空離相」，卻也並不是真無所有。能夠理會到這一點，他就可以證得智慧，不生妄念，達到「無念」境界，走入宗教修習的「妙門」。宗密描繪這種境界及「無念」的理由說：

> 覺諸相空，真心無念。念起即覺，覺之即無。修行妙門，唯在此也。❺⑨

現象世界的一切既然是空而不實，「妄念」也沒有「自性」，理解到了這一地步，真心就處於自如狀態，就沒有一切妄想。但是作為一個生命活動的心，在其與現象世界事物的接觸中，自然會產生緣慮作用。可是緣慮一起，心體馬上就會察覺到；一旦心有察覺，就會馬上理解那些緣慮都無自性，更不至於產生反應。這就是「覺之即無」。一旦現象世界的本質被察覺，絕對真心就自然顯現。不但客觀世界的一切再不能牽動本心，就是主觀上的分別，也會自然熄滅。這樣就可以完全達到宗教解脫，獲得自由。用佛家的術語來說，這就叫做「成佛」。宗密對這一最高的修道境界，和到達此種境界的過程，也有所解釋。他說：

> 心既無念，則無別始覺之殊。本來平等，同一覺故。冥於根本，真淨心源。應用塵沙，盡未來際。常住法界，感而即通，名大覺尊。❻⓪

---

❺⑨ 《禪門師資承襲圖》，頁 318。

一旦理會到所有的分別思想，包括原有的覺悟（「本覺」），和第一次意識到那種覺悟（「始覺」）之間的差別，已被消除。因為那兩種差別只是現象上的不同，卻沒有本體上的差異。理會到這點，就可以直達根本，得到最高的智慧，成為「佛」了。佛是已覺悟的「聖人」，並不住在「天國」；而是從人間世界得到絕對的自由解脫，仍然「常住法界」，和濁世接觸但卻不為所染。這就是大乘佛教哲學中，所說的最高境界。這種境界是超越世間，但並不是出世的，因為佛還對世間未得解脫的人們，有非常濃厚的同情心；也有拯救他們的力量。這就是引文中所說「感而即通」。

四、萬法之源──真心與現象世界的關係

從上節的討論中，我們可以看到宗密思想中的絕對真心，一方面是超越現象世界；另一方面卻又和現象世界相即不分。他在《禪源諸詮集都序》中說：

> 況此真性，非唯是禪門之源，亦是萬法之源。故名法性。亦是眾生迷悟之源，故名如來藏藏識……❶

按照印度佛教哲學的說法，稱真心為禪門之源，眾生迷悟之源等，都是可以講得通的。因為禪法修習，實在就是修心；迷悟的分別，也還是覺與不覺的關係；而覺與不覺主要還是以心為主，但是要說真性或真心「亦是萬法之源」，就會引起新的問題。在沒有討論問題本身以

❻⓪　《禪源諸詮集都序》，頁 222。

❻①　同上，頁 16–17。

前，先得弄清楚這裏所謂的「萬法」一辭，指的是什麼對象。宗密在
上面引用的文字中說「萬法之源」和「法性」有關。又在《禪門師資
承襲圖》中稱：「萬法皆是一心」 ❷。由此可見宗密所說的「萬法」，
實際上指的是心法。他曾引用《大乘起信論》的一段話，說明這種觀
點：

> 三界虛偽，唯心所作。離心即無六塵境界、乃至一切分別：即
> 分別自心，心不見心，無相可得。故一切諸法如鏡中像。 ❸

三界自然包含著「萬法」。三界虛偽是說現象世界的一切（「萬法」）
都是主觀的「識」向外投射的現象。那些現象並不是依靠本身的力量
（「自性」）存在，所以是「有而不有」，所以說是虛偽的。在這一點
上，宗密和唯識學派的哲學，沒有分別。但是早期佛教哲學及唯識學
派對現象世界的分析，不但包括「心法」，而且也包括著「色法」。「色
法」一般指的是物質現象。印度佛教哲學對物質世界乃至整個宇宙的
形成，都接受了印度傳統思想的「劫波」(Kalpa) 理論，認為整個宇宙
是在機械的輪轉不停，通過成 (vivarta)、住 (vivartasiddha)、壞
(Samvarta)、空 (Samvartasidda) 四大劫，依次輪轉，周而復始，無休無
止。宗密在許多地方，都接受了這種印度傳統。例如他在《原人論》
的自註中，就曾引用了《瑜伽論》中對四劫的描繪，然後評論這種機
械的宇宙生成——滅亡學說是：「劫劫生生，輪迴不絕。無終無始，
如汲井輪」 ❹。也就是在這種理論的基礎上，佛教思想家才常用「無

---

❷　《禪門師資承襲圖》，頁 335。
❸　《禪源諸詮集都序》，頁 148。
❹　《原》二小乘教，《大藏經》，卷 45，頁 709b。

始以來」這句話，把宇宙形成論這個題目，一筆帶過，不加討論。

宗密是否和印度佛學的說法一致呢？從整個結構上觀察，宗密把「劫波」理論，看作是小乘佛教哲學的一個組成部份，加以接受，並予批評。但是在現象世界中每一事物的出生過程中，他比印度佛學多走了一步：認為現象世界中的心理因素，乃至物質因素，都是由心而生。這種說法在佛教哲學中，還不常見。現在讓我們看一下宗密對這一個問題的說法：

> 謂初唯一靈性，不生不滅……眾生無始迷睡，不自知覺……有生滅心相，所謂不生不滅真心，與生滅妄想和合。**❻❺**

這是萬法起源的討論，說明「不生不滅真心，與生滅妄想和合」，從而產生現象世界中兩種意義：覺與不覺。從「不覺」這一意義，引起一連串的後果：能見之識，所見之境，法執我執，造業受報，生死輪迴，遭受永無休止的痛苦。這是萬法衍化的第一步。

但是宗密的現象世界生成論，並沒有停止在這一步上，他進一步指出說，人的生命開始，是「心神」乘著「業」的力量，「運於中陰，入母胎中，稟氣受質」**❻❻**，成為人的生命。按照印度佛教的說法，人間的生死輪迴，永不休止，從這一世轉到下一生，有一個過渡階段名叫「中陰」。「心神」一詞不見於印度佛學，看來是宗密創造的，應當指的是連續兩次生命中間的「意識」。這裏值得注意的是「稟氣受質」這句話，因為它與「心」、「物」的概念有關。宗密說：

---

❻❺ 同上，頁 710b。

❻❻ 同上。

氣則頓具四大，漸成諸根；心則頓具四蘊，漸成諸識。十月滿足，生來名人，即我等今者，身心是也。❻

這裏的「四大」，指的是物質上的四種原始因素：地、水、火、風。用佛學名詞來說，叫做「色法」。和「色法」相對的是「四蘊」，指的是心理世界的四種基礎：受、想、行、識。按照佛家的觀點，這「四大」合起來叫作「色蘊」，與其他四蘊合稱「五蘊」。宗密進一步把「色蘊」的物質因素，和中國思想中的「元氣」論，合在一起，並且對此加以說明：

然所稟之氣，展轉推本，即混一之元氣也。❻

「元氣」一說出現在漢代，是指物質的基本狀態，後來成為道家的主要術語之一，儒家也常採用這個名詞；宗密以這個名詞和印度佛學中的「色法」相對，倒是很相似的。但是道家和儒家所講的元氣，乃是一種原始的自然物質，它是經過自然變化才產生世界，後來再經過多層變化，才成為有形有名的事物。宗密卻在這種原始物質的上面，加了一個根源，就是「心」。他解釋說：

究實言之，心外的無別法。元氣亦從心之所變，屬前轉識所現之境。❻

---

❻　同上。

❻　同上，頁 710c。

❻　同上。

這麼一來，中國傳統中的「元氣」，就從物質的自然變化，成為心理上的發展。心怎麼會變成物質世界呢？宗密也有解釋。他說：

> 心既從細至麁，展轉妄計，乃至造業；境亦從微至著，展轉變起，乃至天地……❼⓿

又說：

> 據此，則心識所變之境，乃成二分：一分即與心識和合成人；一分不與心識和合，即成天地、山河、國邑。❼❶

從以上兩段話中，我們可以看出，宗密是怎樣把物質世界與精神世界統一了起來。通過這種辯說，物質現象只不過是沒有與心、識結合起來的客觀境界。「元氣」也只是佛家所說的「一念初動」，歸根結柢而言，「其實只是境界之相」。用現代哲學術語表達，「元氣」也不過是客觀世界的現象而已。「元」字變成佛家的「一念初動」；「氣」字變成佛家的「境界之相」，它只不過是絕對真心在不覺狀態下向外投射的「相」而已。

---

❼⓿　同上。

❼❶　同上。

第五章　實踐哲學

一、佛教哲學的實踐特色

　　佛教的宗教哲學和西洋的宗教哲學在許多地方，很不相同。西洋哲學中著重於思維活動，抽象重於實踐。宗教哲學在傳統的意義上是用邏輯推理，從理論上證明上帝的存在。佛教哲學從佛陀本人說法時起，就對純粹抽象的思維不甚推重，除非是某些抽象問題和宗教實踐有關。從這一點上說，佛教哲學從一開頭起，就是一種實踐的宗教思想，著重經驗，理論次之。著重解脫，其他次之。佛陀本人在回答某些抽象而無實踐意義的問題時，曾經以無言的沉默代替是或否性的回答❶。他解釋他之所以沉默是因為那些抽象問題在理智上無法確定，在倫理上是荒廢修道時間而無所獲。雖然後來許多佛學大師，對哲學問題的討論，是更富於有系統的思辯，但是那些問題受到注意的原因，仍然是以修道為目標的。

　　宗密在批評中國傳統哲學中「自然」和「天命」兩大概念時，就特別著重指出，那兩個概念都缺乏個人的主觀動力。他曾以這一點質問儒道兩家：如果一切都由自然變化而生，不靠因緣，那麼成神仙就可以不靠丹藥，致太平不靠賢人，仁義之道不靠教習。在那樣的情形

---

❶　《俱舍論》，卷19，第十七節就曾對佛陀的沉默有所記載。這種沉默，被稱作是 Avyakṛta，漢譯稱為「無記」，意為沒有表示的回答。

下，要哲學、宗教何用❷？宗密說佛教哲學比「自然」和「天命」論
高明的地方，就是佛教哲學中有因果之論。他說：

> 無明為因，生一切染；悟修為因，生一切淨。故無明如夢中
> 人，醒不可得。修證無別，始覺之異，皆是無常。❸

「悟修為因，生一切淨」，只有從因著手，才能得果。悟就是醒悟，
修就是修習或修道。悟包含著哲學思維，修著重於宗教實踐。只有悟
修雙管齊下，才可以達到宗教解脫。宗密解釋「理」和「行」的關係
和界限時又說：

> 此之本源是禪理，忘情契之是禪行。故云理行。❹

又說：

> 頓漸相間，理行相參。遞相解縛，自然心無所住。悟修之道既
> 備，解行於是圓通。❺

理、行相參才能得到心無所住。只有悟和修兩項同時具備，才能解行
圓通。缺一不可。

---

❷　參閱本書第二章。

❸　《鈔》，頁 352d–353a。參閱本書作者英文論文："Tsung-mi's Questions
　　Regarding the Confucian Absolute"，《東西哲學季刊》，卷 30，頁 495–504。

❹　《禪源諸詮集都序》，頁 13。

❺　同上，頁 254。

上面所說的悟解主要的是和宗教哲學有關，修行卻指的是宗教實踐。不理解宗教問題的本質，不但心思混亂不清，更不會有辦法去解決那些混亂問題。如果沒有宗教實踐，僅有理論的話，也只是紙上談兵，望梅不能止渴。在前一章中，我們討論了宗密主體思想，現在必須談一下他的實踐哲學。主體思想是以悟解為對象；實踐哲學則是以修行為目的。雖然修行在於實踐，但為什麼要那樣做？做的次序有什麼道理？實踐的結果是否會成功？仍然是理論方面的問題。宗密的實踐哲學也是自成系統，其中包括著「頓悟」、「漸修」以及「和會」等重要論題。

二、頓漸之爭

遠在南北朝時代中國佛教思想史上，就展開過一次「頓悟」和「漸悟」的爭論。竺道生首先倡議「頓悟成佛」，其他學者紛紛討論❻。到了唐代，頓漸的爭論更達到了高潮。而討論的深度和幅度，也超出了唐代以前的爭論。唐代以前對這個問題的爭論重點，只在悟解方面；唐代的爭論也牽涉到修行問題。唐以前的爭論範圍，只是頓漸的差別；唐代的爭論則是頓漸悟修互相交叉，形成一個非常複雜的畫面。對這種複雜的景像，宗密有一段言簡意賅的描寫：

> 諸經論及諸禪門，或云：先因漸修功成，豁然頓悟。或云：先因頓悟，方可漸修。或云：頓修故漸悟。或云：悟修皆漸。或云皆頓。或云：法無頓漸，頓漸在機。❼

---

❻　參閱湯用彤著，《漢魏兩晉南北朝佛教史》，頁 447-450, 466-484。唐代的頓漸之爭，參閱印順著，《中國禪宗史》，頁 301-317。

上面所講的各種爭論及其立場,除開頓悟和漸悟之爭,是大家所熟知外,其他的論題並不常見。宗密是一位淵博的學者,而且身兼禪教兩家之長,他在這一題目上給學術界留下了一些最豐富的寶貴資料。這些資料也是理解他的實踐哲學的基礎之一,我們必得把這些理論,加以說明,才能明白宗密自己的立場,及其所持的理由。

漸修頓悟

宗密在《圓覺經大疏鈔》中對這一派的主張,有較為詳細的說明:

> 初言漸修頓悟者,此有二意:一者即前解悟之漸修,修極故證;二則從初便漸,如諸聲聞因四十年漸,前修三乘教行。故靈山會中,聞《法華經》,疑網頓斷,心安如海,受記成佛。❽

這兩層敘論很有意思,前者解釋漸修到了極致,就可以豁然證悟,這是佛教傳統的修道理論。第二層是用佛教史實,說明漸修頓悟的發展。按照小乘佛學(就是聲聞)的說法,佛陀四十年的傳教生活,就是漸修的過程。三乘佛法中所講的「羅漢四果」,《般若經》內的「六波羅密」,《華嚴經》所說的「菩薩十地」,都可以用「漸修頓悟」四個字加以概括。所以說這種理論是印度傳統佛學的主流思想。宗密並且更進一步以許多譬喻,說明漸修頓悟的過程:

> 如人伐木,千斧萬斧漸斫,倒即一樹頓倒。又如從邊遠來於京都,數月步步漸行;入大城門之日,一時頓到。❾

❼　《禪源諸詮集都序》,頁 78。

❽　《鈔》,頁 280b-c。

他在「一樹頓倒」後面加註說明「喻斷惑也」；「一時頓到」後面也有
註稱：「喻證理也」。兩註和譬喻，都是漸修頓悟的最好說明。現代的
印度佛教史專家納‧達多，在討論早期佛教入涅槃的過程，也有類似
的描繪，他把那種修道歷程稱為「漸階成聖」。

頓悟漸修

　　是宗密所主張的理論，留在下一節再詳細討論。

頓修漸悟

　　宗密曾以「磨鏡學射」兩喻，說明這一派的主張。他在《圓覺經
大疏鈔》中，對這一論調和兩種譬喻，都有解釋。他說：

> 故漸悟者，謂雖聞圓教、信圓法，而根性遲鈍，不得頓悟。雖
> 不得頓悟，而樂欲情殷，深宗頓理，頓發大心，頓絕諸緣，頓
> 伏煩惱。由此加行，漸漸得悟。悟即是證，不唯會解。 ❿

這就說明所謂「頓修」，是指一個人一旦懂得了頓教的道理，馬上發
起大心，立刻斷絕種種牽連，壓伏煩惱。因為這些都是即刻付諸實
行，所以叫做「頓修」。從那一時刻起一步一步進修，慢慢達到悟的
境界。宗密特別指明，「悟」就是證，不只是理解教義。為什麼要用
「磨鏡」和「學射」來譬喻頓修漸悟呢？宗密自言：

---

❾　同上，頁280c。並參閱印度學者 N. Datt 著，*Early Monastic Buddhism* 第
　　10 章 "The Gradual Stages of Sanctification"，頁 252–271。

❿　同上。

> 如人磨鏡，一時遍磨一面終，不從一分一寸致功。塵埃則微微
> 而盡，明相漸漸而著。
>
> 又如學射，初把弓矢便注意在的。終不故作親疏節級。然千百
> 日射億萬箭，方漸漸親近，乃至百發百中。**⑪**

這兩個譬喻都在說明這一種學說和實踐方法，雖然從一開始就看準了
目標，但是修習的人因為資質所限，仍然不能夠馬上得到最高成果，
所以要經過一段漫長而緩進的過程，才能達到最後的目標——宗教證
悟。也就是譬喻中所說的塵盡鏡明和每射中的。

漸悟漸修

就是前面宗密所說的「悟修皆漸」那一派學說。他在《圓覺經大
疏》裏面，曾以漸登樓臺，譬喻這種主張。他說：

> 如登九層之臺，足履漸高，所鑒漸遠。**⑫**

又在《圓覺經大疏鈔》中，對這一譬喻，作了進一步的闡解：

> 謂信本性圓滿，而猶計有業惑障覆，故勤拂鏡塵，漸悟心性，
> 如注所引喻也。足履喻修行，所鑒喻證悟也。**⑬**

文中有些字句和譬喻，看起來和北宗教義接近。例如「鏡塵」等語，

---

⑪ 同上。

⑫ 《疏》，頁 119c。

⑬ 《鈔》，頁 280d。

很容易使人想起《六祖壇經》所記的神秀偈語：

> 身是菩提樹，心如明鏡臺。時時勤拂拭，莫使有塵埃。 ⓮

但是宗密已在「漸修頓悟」的題目下，說「北宗漸門之教，意見如此」。也許北宗後期的禪者們，有人更保守一點，主張「悟修皆漸」。可惜《禪藏》那部巨著已佚，現在無法具體的說明誰屬於這一派禪法。

頓悟頓修

　　據宗密所傳，這就是荷澤神會一派的禪學，也是澄觀所講的心學。宗密曾以「斬染綩絲」來形容這種禪法，並且加以解釋：

> 初標頓悟頓修，以斬染綩絲為喻者，斬如頓悟。頓悟煩惱本無，即名為斷。如一綩之絲，不勝一劍而頓斷故。染如頓修：頓稱性上恆沙功德，念念無間。而修如染一綩之絲，千條萬條，一時成色。故清涼大師《心要》云：心心作佛，無一心而非佛心。處處成道，無一國而非佛國。 ⓯

像用劍斬絲一樣，一劍下揮，千條萬縷一時頓然切斷。劍就是佛家所說的智慧之劍；絲就是佛家所說的三千煩惱。一旦人們明白各種煩惱都是由因緣而起，本來沒有自性，似存而實無，所以豁然而悟，這就

⓮ 《大藏經》，卷48，頁337c。

⓯ 《鈔》，頁380d。「一綩之絲」的譬喻，是先由神會舉出的。參閱《神會和尚遺集》，頁46, 120–121。

是頓悟。修行也是如此,一旦明白煩惱本來就不存在,因為煩惱而引起的一切行為,都因為這種豁然覺悟而變為根本沒有必要的冗事。這種境界,被稱作是:「無相為修,分明為悟」。宗密又用體、用學說,對此加以說明:

> 悟即慧也、用也。修即定也、體也。荷澤云:即體而用自知等。……一切善惡都不思量,言下自絕念相。修也。正無念想,心已自知。悟也。❶

在這個問題上,宗密把神會和澄觀並列在一家之內,認為這是「頓門」,這種禪學只是為具有上上勝根的學人所設。

三、宗密的主張

從理論上著眼,宗密是主張「頓悟頓修」的。一方面是因為他最欽佩神會和澄觀兩位大師,另一方面也因為這種學說確實是更深入而超絕的。但是宗密在這個問題上,卻看得更遠一層,並非盲目服膺任何一家。他在《禪源諸詮集都序》中,對這一點說得很清楚:他認為這些頓、漸之爭,都是限制在「今生而論」。如果遠推到前生去討論,只有頓而無漸。在提到「法無頓漸,頓漸在機」這種實踐理論時,宗密讚嘆說「誠哉此理」❶!這些話都表明,宗密不是一個食古不化的教條主義者。他的實踐哲學反映在頓漸問題上,總是以「機」為主要對象。「機」字從主觀上講,指的是一個修道者的「根基」,也就是現

---

❶ 《鈔》,頁 380d–381a。

❶ 《禪源諸詮集都序》,頁 191。

代語中所說的「天份」或「資質」；客觀而言，指的是修道者所面對
的環境，也就是現代漢語的「機會」。所以頓漸的優劣，固然是理論
問題；但也是實踐問題。只有把理論和實踐有機的結合以後，才能實
現宗教哲學的目的。如果空有一種優良的理論，卻沒有實踐的條件，
那種理論無論如何高超，仍然是空洞不實，終歸無用。

　　宗密常把理論與實踐的關係，用「藥」和「病」作為譬喻：「藥」
指的是理論；「病」指的是主、客觀的具體條件——「機」。如果一種
理論無論多麼完備，但如和當時的具體條件不合，那就會「人與法
差」，其結果不但無法解決人們所面臨的宗教問題，反而會造成「法
為人病」的惡果。像這樣通達的觀點，敢於指出「法為人病」，在宗
教哲學史中還是很少見的。宗密特別強調「師資傳授，須識藥
病」❸。師指的老師，資指的學生，在教育一位學生時，老師必須要
知道學生的「病」在何處，然後才能對症下藥。從這一點上著眼，宗
密認為只要藥能治病，就是好藥。各種頓漸之爭其實都是藥。藥無貴
賤，合於病者才是好藥。問題在於是否對症。

　　前面曾提起過胡適適先生對宗密的評論，他說「頓悟與無念在第九
世紀已成了風尚，已失了當日的鋒芒與光彩……宗密在《大疏鈔》
裏，態度更明白了，他說頓悟是不夠的，頓悟之後仍須漸修，這便是
革命之後的調和論了。」❹宗密是主張調和各宗各派一點，是不錯的，
這一點我們在本章後面還要再加討論；他強調頓悟漸修也是確有其
事，但是要說宗密「不惜曲解神會的主張」，未免結論下得太早了一
些。宗密自然理解神會的主張，但是他還看到一旦「頓悟頓修」被人
濫用，就會有什麼嚴重的後果。何況宗密的佛學知識和思想特點，都

---

❸　同上，頁 81。

❹　胡著，《神會和尚遺集》，頁 57。

比神會更學術化一點。崇敬神會並不必要完全照抄神會的話，否則就不會有新的思想出現。談自己的新思想也不一定要去呵佛罵祖，先把以前的學術思想一棍子打倒。宗密和許多前輩、學者意見不同，但在許多地方仍然尊重那些前輩哲人。

我們在前一節中曾經指出，宗密對頓悟頓修之說一直尊重。他在討論唐代禪法的時候，總是把神會一派的禪法，列為最高的理、行。例如他在《禪門師資承襲圖》中，曾對北宗、洪州和牛頭三家的禪法，都有評論；但是談到荷澤一派的理論和修道方法時，仍然承認它是「修行妙門，唯在此也！」❷⓿宗密的佛學立場，有一點超越神會的教義，那就是他是理行並重，禪教融合。在宗密的眼光中，所有的禪者都是實踐家，在教理方面所下的功夫不多；他自己的貢獻就是要為習禪者找出一些經典和理論根據，也為一些專通教義的人士，找到教義所說的具體實踐辦法。

以「頓悟」這個概念做例子，就可以說明宗密和神會之間的異同，也可以看見宗密對神會學派禪法的尊重。他在《禪源諸詮集都序》中，對頓悟的解釋，劃分為下列三層：❷❶

頓悟〔宿世聞薰，今遇善知識開示，覺心本淨，覺妄本空。〕起四信〔一、信根本樂念真如　二、信佛功德常念供養　三、信法利益常念修行　四、信僧正修常念親近〕發菩提心〔發悲願智誓取菩提〕

宗密對神會一派的禪法，又是如何理解呢？他說：

諸法如夢，諸聖同說。故妄念本寂，塵境本空。空寂之心，靈

❷⓿　《禪門師資承襲圖》，頁 318。
❷❶　《禪源諸詮集都序》，頁 235。

知不昧。即此空寂之知，是汝真性。任迷任悟，心本自知。不
藉緣生，不因境起……若得善友開示，頓悟空寂之知……㉒

如果把上面的兩段加以比較，我們就可以看出宗密所說的「頓悟」，
正是神會教義的濃縮。「心本淨」和「妄本空」，正是神會宗旨的要
點。「起四信」的說法，原見於《大乘起信論》。「發菩提心」則是印
度大乘佛學常用的概念。從這些地方看來，宗密的頓悟基本概念，仍
是依照神會的說法。不過他在「頓悟」的後面，加上了傳統佛學的實
踐方法和經典根據，這就使得禪法和教義，融合在一起。神會的時代
和宗密的時代不同，問題相異，他所提出的解決方法，自然不可能也
不必要完全相似。

　　「頓悟」的概念是南宗禪法所共有的說法，並非只限於神會一
人。宗密曾把南宗禪法的「頓悟」學說，作了提要性的概括：

若頓悟自心，本來清淨，元無煩惱。無漏智性，本自具足，此
心即佛，畢竟無異。依此而修者是最上乘禪。亦名如來清淨
禪，亦名一行三昧，亦名真如三昧……。㉓

自心本來清淨，無有煩惱，與佛無異的說法，就是前一章中所說的
「絕對真心」。這一絕對真心是人人皆有，不須外求。問題是一個修
道的人，是否知道這一絕對而純淨的真心，並不在遠處，而是自身自
心。如果能覺悟到自己本性的這一根源和特點，修道者就會豁然
自通。

㉒　同上，頁 95。

㉓　同上，頁 23。

宗密又把頓悟分為兩種：「逐機頓」和「化儀頓」。「逐機頓」是專為根基良好的信徒，所說的一種頓悟教義；「化儀頓」則是佛陀本人專為其親傳弟子所說的教義。這些弟子不但根基良好，而且是前生的因緣已經到了成熟的階段。這種分頓悟為兩種的說法，很值得注意，因為在宗密看來，南宗各派的一切高深禪法，都是屬於「逐機頓」的。對這一點，他有非常明白的說明：

> 逐機頓者，遇凡夫上根利智，直示真法，聞即頓悟，全同佛果。如《華嚴》中，初發心時，即得阿耨菩提。《圓覺》中，觀行即成佛道。然始同前二教中行門，漸除凡習，漸顯聖德。如風激動大海，不能現像。風若頓息，則波浪漸停，影像顯也。即《華嚴》一分，及《圓覺》、《佛頂》、《密嚴》、《勝鬘》、《如來藏》之類，二十餘部經是也。遇機即說，不定初後、與禪門第三直顯心性宗全相同也。❷❹

「逐機」的機，就是文中所說的「凡夫上根利智」、「初發心時，即得阿耨菩提」，意為從發心作佛的決心開始，就已得到了「阿耨菩提」，所以就是頓悟。因為阿耨菩提，是梵文原語 Anuttara-Samyaksambodhi 的音譯簡寫。Anuttara 意思是「無上」，Samyaksambodhi 意為「正覺」。初發心時即得無上正覺，自然是「頓悟」了。「然始同前二教中行門」指的是「息妄修心」與「泯絕無寄」兩宗，也就是所謂「北宗」和「牛頭」兩家。為什麼說「頓悟」又和「漸修」，在「行門」中都是開首的呢？宗密說：「漸除凡息，漸顯聖德。」又以大海、風吹、浪起與影像等作為譬喻，說明隨著頓悟必須漸修。他在註文中解

❷❹ 同上，頁 185。

釋說：

> 風喻迷情，海喻心性，波喻煩惱，影喻功用。㉕

這就是說雖然心性本淨，原無煩惱。但是迷情起時，性仍然會生出各種煩惱，本性的原來功用，無法顯露。如果想要恢復本性的原有功用，就必須要慢慢地息風停波。

宗密所說的第二種頓悟，更要高級。他說：

> 化儀頓者，謂佛初成道，為宿世緣熟上根之流，一時頓說性相事理、眾生萬惑、菩薩萬行、聖賢地位、諸佛萬德。因該果海，初心即得菩提；果徹因源，位滿猶稱菩薩。此《華嚴》一經，及《十地論》，名為圓教，餘皆不備。㉖

這是一種包羅萬象的覺悟，遠超過了上述的「逐機頓」。這種教義的根據，是《華嚴經》、《十地論》；它與荷澤所說的禪法不同。這種禪法中的頓悟是一種圓融無礙的智慧和行為，也就是「絕對真心」的全部狀態。宗密對這種頓悟的境界，加以描繪說：

> 其中所說諸法，全是一心之諸法。一心是全諸法之一心，性相圓融，一多自在。故諸佛與眾生交徹，淨土與穢土融通。法法皆彼此互收，塵塵悉包含世界。相入相即，無礙鎔融。具十玄門，重重無盡，名為無障礙法界。㉗

㉕　同上。
㉖　同上。

從這些描寫中觀察，他所說的，正是華嚴哲學中的最高真理，包容一切而又能超越一切。能有所分別，卻又能融通及超越那些分別。宗密所主張的「頓悟」，就是這種頓悟。它包括著神會所說的頓悟卻也超越過這種頓悟境界，達到了實踐與理論的統一。說宗密修改了神會的頓悟之說，粗看是實，細想則並不盡然。因為宗密接受了神會原先所說的「逐機頓」，並把那一概念和佛經相配，作了進一步的發展，達到更高一步的「化儀頓」。「化儀頓」並不排斥「逐機頓」，而是包括著「逐機頓」。

　　上面的討論說明，對「化儀頓」而言，修行已無必要；對「逐機頓」來說，頓悟之後，還須要通過漸修，才能完成宗教實踐。宗密認為荷澤一派的南宗禪法與「逐機頓」相同。他也說明這種實踐理論，是他閱讀佛經和自悟本心以後，才發現了只有在頓悟之後還須漸修，才能完成宗教修習。他在《禪源諸詮集都序》裏面，有一段自敘說：

　　　　宗密不知宿生何作，熏得此心，自未解脫，欲解他縛……每歎人與法差，法為人病，故別撰經、律、論疏，大開戒定慧門。顯頓悟資於漸修，證師說符於佛意……。❷⑧

這一段自白表明，他著書立說的目的在於使人得到宗教解脫。因為一般佛教所說的法和尋求解脫的人要求不同，所以「法為人病」。為了改善這一種情況，宗密作了兩件事情：一、為佛學典籍寫下許多疏註，發揚傳統佛學戒、定、慧的三門傳統學科。二、顯示「頓悟」還須要以「漸修」才能完成宗教任務；並且進一步證明禪門各位大師所

❷⑦　同上。

❷⑧　同上，頁 29–30。

說的禪法，是符合於佛陀所說的經義。從這一段自白中人們可以看出宗密認為禪法是一種實踐宗教哲學。他自己在這一方面的貢獻有二點：主張頓悟漸修，證明師說與佛意相符。從這些地方觀察，宗密的學術範圍，遠比神會寬闊。他是在修習荷澤禪法多年之後，又下了這一番功夫，才完成了他自己的禪法實踐理論。

宗密認為「頓悟」一辭中的悟字，有兩種解釋：

> 若因悟而修，即是解悟；若因修而悟，即是證悟。㉙

「解悟」是對悟的理解，「證悟」則是對悟的體驗。對宗教教義的理解，只是一種思想上的認識，體驗則是修道者與體驗的對象合而為一。宗密認為從「解悟」到「證悟」之間，還須要長期的宗教修習，才能夠達到理論與實踐統一的新境界。為什麼呢？宗密自己對這一點有所解釋：

> 唯云先頓悟後漸修，似違反也。欲絕疑者，豈不見日光頓出，霜露漸消，孩子頓生，志氣漸立；猛風頓息，波浪漸停；明良頓成，禮樂漸學。是知頓漸之義，甚為要矣！㉚

從上面這一段話可以看出，宗密為什麼主張，悟解頓明之後，一定要通過漸修，才能達到證悟。他解釋「孩子頓生」一語說：「四肢六根即具」。意為一個小孩初生之時，四肢五官及心臟，就是一次頓生；但是孩子的「肌膚、八物、業藝，皆漸漸成也。」㉛生產是頓時而生，

㉙　同上，頁 191。

㉚　同上，頁 191–192。

發育是要經過歲月才能漸漸成長。

有人也許會設想，頓漸的區分，在物理或生理上，如日出、孩生、風靜等例子，自然是可以言之成理。可是在宗教哲學中，悟與修的關係，頓悟與漸修的次序，不一定會像物理和生理變化的過程那樣。宗密除了舉出譬喻的例子以外，還討論了宗教實踐的哲學基礎。頓悟及覺悟的可能，根源相同，絕對真心是凡人和聖人的迷悟之源。他說：

> 謂六道凡夫，三乘聖賢，根本悉是靈明、清淨、一法界心。性覺寶光，各各圓滿。本不名諸佛，亦不名眾生。但以此心，靈妙自在，不守自性，故隨迷悟之緣，造業受苦，遂名眾生。修道證真，遂名諸佛。㉜

從人人都有絕對真心上說，一切都是平等而沒有差別的。從心守或者不守自性一點上說，就會有凡、聖的區分。因為一旦本心「不守自性」，隨緣沉浮，真心就為惑念掩蓋，看起來似為凡心。只有在遇到有宗教知識的人士，講解真理明白事相以後，才能豁然頓悟。宗密描繪這一頓悟的境界說：

> 忽悟靈靈知見，是自真心。心本空寂，無邊無相，即是法身。身心不二，是為真我。即與諸佛，分毫不殊，故云頓也。㉝

㉛ 同上，頁 191。
㉜ 同上，頁 212。
㉝ 同上，頁 340。

既然已經頓悟自己的真心，和諸佛的佛心完全相同，為什麼還須要漸修呢？宗密自己對這一問題，也有說明：

> 雖云頓悟法身、真心，全同諸佛；而多劫妄執四大為我，習與性成，卒難頓除。故須依漸修，損之又損，乃至無損，即名成佛。非謂此心外有佛可成也。❸

雖然已經豁然頓悟，自己的真心與諸佛是完全相同，並沒有本質上的差別；但是這並不意味著兩者完全沒有不同的地方。宗密認為一個凡人經過了長年久遠的薰染，「習氣」已經和真性混合了很長的歲月，因此明知非真非淨，但卻無法把一切習氣，一次完全除掉。這就須要慢慢修習，慢慢的除掉那些習氣，一直到習氣完全沒有以後，與諸佛沒有差別的真心，才能恢復本來狀態。

　　宗密知道「頓悟漸修」這一概念，很容易被人認為與北宗漸修禪學混為一事，為了這一原因，他把北宗禪法特別標明為「漸修漸悟」一類。這一點已在上一節中討論過了，本來不必重複，可是宗密在討論「漸修」時，特別又把「頓悟」解釋一番，表明這是他和北宗禪法不同之處，也是宗密對荷澤一派禪法的新解釋：

> 雖然漸修，由先已頓悟，煩惱本空，心性本淨。故於斷惡，斷而無斷；於修善，修而無修，為真修斷矣。❸

這一段話說明，除非對心性的本質及與習氣等的關係，先有清楚的認

---

❸　同上。

❸　同上，頁 340–341。

識，才能在漸修時不走彎路。如果不知道「心性本淨」，修道時就會目標不明；如果不明白「煩惱本空」，就會生出許多不必要的麻煩。

一般人不明白這種辯證關係，懷疑既然「煩惱本空」，為什麼還要修善去染？一切宗教實踐豈不是全成了不必要的負擔，荒廢時間，自找麻煩。這種問題在佛教思想史上常常出現，也有人問過宗密這個問題。例如在《禪源諸詮集都序》裏，就曾經有人問宗密說：

> 問：貪瞋等即空，便明無一切心，何必對治？
> 答：若爾，汝今忽遭重病痛苦，便名無病，何必藥治？須知貪瞋常空，而能發業；業亦空，而能招苦；苦亦空，只麼難忍。……若云亦任痛苦者，即現今設有人以火燒刀斫，汝何得不任？今觀學道者，聞一句違情語，猶不能任，豈肯任燒斫乎？❸❻

這些話說得非常明白。從本質上去論斷，三界本空，煩惱是不存在的。它雖然在本體上是空的，但是卻在日常生活中起著一定的作用，而且那些作用也可以給人們造成痛苦。因此煩惱雖然沒有自性，仍然須要用漸修的方法，一一對治，才能完成宗教解脫。從這幾段引語來看，我們就可以理解煩惱的本質和作用，也可以理解宗密為什麼堅決主張在頓悟之後，一定還須要漸修。

宗密又對「頓悟」和「漸修」的關係，作了進一步解釋。他把「漸修」譬作風吹海水，變為巨浪，造成水災；或者因氣溫驟然下降，凍結成冰，失掉灌溉洗滌的作用。無論在任何狀況下，只有一點沒有變化，那就是水的濕性。他以濕性譬喻真心，以風喻「無明」，

---

❸❻ 同上，頁248。

以浪喻煩惱，寒氣喻貪愛等習氣。不管水的本身起何變化，但水的濕
性永遠不變；雖然本性未變，但是卻能因環境的轉變，隨時及時發生
相應的變化。在華嚴哲學中這就叫做「不變隨緣」，和「隨緣不變」。
宗密然後回到「頓悟漸修」問題的本身，用上面的譬喻，對這個問題
作了如此的解釋：

> 今悟本心常知，如不變之濕性。心既無迷，即非無明，如風頓
> 止。悟後自然，攀緣漸息，如波浪漸停。以定慧資薰，心身漸
> 漸自在，乃至神變無礙，普利群生。如春陽冰泮，溉灌洗滌，
> 善利萬物也。❸❼

「頓悟漸修」的理由，從這一段話中可以清楚看出。

佛教是一個宗教，哲學思想只是宗教傳統的一部份，目的在於對
宗教的宗旨和修習方法作系統性的解釋，從而消除可能引起的思想混
亂。只有如此，才可以增加人們的信仰，促進宗教生活的實踐。這些
特點在實踐思想中，更為突出。否則空談高論，於事無益，怎麼能夠
算是實踐哲學呢？宗密在《禪源諸詮集都序》中，指出佛與眾生，悟
與迷的關係和異同以後，接著提出了一套具體的修道方法及程序。這
些方法和程序，正是「頓悟漸修」的具體實踐辦法。只有通過這一辦
法和程序，才能消除習氣，明白妄想本空，達到宗教的最後目標——
圓覺成佛。

宗密主張的「漸修」是建築在「頓悟」的基礎上的，而「頓悟」
的可能，是因為人人都具備著「絕對真心」。真心有真妄兩個意義，
每義又分為兩支，可用圖解如下：❸❽

---

❸❼　《禪門師資承襲圖》，頁 341。

從這個圖解中，宗密指出「迷悟凡聖」都屬於「生滅門」。「生滅門」既有「真如門」中的「隨緣」功能，也有「生滅門」的「成事」力量。這種真妄合和就形成了阿梨耶識。他說：

> 真妄和合，非一非異，名為阿梨耶識。此識在凡，本來常有覺與不覺二義：覺是三乘聖賢之本；不覺是六道凡夫之本。 **❸❾**

聖賢和凡夫，根源相同，後果相反。「頓悟漸修」的目的，就是要再把凡心，回昇到本源。想要作到這一點，必須要把絕對真心，墮落為凡夫的過程，作詳細的分析，找尋出墮落的原因。如果原因不明，就不可能恢復凡夫的本性。宗密把真心淪落為凡夫之心的過程，分為十個階段： **❹❶**

一、一切人都具有本覺真心。

二、沒有遇到一位有宗教知識和修養的人士，所以不覺。

三、因為沒有覺悟，所以生起妄念。

四、因有妄念，才看到現象世界。

五、因能看到世間的虛妄現象，才有所見聞。

六、不理解那些現象，全由妄念而生，認為它們是真有，這就是

---

❸❽ 《禪源諸詮集都序》，鐮田所作註解，頁 216。

❸❾ 同上，頁 217。

❹❶ 同上，頁 217–218。

「法執」。

七、既然認為客觀事物存在，就會看見主觀與客觀事物對立，因而認為有自我存在，這就形成「我執」。

八、因為自我的出現，就會產生貪、恨、癡等種種計較。

九、由於為我等計較，產生行動，造成善業或惡業。

十、業成難逃，淪落苦海。

佛教哲學的本身，是一種因緣論，以因緣及後果，解釋一切世界現象。雖然佛教內部各種部派，在因緣論的細節上，有所不同，但是在用因果關係，說明現象世界與修道方法這一點上，大致沒有根本性的分歧。大維・吉・卡魯帕哈那教授在他的名著《因果論：佛教哲學的中心》一書中，對這一問題曾有詳細的討論❹。中國佛教哲學，自然也接受了印度佛學的理論，但是更偏向實體論方面。宗密思想的中心概念「絕對真心」就是一個典型的例子。「真心」這一概念在印度佛教哲學中並沒有那麼突出。雖然在本體論上，中國佛教哲學比印度佛學更大膽、更直接了當，承認有一個本覺真心；但在理論方法上，仍然保存因果論為主。宗密的理論方法，正好說明了這一點。

凡夫與諸佛既然都具有相同的絕對真心，這就在本體上保證每一個人都有成佛的本性，因為他具有絕對真心，與佛所有的毫無差別。這是《大乘起信論》中所講的「本覺」，意為「本來具有的覺性」。這一概念是中國佛教思想的主流，在印度佛學中是看不到的。《大乘起信論》是中華佛教的著作，託馬鳴菩薩的名字，這一點已為學術界多數人士所承認，現在看來是沒有多大的問題。既然絕對真心，不守本性，隨緣而變，流入生死海中，遭受種種苦惱。想要恢復真心的本

---

❹　見 David J. Kalupahana 著，*Causality: The Central Philosophy of Buddhism* (1975 年)。

性，又應當怎麼辦呢？宗密把由凡入聖的過程，也分為十項： **❷**

1. 遇到一位有宗教知識的人士，指出人人具有絕對真心。喚醒本性，理解本體。

2. 發心發願，誓證菩提——發菩提心。發「悲心」，以度眾生；發「智心」，以明真理；發「願心」，以助悲智。

3. 按照自己的能力，修習六波羅密。六波羅密，漢譯六度，就是度越苦海的六種最完善的辦法。

4. 大菩提心，從此顯發。

5. 從此知道法性本身，原無煩惱：煩惱指的是貪、瞋、懈怠、散亂、愚癡等。

6. 由於修習六波羅密，除掉「法執」與「我執」，法我雙亡。

7. 對於物質世界，有新的理解：它們都是由自己的心識所變，所以物質事物，再不能牽動心懷，從而達到自在融通。

8. 對於自己的心也有新的理解。用此觀察一切，就會產生新而真實的體會。

9. 心中再沒有種種現象分別，思想差別。因此心就進入常住狀態，達到絕對真心的本源，這就叫做「究竟覺」。

10. 冥於根本、真淨心源，成佛。常住世間，救濟眾生。

上面的十重由不覺到成佛的過程，也就是「漸修」的過程。宗密明白指出這種漸修的程序，是如此的： **❸**

1. 上面所講的「本覺」（就是上述的「一」，和這裏的阿拉伯字：「1」），消除「不覺」（就是第一表中的第二項）。

2. 「發菩提心」，推翻第一表中所列的「十、業成難逃」。

---

❷ 《禪源諸詮集都序》，頁 222。

❸ 同上，頁 223, 234。

3.「修六波羅密」，推翻前述「九、造成善業或惡業」。

4.以顯發「大菩提心」，推翻前述「八、貪、恨、癡等種種計較」。

5.以「法性本身，原無煩惱」，破前述第七：「我執」。

6.以「法我雙亡」，破前第六：「法執」。

7.以「自在融通」，破前第五：「虛妄現象」。

8.對自心新的體會，破前第四：「看到現象世界」。

9.以「究竟覺」，破前第二：「不覺」。

10.以「成佛」，冥合前述第一：「本覺」。

　　讀過佛教思想史的人士應當知道，佛教哲學對世界思想的最大貢獻就是緣起理論。佛教以緣起論解釋世界現象的出現和其本質，以證明一切現象根本沒有自性，而是依靠因緣而出現。一旦因緣改變，現象中的事物也要跟著改變，所以現象世界不是永久性的。印度佛教哲學中的因緣理論，是以「十二支因緣」為根本的。「十二支因緣」原名對音為 Dvādaśāṅga pratītyasamutpāda。其中第二個字義，足以說明梵典因緣論的原意：prati 意為「每一種事物」，itya 意為「將破裂溶解」，samutpāda 意為「重新出現」。印度佛學以這種學說，把人的生死輪迴，分為十二支，其中「無明」與「行」，被列為過去的「因」；「識」、「名色」、「六入」、「觸」，和「受」，被認為是今世之果；「愛」、「取」與「有」三支，被看作今世的因；造成來生的果：「生」與「老死」。印度佛學不僅以這一因緣理論，分析世間現象，說明這種現象一方面並非是由神主宰；另一方面也不是絕無原因的偶然現象。佛家就用這一哲學作根據，拒絕印度正統論的神學，也推翻滅絕斷空的虛無主義，從而建立了佛教的「中道」，在印度哲學史上另樹一幟。印度佛學也以這種「十二支因緣」理論，作為佛家修道哲學的

骨幹，認為一切現象的根源，都由「無明」而起，「無明」是可以用
智慧除掉。一旦「無明」被消除，其他十一支因緣，就會逐支依次而
被否定，最後達到宗教解脫。

　　作為一個佛學大家，宗密自然知道印度佛學的中心論題——十二
支因緣。在他的著作中，曾不止一次的使用這一理論；但在解釋世間
現象和解脫方法時，宗密卻又另起爐灶，建立起上述的一套系統。從
這一點來看，宗密顯然表示他認為印度佛教的傳統哲學，不是解決問
題的最好和最有力的辦法，所以他才另行創造了自己的一套十條方
案。這一新的「十條方案」系統，不但是宗密特有的實踐哲學，更可
以被看作是中國佛學特點的最好說明❹。

　　和印度佛學相比，宗密的十項漸修實踐方法，雖然仍是以因果論
作為基礎，但也同時表現出宗密哲學中的三個特點，這些特點與印度
佛學中的因緣論有所不同。第一，以「絕對真心」作主體，認為它是
萬法之源。第二，雖然真心是永久性的，但在漸修的過程中，主要的
是在今生；不像印度的因緣論，把今生放在過去與未來之間。宗密的
實踐論是以今生為主，此地此時，才是實踐的焦點；他對過去和未
來，只是略為陳述，不像印度佛學那麼詳細推論。中國文化把重點放
於現在的特點，也由此可見。第三，印度十二支因緣各支，著重於抽
象概念；宗密十漸修所用的名詞，比印度各支的內容或名詞都要具體
得多。中國文化中的具體道德精神，在這一點上，也有所表現。

　　值得注意的是宗密的實踐哲學，不但包含著僧侶的修道方法，也
包含著對世俗人士的教導。他對俗人如何實踐佛教哲理的具體辦法，
可以從他寫給溫造 (766-835) 的通信中看出。宗密在那封信中，先談

❹　參閱作者英語論文：〈中國佛學中的存在與解脫法輪〉，刊於 Nagin J.
　　Shah 主編，*Studies in Indian Philosophy*（1981 年），頁 165-180。

一切眾生都具有覺性，以建立「頓悟」哲學的命題，然後討論漸修的必要，最後達到人人必然成佛的結論。接著對世俗人士提出了八句偈語，作為宗教實踐的具體方法。偈語是這樣的：

> 作有義事，是惺悟心。
> 作無義事，是狂亂心。
> 狂亂隨情念，臨終被業牽。
> 惺悟不由情，臨終能轉業。 ⑤

這八句偈語提出兩類修習，兩種原因，兩種原因的分析，以及兩種相反的後果。兩種修習就是有義意的事，和無義意的事。這兩類修習的基礎，就是兩類心：「悟心」和「亂心」。「亂心」是什麼呢？就是因為心隨情而狂亂；「悟心」指的是絕對真心，不受情感的牽擾。兩種心所引起的後果是相反的：

> 悟心 ──→ 有義事 ──→ 轉業。
> 亂心 ──→ 無義事 ──→ 牽業。

「轉業」指的是一個人的一切作為，都是依理而作，不受愛惡之情所干擾，到了命終去世的時刻，就能夠「業不能繫，隨意自在，天上人間」與今生不同。和此相反，如心隨妄念，不分是非，因情起行，就要造業，到生命終結之時，便會受業力牽引，受生來世，得到報應。從這些資料觀察，心是根本，報應是後果，事是實踐。偈語中把事分為兩類：「有義」和「無義」。它們的意思是什麼？宗密對這一問題，

---

⑤　《燈》，卷14；《大藏經》卷51，頁308b。

也有解釋。他說：

> 義為義理，非謂仁義、恩義意。明凡所作為，先詳利害。須有
> 所以當於道理，然後行之，方免同惛醉顛狂人也。就佛法中，
> 有三種義，即可為之：一，資益色身之事：謂衣食、醫藥、房
> 舍等世間義也。二，資益法身：謂戒、定、慧、六波羅密等第
> 一義也。三，弘法利濟群生也，乃至為法，諸餘緣事，通世、
> 出世也。❹

這三種有義的事，把物質生活和宗教要求，以及弘法所需，完全包括
在內，成為一套完備的實踐哲學，及其實踐的具體辦法。

四、「勘會」或「和會」

　　中國哲學有一個很突出的特點，就是當各派思想經過一個爭鳴的
時期以後，接著就會出現一種新的綜合思想。先秦時期，百家爭鳴，
接著就是黃老哲學。司馬遷所記的黃老傳統，正是一種綜合精神，這
一點在《史記‧六家要旨》中說得很清楚。董仲舒所代表的漢儒，魏
晉玄學，隋唐佛學，宋明理學，甚至於近代的「仁學」等等，都有這
種綜合傾向。多年以前，陳榮捷先生曾有一篇英文論著，題為〈中國
形而上學中的綜合精神〉，以「有與無」，「理與氣」，「一與多」，「人
與宇宙」，「知與行」等論題，說明中國哲學的這種特別精神❹。最近

---

❹ 同上。參閱作者論文：〈宗密著《道俗酬答文集》的研究〉，刊於《華岡
　佛學學報》，第 4 期，頁 132–166，特別是頁 142–144, 159–163。

❹ "Synthese in Chinese Metaphysics", 原載 *Essays in East-West Philosophy*,

劉子健先生在一篇論文中，特別指出，這種多元化的綜合精神，在中國傳統的「教」中，也是主要的特點❹。綜合精神很接近現代人所講的比較思想。比較思想的目的何在，大家的看法並不一致。有人認為比較思想是一種研究哲學的方法，通過比較去說明某些概念或哲學系統；另有一些人士卻更進一步，認為在比較各家思想的後面，就會上昇為一種新的哲學❺。如果比較思想只是一種研究方法的話，那麼實踐的性質多於理論性質。和此相反，如果比較思想是超越所比較的各家思想之外，形成一種新的理論，那麼這一種新理論無疑的變成一種新的哲學。這種分別方法對理解宗密的「和會」理論非常重要：如果他的「和會」，只是比較各家的宗教哲學和實踐方法，那麼「和會」就屬於「實踐哲學」。如果不是的話，「和會」就應當是哲學理論問題之一，也就應當放在本書上一章裏面去討論。

　　根據本書作者的分析，宗密的「和會」論，雖然具有方法和理論的雙重傾向，但是本質仍屬於實踐性質的哲學。他雖然在《原人論》裏，以一心開二門的方法，建立了一個包括佛、儒、道三家思想的新系統；但是這一個系統的重點，仍然是「絕對真心」。因此原故，他的和會理論只是把他的哲學核心思想，用於與其他哲學的關係方面而已。除開絕對真心以外，他並沒有另外建立起一個新的哲學體系。這種沒有其他新的體系，再加上實踐的目標與方法，就把宗密的「和會」思想，放置於實踐哲學的範疇，而不能算是核心理論。

　　又收入 Charles A. Moore 主編的 *The Chinese Mind*，頁 132–148。

❹　劉子健，〈中國式的信仰——用類別來解釋〉，刊於《漢學研究通訊》，卷4，第4期，頁 208–210。劉文說：「簡捷了當的說，中國以往的教，也就是信仰體系，是多種的。因為是多種，所以又成為複合的」。

❺　參閱 Archie J. Bahm 著，*Comparative Philosophy*。

　　宗密自言，他的「和會」思想，是根據他的自身經驗和時代需要
所引起的，並非是一套空想的理論體系。他曾說過：「宗密性好勘會，
一一曾參，搜得旨趣如是。若將此語問彼學人，即皆不招承。」❺從
這一段話中我們可看出，他的「勘會」乃是出於個人性格；他的「勘
會」方法，是「一一曾參，搜得旨趣如是」，用現代口語來講，就是
說他的勘會材料，都是親自蒐集各家之學；他的比較立場是客觀的，
所以和那些與宗派關係、思想主觀的人士不同。這種親手調查，客觀
分析都是富於現代學術中的科學研究精神。他的這種「勘會」，固然
是由於個人興趣所在，但也為解決實際問題，和時代的需要。關於他
自己的實際問題，宗密在寫給澄觀的信中，就曾有一段自白，說明他
當時所遭遇的困難。他說：

　　　配文則難為通會，章句浩博，因果重疊。理雖一味，勢變多
　　　端。差別義門，罔盡血脈。……
　　　每覽古今著述，在理或當；所限不知和會。❺

從這些自白中，我們可以看出宗密當時的困難，有兩個方面：一個是
在部帙龐大，差別甚巨的經義中，無法通會；一個是經義和禪法無法
和會。前者是理論方面的通會，後者是理論與實踐之間的和會。這兩
方面的問題，曾經困擾宗密；這兩個問題的解決，都需要通過通會或
和會。「通會」、「和會」、「勘會」都有共同的意思，在宗密的著作中，
常常互相交換使用。

　　在宗密看來，未能和會諸家不僅是他一個人的困難，也是一個廣

---

❺　《禪門師資承襲圖》，頁 315。

❺　〈遙稟清涼國師書〉，見《大藏經》，卷 39，頁 576c–577。

義的時代疾病。不但在宗教哲學的領域中，存在著嚴重的教條主義，就是在宗教的實踐中，也存在著激烈的宗派爭論，彼此衝突，以致各宗的信徒忙於爭辯，反而耽誤了宗教生活。宗密對這種沉重的時代病症，有親身的感受，也有清楚的觀察，所以他在《禪源諸詮集都序》中說：

> 今時禪者，多不識義，但呼心為禪；講者多不識法，故但約名說義，隨名生執，難可會通。❷

這是禪者和講者之間的隔閡：習禪的人著重於個人的生活經驗，很容易陷入宗派主義。以宗教思想為重的講者，對書中的名詞義理，非常重視，很容易變成書呆子或教條主義者。其結果是禪者輕視教理；講者死記書中的概念和名詞，忽視現實生活問題。「約名說義」的結果，不但無法解決已有的問題，反而「隨名生執」引起新的糾紛。

　　這種矛盾不但存在於宗派和教條之間，就是在理論者的內部，也有爭論。宗密曾經指出：

> 哀哉！此方兩宗後學經論之者，相非相斥，不異仇讎，何時得證，無生法忍？❸

宗密進一步說明，在他的心目中，哲學概念的本身問題不大；但是如果把這些概念局限一隅，當作是唯一的和最高的真理，作為排斥其他宗教思想和實踐方法的根據，後果就嚴重起來：

---

❷　《禪源諸詮集都序》，頁 65。

❸　同上，頁 126。

或空、或有、或性、或相，悉非邪僻。但緣各皆黨己為是，斥彼為非，彼此確定。❼

這種「黨己為是，斥彼為非」的爭論，不但與宗教解脫的大前提無關，反而引起敵對狀態，形成宗教修習過程中的新障礙。宗密形容當時的激烈爭論，已經是「以冰雜火，勢不俱全」❼。

佛教內部的矛盾，不但存在於哲學理論之間，並且存在於以實踐為主的禪宗各派之間。宗密是圈內人士，他對禪宗內部七家爭雄的局面，有第一手的經驗與深刻的感受。他曾不止一次指出禪宗內部衝突的幅度和深度。例如他曾經說：

南能北秀，水火之嫌；荷澤洪州，參商之隙。❼

不但禪宗的南北兩宗，龍爭虎鬥，勢成水火，沒有共存的可能；就是皆以「頓悟」為號召的南宗各派，意見也不一致。他在《禪門師資承襲圖》中，曾以荷澤一系的禪學為基點，對當時流行的幾家禪法，作了總批判。他說：

洪州常云：貪瞋慈善，皆是佛性，有何別者？如人但觀濕性，始終無異。不知濟舟覆舟，功過懸殊。故彼宗於頓悟門，雖近而未的；於漸修門，有誤而全乖。
牛頭以達空故，於頓悟門而半了；以忘情故，於漸修門而無

---

❼ 同上，頁49。

❼ 同上。

❼ 同上，頁59。

虧。

北宗但是漸修，全無頓悟。無頓悟故，修亦非真。荷澤則必先頓悟，依悟而修。**⑰**

從宗密的這一段評論中，我們可以看出禪宗內部的爭論，確實是十分錯綜複雜。北宗的禪法，固然早已被神會貶為「漸門」，牛頭一派異軍突起，南宗內部的洪州、荷澤兩家也有爭論。屬於這些派系的信徒，都把本派的教義，看作是金科玉律式的絕對真理。其後果是可以想像的。宗密指出這種情況說：

非唯汎語，而乃確言。確弘其宗，確毀餘類。後學執言迷意，情見乖張。爭不和會也！**⑱**

宗密在這一小段話中，用了三個確字。確字義為堅，或為剛貌。「確言」用現代話來說，就是「確定而強硬的議論」。禪宗各派用它們堅定的立場和議論，堅決的擴大它們的宗派，堅決的摧毀其他反對力量。更可怕的是這些宗派的後學們，居然把這些確定而強硬的論調，當成真理；其結果使得他們意迷情亂，死鑽牛角尖。宗密批評這些宗派主義者的毛病，是「爭不和會」。其實禪宗當時的內部不和，是許多有識之士都看得到的。和宗密同時代的著名文學家和思想家柳宗元，就曾在他為一位名叫海禪師的碑文中寫道：

由達摩至忍，五世而益離。離而為秀為能，南北相訾，反戾鬥

---

⑰　《禪門師資承襲圖》，頁 341。

⑱　《禪源諸詮集都序》，頁 48–49。

狠，其道遂隱。㊾

由此可見禪宗的內部「相訾」和「鬥狠」，已是當時大家所熟知的事。宗密和別人不同的地方，是他不僅是看見了那種激烈的宗派鬥爭，並且為那一困難問題，找到了一種解決辦法——「和會」。這是他的貢獻之一，也是他和別人不同之點。這也是一個圈內人士和圈外人士所不同的地方。圈內人士除開敏銳的觀察能力之外，還需要具有一份責任感。不僅要會觀察，會分析，並且還要為那些問題找出解決的方案。

　　「和會」是解決教義和宗派衝突的唯一辦法，但是和會在理論上是否可能？要回答這一問題，必要對教條的形成與宗派主義能夠成立的原因加以分析；也要對和會的可能性作理論上的考察。本書前面曾經指出，不能和會的主要原因，是每個人的資質不同，他們對問題的觀察、分析及解決辦法，可能都有一得之見。就其可以解決問題一點上說，這本來是一件好事；不幸的是有些人硬要堅持這種一得之見，認為這一得之見是真理全體，不看具體環境和人物對象，就把這一得之見強加到別人的頭上。結果是不但無法解決問題，反而使強加上的解決辦法，成為新的問題。怎麼處理這一種困難呢？宗密主張以「頓悟」的辦法，直見人心，擴大個人的眼界，使他認識到自己具有全部真心，與佛無異，也和其他人沒有本質上的差別。再以「漸修」的方法，清淨個人的思想和行動，從而使真心顯發，體用如一。既然不分人我，更不會有宗派衝突或理論矛盾。這就表示在宗密的心目中，「和會」是有可能性的。由於人人都有相同的真心，也就是「佛性」，這就使「和會」有了本體根據。

㊾　《註釋音辯唐柳先生集・龍安海禪師碑》，頁 40a。

「和會」可能的第二項根據，是佛教中的一切教旨和修道方法，都是由佛陀所說，都是佛陀本人的意思，因此不可能自相矛盾；何況佛陀是一個「聖人」。宗密在《禪源諸詮集都序》中指出：

> 經是佛語，禪是佛意。諸佛心口，必不相違。諸祖相承根本，是佛親付。菩薩造論始末，唯弘佛經。**⑥⓪**

這就清楚說明，不但佛所說的經文和他所示的「意」，不會自相矛盾；甚至那些造論的菩薩，也都是以經為準。既然經文本身不可能自相矛盾，論書又是以經文作根據，那麼千枝萬葉，同出一根，「和會」的標準，自然也就出現。這是「和會」可能性的第二個根據。

既然經文和論書是一致的，那麼經、論所載的「理」，也應當是一致的。宗密對這個問題的探討，正好吻合他的斷論。他說：

> 至道歸一，精義無二，不應兩存。至道非邊，了義不偏，不應單取。故必須會之為一，令皆圓妙。**⑥①**

從這些理由來觀察，宗密的觀點已經十分清楚：「和會」不但是當時所急須的哲學與實踐問題，並且也有足夠的理由，證明「和會」不是空頭理論，而是可能實現的。

既然理由已經找出，還須要為「和會」找出更具體的辦法。如果這一點不能作到，「和會」的意境雖然高妙，仍然會流於空談。宗密在他的著作中，有許多地方都談到這一問題。他對這一問題的討論，

---

⑥⓪　《禪源諸詮集都序》，頁44。

⑥①　同上，頁49。

頗具比較哲學方法論的興味。這在中國哲學史上，特別是在傳統哲學
中，還是一個很少被人討論過的問題，值得特別加以留意。他所提出
的和會辦法，並非是天外來風，也不是奇峰突起，而是緊貼著和會可
能的理由。其中涉及的題目，包括理論與經典權威，爭論的標準，文
字與實義，以及人類資質的限制與宗教解放等。

　　宗密認為想要息紛和諍，一定要先建立一個權威性的最高理論標
準。他更認為在佛學的範圍內，最高的權威應當是佛經。其他的各家
論疏、註釋、偈語、著述，都是從佛經中發展而成。如果宗派爭論的
依據是上面所講的那些論、疏、註、偈等等，那麼那些爭論的解決辦
法，必需要超越各家，直達本源。直接從佛陀本人的說教中，去尋求
一項權威的標準。在這一基礎上，宗密為他的和會方法論，建立了第
一個標準：

　　　　經如繩墨，楷定邪正者，繩墨非巧，工巧者必以繩墨為憑。經
　　　　論非禪，傳禪者必以經論為準。 ❷

「繩墨」就是木匠所用的墨斗，其中有線可以拉出，在木料上打線為
印，作為裁鋸的標準。為什麼要用佛經作權威標準呢？理由是明顯了
當，佛教是由佛陀所創建的；佛經是佛陀本人的「金口玉言」。雖然
現代學者大多相信，大乘佛教經典是許多後代僧侶學者根據佛教精神
而創作，又得到佛教教團的認可，並非真的是佛陀本人的直接說教。
但是這只是現代學人的問題，中古時代的僧侶學者，多數仍認為所有
經典都是佛所說的。宗密所持的態度，也屬於這一類型。所以他堅決
反對禪僧們所倡言的「教外別傳」等極端說法。他認為如果禪宗的修

---

❷　同上，頁 54。

習辦法，與佛經所說相違，仍然應該以佛經作標準，「楷定邪正」。他對這種立場加以解釋說：

> 經是佛語，禪是僧言。違佛遵僧，竊疑未可。 ㉖

困難的事實是如果佛教界的衝突，只限制在禪、講之間的話，用「經如繩墨，楷定邪正」這一標準，作為達成「和會」的方法，自無不可。但是事實並不是那麼簡單，因為佛經的本身就不一致，存在著內在的矛盾。否則的話，教派怎麼會有長達千年之久的爭論，得不到解決辦法。宗密也看到這一問題，他對這一問題的解決辦法，是「經有權實，須依了義」。所謂「權」就是「善巧方便」，指的是為適應實際環境和聽眾水平所說的那種部份真理；「實」指的是最高而真實的真理；「了義」意為全部的意義。宗密對這一點，也有解釋：

> 佛說諸經，有隨自意語，有隨他意語；有稱畢境之理，有隨當時之機；有詮性、詮相；有頓、漸、大、小；有了義、不了義……㉗

從上面的引文和討論中可以看出，宗密在建立和會權威標準上有兩點原則：第一，如果分歧出現在佛經和其他論著之間，那麼就應該以經文為準。第二，如果佛經經文內部有了矛盾，那麼就應該以「了義」經為標準。但是什麼是「了義」經呢？宗密曾經指出他認為的「了義」，包括《法華》、《涅槃》、《圓覺》、《佛頂》、《如來藏》等二十多

㉖　同上，頁 59。

㉗　同上，頁 55。

部大乘經典，尤其是《華嚴經》和《十地論》，比上述的二十多部經文更為重要❻。因為那兩部經論中所討論的教義，都達到了「因該果海，果徹因源」，不是其他經論可以達到的境界。在這個問題上，宗密可能有一點宗派性的偏見，因為他在佛教教義上是推崇華嚴宗的。我說他是可能有一點宗教偏見，而不是說他的觀點全是偏見還有別的原因。這就是《華嚴經》這部書在中國各家的「判教」中，一般被看作是教義最深的一部經典。從這一點上評論，宗密的推崇《華嚴經》，應當不是純粹的宗派觀念在作祟。

宗密「和會」方法的第二項標準是「量有三種，勘契須同」，這是從邏輯上解決爭論的方法。這裏所說的「量」是梵文 Paramāna 的譯語，是佛教邏輯學的根本標準。宗密對這種邏輯標準的原理，也有簡短的評論：

> 西域諸賢聖所解法義，皆以三量為定。一比量、二現量、三佛言量。量者量度，如升斗量物，知定也。比量者，以因由譬喻比度也。如遠見煙，必知有火。雖不見火，亦非虛妄。現量者，親自現見，不假推度，自然定也。佛言量者，以諸經為定也。❻

宗密的意思是印度聖哲對佛教哲學的判斷，是根據三個標準作決定的：比量是邏輯推理，相當於西洋哲學中的 Inference（推論）；現量相當於 Direct Experience（直接經驗）；佛言量則是宗教哲學的特別產物，用這一「量」，決定某些思想概念的正或邪。

---

❻　同上，頁 185。

❻　同上，頁 56–57。

宗密不僅懂得印度佛教邏輯的三量,並且對三量的關係和運用方法,也有他自己的體會。他認為只有三「量」契同,才能被確認為是正理:

> 勘契須同者,若但憑佛語,不自比度,證悟自心者,只是汎言,於己無益。若但取現量,自見為定,不勘佛語,焉知正邪?……若但用比量者,既無聖教及自所見,約何比度?比度何法?故須三量勘同,方為決定。❻❼

作為一個宗教的實踐者,真理推論,自身經驗,和經典的規範,都是必須的。沒有對真理的推論,一個修道者的眼界是有限的。看不到宗教解脫的遠景,更無法突破現在的經驗。只有自己的體驗,也無法鑒定這些經驗是正是邪,必須要驗諸經典,才能得到正確的答案。和上面講的情形相似,如果只注重佛語,死讀經文,不證自心,要經何用?這就像慧能回答法達和尚的問話一樣:「心行轉法華,不行法華轉」❻❽。「法華轉」就是說不是你讀經,實在是經讀你。如果沒有「現量」和「佛言量」,「比量」既然無物可比,也沒有可比的標準。

三量勘同是宗密和會禪行及傳統佛教哲學的主要方法之一。在他看來當時的禪者,許多人已具有直接經驗(「現量」)和推理(「比量」)知識;就是缺乏佛教的權威標準。只有把自身的經驗與推理,「更以經論印之」❻❾,被「佛言量」證實,才能算是定理。這種必須

---

❻❼　同上,頁 57。鎌田本無「自心」兩個字,今從五山版及金陵刻經處刻本卷 1,頁 16。

❻❽　《燉煌出土六祖壇經》,頁 103。

❻❾　《禪源諸詮集都序》,頁 57。

以佛言證實禪宗經驗，是宗密和神會禪學不同的要點，這也是宗密的哲學特點。他比神會更理性一點，更接近傳統佛學，更有系統一些。因為一些禪者就是沒有作到這一點，才被人譏為「狂禪」。狂熱的破壞和激烈的革命，在某一種特定的歷史環境下，自然是必要的，否則時代無法進步。這就是《易傳》中所說的「窮則變，變則通」❼⓿。這就是神會的歷史成就。但是如果只破不立，不斷革命，恐怕結果會更可怕一些。宗密看到禪宗的歷史發展所引起的弊病；「和會禪教」是他提出的對治方案；三量勘同是他的和會方法。

　　宗密「和會」的第三個方法，就是忘言取意。道家思想從老、莊開始就認為意在言外。《老子》的「道可道，非常道」及《莊子・外物》中的「得魚而忘筌」、「得兔而忘蹄」、「得意而忘言」❼❶，都是這一思想的最好說明。魏、晉玄學對這些概念有更進一步的發揮。宗密就曾特別引用過《周易略例・明象》內的一段話，說明言、象、意三者之間的關係。

　　　言生於象，故可尋言以觀象。象生於意，故可尋象以觀意。
　　　……故得象忘言，得意忘象。❼❷

宗密早年曾讀過不少儒、道經典，在語言與真理的關係上，他無疑的也受到玄學的影響，特別是來自王弼 (226–249) 等人著作的影響。再

---

❼⓿　見《周易大傳今注・繫辭下》，頁 562。

❼❶　參閱《道德經》，第一章；《莊子今注今譯・外物》，頁 725。關於玄學中語言文字與真理之間的關係，參閱《湯用彤學術論文集》所收〈言意之辨〉，頁 214–232。

❼❷　《鈔》，頁 222b；參閱《王弼集校釋》，頁 609。

加上佛教典籍裏面，也有主張「真實離文字」一類的說法。宗密在這一問題上，融合佛、道兩家之長，主張以「忘言取意」的方法，達到宗教和會的目的。

　　在宗密的哲學系統中，最高的真理就是真心，也叫做「佛性」或「如來藏」等。這一真心是超越一切世間現象，包括言語、文字、概念在內。他在解釋這一點時說：

　　離言：是故諸法，從本已來，離言說相、離名字相、離心緣相……**⑦**

絕對真心的本身，雖然是和言說、名字、心緣是兩回事，但是在另一方面卻又永遠是一切事相的根本。作為一種宗教哲學，這一與世界相即而又相離的真理，只有通過言說、名字、心緣這一連串的事相，才能被人理解，才能使人頓悟真心，達到解脫，盡去煩惱。因此之故，就產生出兩層困難：第一，明知言語文字不是真理，但仍須要用言語文字，真理才能被人理解。第二，一旦學人發現言語文字有用，就對這些名相產生執著，造成得言忘意的反效果。宗密首先說明，宗教體驗和語言文字雖然有關，但絕對是兩種不同的事物：

　　欲求佛道者，豈不見現，識字看經，元不證悟；銷文釋義，唯燧貪、瞋邪見。**⑦**

宗密理解到言語文字的用處，也看到言語文字如果使用不當，可能造

⑦　《禪源諸詮集都序》，頁236。

⑦　同上，頁35。

成的惡性後果。為了消除這一種可能的惡果，宗密一再指出言語文字只是一種有限度的工具，不能對這種工具誇大，更不應當由此產生執著。他說修習宗教的目的，不是「但執名教」，而是要「了自心」：

> 但得情無所念，意無所為，心無所生，慧無所住，即真信、真解、真修、真證也。若不了自心，但執名教，欲求佛道者，豈不見現，識字看經，元不證悟。**⑦⑤**

他特別舉出佛陀的親傳弟子阿難，親身侍奉佛陀，見聞最廣；可是直到佛陀去世，還沒有得到羅漢果。直到他用其所聽到的教義，反照自心，才能即證真理。他用這一事例，說明言語文字與真理證悟是兩回事。他說：

> 況阿難多聞總持，積歲不登聖果；息緣反照，暫時即證無生。即知乘教之益，度人之方，各有其由，不應於文字而責也。**⑦⑥**

由於這種反照功夫，是宗教實踐而不是一種理論，想用言語文字來表達這種體驗，是一件非常困難的事。宗密以禪宗的宗旨，說明這種困境：

> 然禪門之旨，在乎內照。非筆可述，非言可宣。言雖不及，猶可強言；筆不可及，直難下筆。**⑦⑦**

---

⑦⑤　同上。

⑦⑥　同上。

⑦⑦　《禪門師資承襲圖》，頁 295。

「言雖不及，猶可強言」這句話，是套用《老子》第二十五章：「吾不知其名，字之曰道。吾強為之名，曰大」的那一段文字。言語、文字等工具既然不足表達真性，反而附帶著不良的副作用，為什麼人們還要使用這一工具呢？宋代的禪宗歷史學家王隨 (973–1039) 在《傳燈玉英集》，對這一問題加以回答：

　　夫道本無名，因名而顯道。法本無說，因說以證法。❼❽

這足以說明言語名字雖然不足以言道，但欲顯道證法，主要還得使用這一工具。但是工具不是目的，名相並非真性。剛巧相反，真性只能證悟，不能言傳。因之欲求證悟，一定要「離言離名」。宗密指出：

　　性不易悟，多由執相。故欲顯性，先須破執。❼❾

這裏所執的「相」，自然包括前面曾討論過的「言說相」、「名字相」等。這就是他所說的：「重得意，不貴專文。」❽⓪想要得意，就必須先破執。欲求破執，先要明曉執是從那裏生起的。宗密清楚指出說：「隨名生執，難可通會」❽①。「名相」正好是執的根源，所以在使用名相之後，一定有「離名，離相」的這一段功夫，才能得到解脫。
　　既然理解言語文字，理論概念都是方法，而不是目的，尋求宗教解脫的人士，就可以在離名離相以後，更深一層達到和會。這一層功

---

❼❽　《中華大藏經》，第一編，第 76 冊，頁 32928b。

❼❾　《禪源諸詮集都序》，頁 81。

❽⓪　同上，頁 39。

❽①　同上，頁 65。

夫，叫做「玄通」，或者「冥通」。這是達到和會的最後最深的方法。
他說：

> 佛出世立教，與師隨處度人，事體各別。佛教為萬代依憑，理
> 須委示；師訓在即時度脫，意使玄通，玄通必在忘言。故言下
> 不留其跡，跡絕於意地，理現於心源，即信解修證不為，而自
> 然成就；經律論疏不習，而自然冥通。❷

這段話說明宗密認為在佛教教學的傳統中，有兩種現象：一種是傳統
的佛教，記載於經、論、律、疏裏面；另一種是禪師們所傳的禪法。
傳統佛法和禪法之間不同，「事體各別」。佛法必須要「理須委示」。
委字意為「聚積」，指的是經、律、論中所記的佛法，累積著各種說
理。長期聚積的結果，造成了讀者的負擔。宗密以他自己的經驗，道
出經書太多所造成的困難：

> 章句浩博，因果重疊。理雖一味，勢變多端。差別義門，罔盡
> 血脈。❸

經書太多，內容太雜，勢變太繁的結果，使讀者不知道誰對誰錯，莫
知所從。為了避免這一極端，禪宗才提出了「不立文字」的口號。宗
密又說：

> 但佛經開張，羅大千八部之眾；禪偈撮略，就此方一類之機。

> 羅眾則溔蕩難依，就機則指的易用。 ❽

禪偈的好處是簡易明了，直指目標。這個目標就是宗教解脫。這種解脫正是佛經中所說的解脫。一個修道者如果能達到這種境界，已得到佛經中所指的結果，自然不須再習經論，因他當時所到的境界和經中所說的境界已經「冥通」。

禪偈的好處是撮略簡短。禪師們按照當時的條件——「機」，選擇最直接和有效的方法，完成宗教使命。宗密認為這一種宗教方法的要點，切合實際情況：

> 舉要而言，但是隨當時事，應當時機。何有定法，名阿耨菩提？豈有定行，名摩訶般若？ ❽

話雖如此，這種當時應機的禪偈，只是個別人士在個別條件下所得的經驗，不能被看作是通理，因其本身存在著很大的局限性。只有通過達理、與理「冥通」的功夫，才能體會到「至道歸一，精義無二」❽。與理「冥通」，就是知情去執。宗密說：

> 況所難之者，情皆偏執，所執各異，彼此互違。因決甲疑，復增乙病。 ❽

---

❽　《禪源諸詮集都序》，頁 33。

❽　同上，頁 35。

❽　同上，頁 49。

❽　同上，頁 59。鎌田所據高麗本及新文豐翻印的木刻本《禪源詮》，卷 1，頁 16 下，皆作「因決申疑，復增己病」。今從日本五山版讀「申疑」、

因有情之所好，才有偏執。所執不同，才產生意見衝突。為解釋甲方的困難，反為乙方帶來新問題。世事擾攘，都是如此而起，爭論無休。

想要去執通冥，就必須打破教條主義、宗派主義等所造成的局限性。所以宗密指出：

> 舉要而言：局之即皆非，會之即皆是。 **88**

打破各種理論、各種經驗、各種偏執，才能真正理解「精義」，證得「至道」，平息不必要的爭論和敵視。

通過以上的分析、理論和方法，宗密完成了他的和會理論，為中國哲學史上對這一問題的處理，寫下了光輝燦爛的一頁。

「乙病」為「甲疑」、「乙病」。

88　同上，頁 49。

第六章　學術地位及其影響

　　宗密的一生，思想活躍，著述勤奮，他的學術活動和哲學思想，牽涉的範圍甚廣，引起的回響和餘波也相當巨大。從學術史的角度來觀察，宗密的註疏生涯，禪宗歷史著作，哲學思想和宗教實踐方法，特別是和會思想，都對後世中華許多佛學家有著深遠的影響。作為一個有系統的哲學家，宗密對佛、儒、道三家的批判，和他自己的創見，對宋、明儒家的形成，也產生了正的和副的作用。從文化地理而論，宗密的著作和思想，對韓國和日本某些佛教大家，不但產生了一般的影響，而且在某些方面，甚至成為佛學的主流。他的這些卓越成就，因為現代中國佛學研究園地的衰蕪，一直很少受到學術界的注意。這種情況直到近二、三十年間，才慢慢因學術研究的進展而有所改變。

　　思想影響是一個複雜的問題，它既不是完全照抄前人的理論和著作，根本沒有什麼新的發展；也不應當是毫無歷史線索，包括思想方法在內，而去硬拉關係。不過在思想脈絡方面，有時雖然看不見文字的痕跡，卻仍然可以從哲學論題和思想發展的層次中找到線索。例如宗密對中國傳統哲學的批判，和宋明儒家的某些論題，就是一個例子。總體而論，宗密對中國及東亞佛教思想的影響，多是明顯易見，有正面作用，也有反面的衝激。他對儒家的影響，雖然也有正、反的分別，但是直接的材料非常有限，間接的反應卻是仍然有跡可查。

一、對延壽的三點影響

就中國佛教史來說，從宗密思想中受到啟發而且成就最大的學者，應該首推五代吳越王國的高僧延壽 (904-975)。延壽也是在壯年時棄官出家，一度先學天台佛學，後入禪宗，以禪教並重為號召，但又歸心淨土，主張念佛。延壽的名聲，遠馳三韓，著有《宗鏡錄》一百卷，《萬善同歸集》三卷，《唯心訣》一卷，及其他詩文多種。宗密對延壽的影響，可以分三個方面討論：心為萬法之源，禪教相即，治學方法。

延壽在他的著作中，一再反復說明，他的哲學中心是以「一心為宗」的。這裏的宗，就是《宗鏡錄》裏的那一個「宗」字。為什麼要立心為宗呢？延壽解釋說，因為心「乃萬化之原，一真之本」❶，「心也者……萬法資始也」。這一絕對真心，一方面是現象世界的根源，另一方面卻又是超越一切現象的。延壽說：

> 詳夫心者，非真妄有無之所辨，豈文言句義之能述乎？❷

這一絕對真心，雖然本身超越語言、文字及真妄、有無等哲學範疇，但卻並不能被認為是空虛而不實的。延壽說：

> 何謂一心？謂真妄染淨一切諸法無二之性，故名為一。此無二處諸法中實，不同虛空，自性神解，故名為心。❸

---

❶ 《宗鏡錄》，卷27；《大藏經》，卷48，頁 569b-c。

❷ 《唯心訣》，見《大藏經》，卷48，頁 993c。

延壽思想體系的中心，和心與現象世界的關係，都使讀者想起宗密思想的核心——絕對真心。延壽對真心的描繪，在細節上與宗密的字句，雖然不是全然相同；但是其基本概念，如「心是法源」、超越真妄、有無之分，和宗密所說的真心，並無差別。

在禪教一致這一點上，宗密對延壽的影響，更為明顯。他在《宗鏡錄》中指出，禪宗「非是一向不許看教，恐慮不詳佛語，隨文生解，失於佛意，以負初心」。他又引用藥山和尚為證，說明禪宗的許多思想家，包括一部份祖師在內，都是「博通經論，圓悟自心」。這種禪教相即的理論基礎，正是建立在宗密的哲學上面。延壽引用了宗密的一段話，作為解釋：

> 經是佛語，禪是佛意。諸佛心口，必不相違。❹

延壽對中國佛教的批判，雖然以天台、賢首、慈恩三家標名，但是在實際的分類上，仍然是宗密所分的「依性說相」、「破相顯性」與「真心即性」等三種分類法。延壽折中三種佛教的辦法，是「心宗要旨」；這一中心概念也正和宗密的「心通性相」一致。

上面曾經討論過，宗密的治學方法是要「以教照心，以心解教」❺。他所說的「心」，就是絕對真心。他的這一套方法，不是從書本中學到的，而是從自己的宗教體驗中所發現的。他在 811 年寫給澄觀的書信中，就曾自述他閱讀中華佛典《華嚴法界觀門》時，所感受的困難，正是中華著作常與印度的佛教經典，連接不起來。他當時

---

❸　《宗鏡錄》，卷 2，頁 425b。

❹　同上，卷 1，頁 418b。宗密之原文，見《禪源諸詮集都序》，頁 44。

❺　《禪源諸詮集都序》，頁 44。

覺得《法界觀門》雖然對他個人的宗教問題，產生了「離情隨照」的
效果；但是作為一個學者，他總覺得那本中國佛典仍然是「配文則難
為通會，章句浩博，因果重疊。理雖一味，勢變多端。」❻經過了二
十多年以後，直到宗密編纂《禪藏》時，才摸出了解決那一難題的辦
法。那種辦法是「先錄達摩一宗，次編諸家雜述，後寫印宗聖教。」❼
這裏所說的「印宗聖教」，指的是中文翻譯的天竺佛經。為什麼要把
天竺佛經放在最後呢？宗密對這個問題，也有解釋：「聖教居後者，
如世上官司文案，曹判為先，尊官判後也。」❽佛教是由印度創建，
然後流入中國，以經為準，是很自然而合理的看法。

延壽在撰寫《宗鏡錄》中，正好也用的是這一套方法。他在那部
巨著中，徵引佛經一百二十種，祖師語錄一百二十種，聖賢作品六十
種。這本書的結構前六十卷是《宗鏡錄》的主題——「立宗」；從第
六十一到第九十三卷是「問答章」，解答學者們對此書主題的「疑
情」；其餘七卷，用於「后引真詮」。這些真詮中，包括大乘典籍和祖
師語錄。這種治學態度和編纂方法，正好與宗密所建立的治學道路，
完全一致。自然延壽的《宗鏡錄》和密公所編的《禪藏》並不是一個
時代，也不是完全相同。例如《宗鏡錄》用了六十章的卷帙，「先立
正宗，以為歸趣」❾，遠比宗密在《禪源諸詮集都序》或《原人論》
中所說的「真心」，更為細緻，更有系統，更有說服的力量。又像《宗
鏡錄》中引用的祖師語錄，有多種書的寫成日期或祖師年代都在宗密

❻ 〈書〉，《大藏經》，卷39，頁576c–577a。

❼ 《禪源諸詮集都序》，頁254。

❽ 同上，參閱作者論文：〈敦煌寫本《禪源諸詮集都序》對中國思想史的貢
獻〉，《敦煌學》輯12，頁5–12。

❾ 《宗鏡錄‧序》，見《大藏經》，卷48，頁417a。

以後，《都序》自然不可能利用這一類的資料。

　　《宗鏡錄》中在不少的地方，一再引用宗密的文字，證明延壽的宗教理論，尤其是在一些關鍵性的問題上，依靠《都序》的話，更值得學者們加以注意。

　　五代以後，再沒有其他佛學家，像延壽一般受到宗密思想或治學方法的全面影響。但在禪宗歷史，經論疏註，和會禪教等問題上，宗密的著作、立場、和思想，仍然產生了長遠的反響。初看之下，有些問題好像是單純的歷史爭論，與哲學無關；但如更深一層去探索，在歷史問題的基點上，仍然存在著哲學根據。禪宗歷史紀錄的分歧，就是一個最好的說明。

二、禪宗歷史的爭論

　　宗密的宗教生涯，以習儒為起點，以佛學為終結；而他的僧侶生活，卻是以入禪門為開始，以華嚴祖師的身份而結束。他的多次改變宗教信仰，曾使他成為一位引人爭論的歷史人物。裴休曾經在宗密的碑文中指出，宗密在世的時候，就曾有人非議，說他「不守禪行，而廣講經論；遊名邑大都，以興建為務。」❿這種對宗密的批評，並沒有因為他的去世而消失，因為西元第十世紀末年，當贊寧編寫《宋高僧傳・宗密傳》時，仍然存在著「密師為禪耶？律耶？經論耶？」⓫一類的問題。不僅他的宗教信仰，招人非議；而他的禪宗歷史著作，也引起了一段宋代初年的大辯論。

　　那次爭論的開始，是天台宗的大學者知禮 (960–1028)，在他的

---

❿　《碑》，見《萃》，卷114，頁 6d。

⓫　《傳》，見《大藏經》，卷 50，頁 742b。

《十不二門指要鈔・卷上》，記載了一段話，要點是這樣的：

> 問相傳云：達磨門下三人，得法而有淺深。尼總持云：斷煩惱、證菩提。……慧可云：本無煩惱，元是菩提。師云：得吾髓。❶❷

上面的這一段話，現存於宗密所著《禪門師資承襲圖》裏面。知禮博學，在他回答上面的問題時，馬上指出那一段話是宗密所記的「異說」，與宋初禪宗門徒的標準歷史如《祖堂集》、《傳燈錄》所記不同。知禮還要求他的信徒，「不可以圭峰異說，而格今家妙談。」❶❸儘管知禮對宗密的禪史紀錄，還是有所保留，但是他仍把那一段引自宗密著作的話，保留在書中。這就引起了禪宗僧人的不滿。當時天童山景德禪寺的主持名叫子凝，給知禮寫信抗議，說《十不二門指要鈔》中所引，「達磨門下三人」的那一段話「得自何人」？並指責知禮不應當把「道聽途說，將為正解。」❶❹知禮在他的回書中，標明那一段禪宗史話，並不是什麼「道聽途說」、「鄙俚之談」，而是出自《圭峰後集》。他又將宗密其人其書加以介紹，並且推崇。知禮說：

> 此之《後集》，印本現存。南北相傳，流行不絕。曾逢點授，因是得聞。而況有唐圭峰禪師，帝王問道，相國親承。和會諸宗，集成《禪藏》，製《禪源詮都序》兩卷，及茲《後集》，為

---

❶❷　《大藏經》，卷46，頁707a。

❶❸　同上，頁707b。

❶❹　知禮和子凝的通信原文，見《四明尊者教行錄・四》，《大藏經》，卷46，頁894–896。文中所引字句，在頁894b。

世所貴。何謂鄙俚之談，豈是道聽途說？ **⑮**

禪宗的主持子凝和尚，對知禮所「徵引」的源流，並不信服，他又寫了第二封信，對宗密與荷澤一系的禪法，加以攻擊。他說荷澤神會是「知解宗徒」早為「祖師昔記」 **⑯**。又說荷澤一系的「知之一字是眾妙之門，今達摩所傳，靈知而已!」這種說法和禪宗的傳統權威歷史不同。子凝又批評宗密「深推荷澤，輕視牛頭。矛盾之言，洋洋於外。」 **⑰**

　　佛教內部的爭論，有些是教義的分歧，屬於宗教哲學範圍，有些則是單純的門戶之見，可以說是歷史問題。例如這裏對達摩三個弟子得法深淺的爭辯，就是門戶之見的一個例子。宗密的記載，固然是找不到早期的旁證，只能被看作是西元第八世紀後葉到第九世紀前期，流傳的說法之一，固應不能被認作是早期的禪史；就是禪宗後來的權威著作，如《祖堂集》，《傳燈錄》一類著作，對早期禪史的追述，同樣是矛盾百出，無有具體而可信的歷史事實可作根據。這一點已為現代許多學者所指出，不必再作討論 **⑱**。

　　子凝禪師指責神會為「知解宗徒」，「祖師昔記」，也是後起的說法，只見於宗寶本《六祖大師法寶壇經》。此書編定於元代，其中有

⑮　同上，頁 895 上。

⑯　同上。

⑰　同上。

⑱　參閱胡著，《胡適學術文集》，頁 198–319；印順著，《中國禪宗史》，頁 24–37；拙著，〈中國早期禪法的流傳和特點〉，刊於《華岡佛學學報》，第 7 期（民國 73 年），頁 82–86；關口真大著，《禪宗思想史》，頁 1–74；鈴木大拙著，《禪思想史研究第二》；柳田聖山著，《初期禪宗史書の研究》等。

神會的一段記載，比其他的本子多出下面的一段話來：

> 師曰：向汝道無名無字，汝便喚作本源佛性。汝向去有把茆蓋
> 頭，也只成個知解宗徒。❶⑨

這幾句話不見於《壇經》其他的本子，所以印順認為是「反荷澤的洪
州、石頭門下」所編，看起來是可信的❷⓪。宗寶本《壇經》雖然成書
甚晚，但是攻擊神會「只成個知解宗徒」之說，在宋初早已存在。那
時荷澤一系的禪法，有的已經化入華嚴、有的消沒無聞；後期的五葉
禪法和他們所傳的歷史，已經風行中華南北，被認為是正統。他們對
荷澤一派的禪法有所非議，是可以理解的一種發展。宋初的禪宗主
流，有兩點明確的特色，其一是大呼「直指人心，見性成佛」。這一
口號對傳統的佛教經典理論加以排斥；其二，卻又在「不立文字」的
同時，建立起了一套「教外別傳」的禪宗文字，所謂「正宗」傳統，
也就是子凝禪師給知禮信中，一再提起的《祖堂集》和《傳燈錄》等
一類的禪宗歷史。

　　宗密的哲學核心是「絕對真心」，「知是心體」；他的宗教實踐是
「頓悟漸修」，「和會禪教」。知是心體和和會禪教都含有包容精神，
這和後期禪宗的主流思想——排斥其他佛教宗派的態度絕不相同。宗
密受到禪宗宗派主義者的批評，固應是理所必然的事，例如南宋的禪
宗名匠大慧禪師宗杲 (1088–1163) 就曾對荷澤一派的禪學，有所批
評。他說：

---

❶⑨　《大藏經》，卷48，頁 359b–c；參閱《六祖壇經流行本敦煌本合刊》，頁
　　　48, 55；印順著，《中國禪宗史》，頁 287–288。

❷⓪　見印順著，《中國禪宗史》，頁 288。

主峰謂之靈知，荷澤謂之知之一字，眾妙之門。黃龍死心云：
知之一字眾禍之門。要見主峰荷澤則易，要見死心則難。**㉑**

由此可見荷澤一系的禪法，是如何被宋代禪僧所理解及批判的。

　　必須要指出的，就是並非所有的禪宗人士，都對宗密所傳的禪
法，和宗密的全部思想，完全加以拒絕。例如宗杲在別的地方，就曾
對宗密的某些論點，加以推崇。他在回答汪狀元的第二封信中，就曾
引用過宗密「作有義事……此非仁義之義」的那段話，然後評論說：

楊子所謂修性，性亦不可修，亦順背賢愚而已。主峰所謂惺惺
狂亂是也。……若識得仁義禮智信之性起處，則格物忠恕一貫
之，在其中矣。**㉒**

　　宋代的另一位禪宗名家佛果禪師圜悟 (1063–1135)，也曾引用了
宗密「凡所有相，皆是虛妄」的那一段話**㉓**，說明眾生世界全同佛地
的說法。

　　另一位對宗密哲學非常推崇的禪學家，就是生活於金、元之際的
萬松老人行秀 (1166–1246)。行秀學問淵博，兼通儒道，是金代曹洞
一派禪學的大家，當時的著名作者、思想家及宰相耶律楚材 (1189–
1243)，及李屏山 (1175–1231) 等，皆師事老人，終生不渝。行秀是曹
洞宗的領袖人物，也是金末和元初的佛學大師。他在其名著《從容庵
錄》一書中，曾多次引用宗密的話，說明他對真妄不二，頓悟漸修等

㉑　《大慧普覺禪師普說》，見《大藏經》，卷47，頁879b。

㉒　《禪の語錄17：大慧書》，頁149。

㉓　《碧巖錄》，見《大藏經》，卷48，頁220b。

概念。例如他在解釋「鳥之行空，魚之在水，所託愈安，其生愈適」那一段話時，就曾引用宗密的話說：

> 圭峰云：魚不識水，人不識風，迷不識性，悟不識空……現相
> 人中，纔起問時，忽然影現，忘恩失行，背親向疎。果能除卻
> 靈床，始解子承父業。❷❹

在同書第四卷中，又對宗密所言漸修非常必要一點，完全贊同。他說：

> 妙哉圭峰舉喻：譬如皇族，淪落微賤，習以成性；後遇薦拔，
> 雖復本位，三端六藝，要重更改習，力用方全。❷❺

又如在同書的另一處地方，行秀先引宗密的話，然後自己再加發揮。《圓覺經》有句話說：「居一切時，不起妄念」；宗密解釋那句話為「謂之妄心頓證，又名忘心入覺」。行秀自己對這些話作了進一步的解釋，他說：

> 萬松下四個不字：不起、不滅、不知、不辨。❷❻

---

❷❹　行秀生平及歷史地位，參閱本書作者英語論文：〈大都的中華佛教：新局
　　勢與新問題〉，收於狄百瑞、陳學霖主編的《元代思想》，頁 377–384。
　　此段引文，見於《大藏經》，卷 48，頁 254c。
❷❺　《大藏經》，卷 48，頁 263a。
❷❻　同上，頁 256a。

「不起、不滅」一語，宗密在討論絕對真心時，早已用過。「不知、不辨」是萬松的新辭。

　　儘管宗派主義的禪者，對宗密的禪史著作和禪學思想，有很大的成見與尖刻的批評，但是其他的人士，對宗密禪史著述的成就仍然非常推崇，特別是他的《都序》一書。例如元代翰林賈汝舟在《重刻禪源詮序》中，對宗密的禪史貢獻就非常推重。他認為：

　　　圭峰所述《禪源詮》，其文博雅，其旨切當。❷⓻

又說該書裏面所列的圖解，十分重要，具有三項重大意義：

　　　且作圖示心，一真實諦含三大義：無明緣染，諸相妄起。依修斷法，獲證入理。提綱舉要，如指諸掌。❷⓼

這裏所說的大義，「無明……妄起」，指的是宗教問題的形成與其根源；「修斷」「入理」是解決問題的方法和目的；「提綱舉要」等語是對宗密那本著作的評價。

三、註疏所引起的反響

　　宗密的著作中，有一大部份是佛典的註疏。他不但為那些對自己有過影響的佛教經論，如《圓覺經》與《法界觀門》等作了疏、註、義鈔；並且在他製疏的過程中，讀到別的佛經或戒律，覺得意義重大

❷⓻　《大藏經》，卷48，頁398a。
❷⓼　同上。

時，也寫出新的註釋，以發揮他對那些經典的見解。他的佛經註釋疏鈔書目，本書第一章中，已經討論過了，現在所要談的是那些疏鈔對後世的佛教研究，產生過一些什麼作用。根據我對《大藏經》的初步檢查，發現宗密的註疏著作，引起佛教界重視的，有《圓覺經大疏》、《圓覺經大疏釋義鈔》、《金剛經疏記》、《盂蘭盆經疏》、《起信論疏鈔》等。

　　從宗密的佛學生涯全部觀察，《圓覺經》對宗密特別重要。這部佛經的來源，是印度梵典呢？還是中華本土的做製品？嘗為現代佛教學家所爭論❷。無論其原典究竟如何，但是它在中國的傳統佛學中被認作是一部經典，是無可爭論的事實。而經中所講的教義，完全是屬於佛教系統一點，也是絕無問題的。本書在第一章中曾經指出，宗密在開始僧徒生活不久，就於無意之間讀到了《圓覺經》中數段文字，馬上使他「感悟流泣」。當他把此經對他的衝擊告訴他的老師道圓和尚時，老師曾獎勵他說：「汝當大弘圓頓之教，此經諸佛授汝耳！」❸用佛教的術語來說，就是講宗密和《圓覺經》特別有「緣法」。宗密果然不負所望，他到了長安以後，用了大部份的精力，著述《圓覺經》疏鈔等書，成為這一方面的權威。他的著作生活，也是從《圓覺經疏》開始，先後寫了《疏》、《鈔》、《科文》、《禮懺》、《庶禮文》等七部八十多卷的作品，有系統的解釋了《圓覺經》中的教理。在漫長的中國學術史上，一個學者窮半生之力，為一部經典寫下那麼多的著疏，恐怕只有幾個人而已。他的這一貢獻，被後代的佛學家所推許，例如宋代的行霆就稱讚說：

---

❷　參閱望月信亨著，《佛教經典成立史論》，第十章，第三節，頁509-519。他認為此經是「疑偽經」一點，已為大部份學者所承認。

❸　參看本書第一章，第二節。特別是❿⓫⓬三條。

唐圭峰禪師，造廣略疏章凡六十餘卷，映前絕後。❸❶

另一位宋人思齊也對宗密的《圓覺經略疏》及《略鈔》二書，深為推崇，認為那兩本著作，是「探賾而索隱，辭簡而義博」❸❷。日本僧人道恕也在 1698 年（日本元祿十一年）時所寫的一篇序文中說：

> 圭峰定慧禪師……每翫茲典，以為棲神之宅。且著疏、鈔數萬言，廣、略並行。其見法也明，玄心獨悟；其敘理也圓，儔神絕待。力侍弘宣，發揮真要……。❸❸

這幾句話可以說對宗密的《圓覺經》疏、鈔，推崇備至。

說宗密的《圓覺經》疏著，成就甚高，並不意味著宗密的著述，全為後人所接受，絕無異議。剛巧與此相反，一些有創見的作品，不能不在歷史上引起一些爭論。宗密對《圓覺經》的註釋，也不例外。例如行霆一方面稱讚宗密的《圓覺經》疏章是「映前絕後」；一方面又嘆息說：

> 而學者卒難討尋，或望涯而退。❸❹

---

❸❶ 《圓覺經類解・序》，收在《續藏經》，卷 15，頁 395c。此序作於淳熙己亥，即西元 1179 年。

❸❷ 引自《圓覺經略鈔・序》，見《續藏經》，卷 15，頁 90a。此序寫成在西元 1041 年，即康定二年。

❸❸ 《圓覺經鈔隨文要解・序》，見《續藏經》，卷 15，頁 239a。

❸❹ 同❸❶。

為了這個原故，行霆自己寫了一部《圓覺經類解》。宋人沈應辰曾把宗密和行霆的《圓覺經》疏解，加以比較，認為前者太玄太大；後者明白易曉：

> 嘗覽圭峰之微言，波翻巨海；得復庵之《類解》，霧廓晴天。❸❺

類似的批評，也可以從明代和尚德清 (1546–1623) 的《圓覺經直解》跋語中看到。除了註解文字的長短以外，憨山對圭山所著疏、鈔的文字和義理，也有非議。他說：

> 昔圭峰禪師，著有《略疏》則似簡，別有《小鈔》若太繁。然文有所捍格，則義有所不達。❸❻

憨山的批評，只是對宗密的《略疏》和《小鈔》而言。其實宋代觀復早在 1146 年（紹興丙寅年），就曾指出說：

> 然此鈔（按即《小鈔》）多疑誤者，以於《大疏鈔》略出時，非圭峰一手，乃弟子輩，同鈔略之，致於《大疏鈔》前後不相照也。❸❼

除開這些技術性的批評以外，指責宗密《圓覺經》疏著義理問題的，也大有人在。而且那些指責，正是來自禪宗僧人。據《石門文字

---

❸❺　同上，沈應辰跋，頁 464c。

❸❻　《續藏經》，卷 16，頁 72c。

❸❼　同上，卷 15；《圓覺經鈔辨疑誤》，頁 228a。

禪》第三十卷所載，真淨大師克文 (1025–1102)，曾與王安石 (1021–1086) 有來往。王曾問真淨說：

> 一切眾生，皆證圓覺。而圭峰易證為具，謂譯者之訛。其義如何？師曰：《圓覺》如可改，則《維摩》亦可改也。《維摩》豈不曰亦不滅受而取證。夫不滅受蘊而取證，與《圓覺》之義同。蓋眾生現行無明，即是如來根本大智。圭峰之言非是。❸❽

易證為具，自然是一件意義重大的事，因為這一性具圓覺和圭峰的本體思想有關。有人在註釋中對原作經典有發展性的解釋，是正常現象，問題是如何表現那種新的見解。一般來說，修改原典的方法，只有兩種：其一是對原文作直接粗暴的擅改，不加說明；其二是不改原文，只在疏文中提出自己的新意。宗密是屬於後一類型的。大慧禪師宗杲曾經指出：

> 圭峰密禪師，造《圓覺經疏鈔》。密於《圓覺》，有證悟處，方敢下筆。以《圓覺經》中「一切眾生皆證圓覺」，圭峰改證為具，謂譯者之訛，而不見梵本。亦只如此論在疏中，不敢改正經也。❸❾

宗杲接著指出這一字之改，引起了真淨和尚的尖刻批評，罵宗密是「破凡夫臊臭漢」。宗密改正一字，是因為他的真心哲學，包含宇宙萬有，凡聖不分。作為一個學者，每一個人都有他自己的見解。作為

---

❸❽　《石門文字禪》，見《四部叢刊初編縮本》，頁 334b–335a。

❸❾　引自荒木見悟譯編，《禪の語錄 17：大慧書》，頁 221。

一個讀者，有他選擇的自由。批評宗密輕改佛經，並不符合事實，宗密只是在《鈔》中表示自己的讀法，並沒有改經；而且他的讀法，是在「有證悟處，方敢下筆」。真淨的指責，說宗密「皆具圓覺」讀法的後果，將導致「凡夫亦不須求解脫。何以故？一切眾生皆已具圓覺」❹的說法，自然不能成立，因為宗密主張頓悟漸修一點，是學者們所熟知的口號之一。由此可見，真淨和尚對宗密疏註《圓覺經》的攻擊，不能算是全面而客觀的。何況宗密自己對這一點，在其所寫的疏文原作中，講得非常清楚，他說：

> 言皆證圓覺者，自悟本來圓覺，證知一切皆然，非諸眾生皆已修證。經文倒者，譯人訛舛。應云若善男子證諸眾生皆有圓覺，即顯然矣。❹

另一本在歷史上惹起非議的宗密著作，就是他所編的《金剛經纂要》。宗密寫成此書以後，不久就受到佛學家的注意。宋代的長水大師子璿（卒於 1038 年），曾稱讚那部書說：「圭山大師，撮掇精英，黜逐浮偽，命曰《纂要》。蓋取中庸，復申紀略」❹。《金剛經》是《大般若經》的精華部份，它不但是大乘空宗的基本聖典，並且為一切大乘佛教宗派的必讀佛經之一。所以印度的著名佛學家如無著 (Asaṅga) 天親 (Vasubandhu) 等人，雖然不屬於大乘空宗，但仍為《金剛經》製疏釋經。宗密時代所見的《金剛經論》，至少還有六部，收

---

❹　同上。

❹　見《圓覺經大疏》中之四，收於《續藏經》，卷 14，頁 168。

❹　見《續藏經》，卷 39，頁 363c，所收的《金剛經疏記科會·序》，子璿和晉水大師淨源 (1011–1088) 是宋代僧人中，支持宗密最有力的學者。

於《大正新修大藏經》第二十五卷。除了無著、天親兄弟的作品之外，子璿所說的金剛仙、功德施等，也都在同一卷中保存❸。正因為各家的論疏不一，解釋分歧，宗密才下了一番整理功夫，寫成《纂要》。此書一出，受到各方重視。據南宋僧人善喜，在其所著的《辨非集》（序成於淳熙戊戌，即 1178 年）中稱：

> 此經自唐至本朝，南北諸師撰述甚多。南方學者盛行圭峰《纂要》，所敘兩論，密示潛通，稍有眉目。❹

《纂要》雖然流行中國南部，但卻引起了某些「解空法師」的不滿。所謂「解空法師」，當指大乘空宗的信徒，他們說宗密所著的《纂要》，是「有而不遵，無時彊用」。這句話是批評《纂要》中所用的材料，和處理材料的態度。善喜對此，也有說明：

> 此意始乎淨覺，謂《纂要》有而不遵，無時彊用。天台近代諸師，俱取無著，而棄逐天親。且無著、天親皆聖師也，何取一捨一？今圭峰雙用二論，但前後別行，卻云「有而不遵，無而彊用」！❺

文中所講的淨覺，當是天台宗的仁嶽 (992–1064)。他是四明尊者知禮的弟子之一，號為淨覺。

---

❸ 參閱《大藏經》，卷 25。

❹ 引自《續藏經》，卷 103，頁 449a。

❺ 同上。仁嶽的生涯，參閱《佛祖統紀》，卷 21，《大藏經》，卷 49，頁 241b。

　　從上面這些材料來分析，宗密的《纂要》之所以受到批評，仍然是由於他的博學所引起的。他對《金剛經》的解釋，引用了無著和天親兩家的論書，而天台宗的學者仁嶽卻是獨宗無著一家。所以在宗教研究中，博學多聞雖然可以被看作是一件好事；但是在宗教信仰上，多聞有時反成為修道者的累贅。這是學術工作和宗教信仰分歧最大的地方，這也是宗密思想比宗派信徒更開拓的一點。仁嶽對《金剛經纂要》的批評，反足以說明那本書的學術價值，超越過門戶畛域，而且比較客觀。

　　最受佛學者重視及稱讚的宗密疏註，應該是他編的《盂蘭盆經疏》。自從宗密為此經作疏以後，佛教學專家尊為圭臬。宋代僧人普觀，在他的《蘭盆經疏會古通今記・序》中，曾對此疏在唐宋之際的流傳，作了概括。他說：

> 吾祖圭峰禪師之疏《蘭盆》也，遠古作者莫之與京。講授流
> 通，為日固久。石壁尊者，肭為之記；孤山法師，因循其說；
> 芝園律師，繼有斯述。㊻

值得注意的是宗密的《盂蘭盆經疏》，不但受到華嚴宗的人士所重視，就是其他宗派的學者，同樣對此疏加以尊崇。在上面所鈔的傳授人士中，石壁尊者就是天台宗的仁嶽，他曾批評過宗密的《金剛經纂要》。孤山法師指的是智圓 (976–1022)，也是天台宗山外派的學者，著有《盂蘭盆經疏摭華鈔》。他是一位博學多聞的學者，自號中庸子。元照 (1048–1116) 就是芝園律師，是宋代律宗的權威人物，他寫的《盂蘭盆經新疏記》，仍然存留於《續藏經》第三十五冊裏面。由此可見

㊻　見《續藏經》，卷35，頁 126c。

宗密的《盂蘭盆經疏》，影響所及，在北宋已達華嚴、天台、律宗三家。為什麼這些佛教界人士會對這一本經疏特別感到興趣呢? 原因非常明顯，這就是宗密在這本疏中，把中國儒家的孝道倫理觀念，納入佛教範圍，並且將其列為「始乎混沌，塞乎天地，通人神、貫貴賤，儒釋皆宗之」❹的中心概念。

　　遠在佛教傳入中國之初，佛教制度中的剃削出家，就受到中國舊有傳統人士的攻擊。牟子《理惑論》就說反對佛教的人士，指責沙門剃頭，是「不合孝子之道」; 又說「不孝莫過於無後，沙門棄妻子捐財貨; 或終身不娶，何其違福孝之行也?」❹從牟子的時代起，佛教界的人士曾作了一連串的工作，企圖回答其他人士所說出家不孝的指責。這些工作包括翻譯印度佛典如《父母恩重經》等，以及中國僧人對孝道的詮解❹。但是在宗密之前，還沒有一個人士把孝道觀念，上昇到宇宙範圍。從這一點說宗密對孝道的重視，代表著佛家重視孝道的新高峰。宗密對孝的詮解是宇宙性的，上面直接承繼《孝經》第七章的說法:「夫孝，天之經也，地之義也，民之行也」❺。宗密的解釋更富於文采，也更接近魏晉以後的宇宙學說。到了宋代新儒家興起以後，宗密尊重孝道的理論，就成為佛教界人士回答排佛之說的有力說法。一位名叫繼慶的僧人，在其所寫的〈跋盂蘭盆經疏〉裏面就對

---

❹　引自《盂蘭盆經疏》，《大藏經》，卷39，頁505a。

❹　見《弘明集》，卷1，《大藏經》，卷52，頁2c及頁3a。

❹　佛教與中國倫理中的孝道，由衝突到合流，曾經有許多人討論過了，例如陳觀勝著，*The Chinese Transformation of Buddhism*，頁14–50。又如道端良秀著，《唐代佛教史の研究》，第三章，頁271–380。此書此章，曾經由釋慧嶽譯成中文專書，題為《佛教與儒家倫理》。

❺　《孝經》，第七章，《四部叢刊初編縮本》，頁3b。

這一點，寫得非常明白。他說：

> 唐圭峰禪師，會孝道要言以注經，廣明釋門真孝。令學者得報
> 親之方，不落異解傍歧，入佛最上乘也。❺

宗密的《盂蘭盆經疏》所貢獻的要點，的確是以孝道註釋佛典，使佛
教界人士得到了一項具體的「報親之方」。佛教中的孝道雖然早已存
在，但是印度佛教界的報親恩的表現方式，是築塔建廟一類的功德；
而宗密所提的辦法，卻是盂蘭經會的宗教齋儀。這是中國佛教的特
色。宗密的這一種新的辦法，確實給後來的學者，提供了一項有力的
方法，以表現僧人們的孝思。上面提到的天台學者仁嶽，就曾在他的
《阿彌陀經新疏‧序》中，坦然承認圭峰《盂蘭盆經疏》，對他所產
生的影響：

> 年逼耳順，退藏故園。伏念玉泉報恩，九旬揮於犀柄；圭峰思
> 孝，七月薦於蘭盆。緬挹清芬，遂獲操染。❺

　　另外兩部作品，對宗密的思想也起了很大的作用，就是《華嚴法
界觀門》與《大乘起信論》。宗密對這兩部經典，也寫了註疏，而他

---

❺　《大藏經》，卷39，頁512b。

❺　此序收於《樂邦文類》，卷2，《大藏經》，卷47，頁167a。關於印度佛
　　教中孝的思想，參閱 John Strong 著，"Filial Piety and Buddhism: The
　　Indian Antecedent to a 'Chinese' Problem" 一文。收於 P. Slater 等編，
　　Tradition in Contact and Change（Wilfrid Laurier 大學出版社，1983 年），
　　頁 171–186。

在這一方面的成就，也受到後代學者的重視和讚揚。他的《注華嚴法界觀門》，雖然只是一個短篇，但一直被認為是權威性的作品。宋代的一位學者曾在《註法界觀門頌引》一書中，對宗密在這一方面的貢獻，作了這樣的評價：

> 密老闔關，善施樞鑰。門有廣狹之秘，妙略方開；鑰投深淺之能，玄通可運。❸

宗密所著的《起信論疏》、《鈔》、《科文》及《圖》等，現在都完全遺失。這些著作在宋代時，仍然存在，而且被認為是重要的注疏。例如長水子璿在他所著的《起信論疏筆削記》中，對宗密疏鈔與其所佔的地位，作了估計。他說：

> 是乃學窮內外，道映古今，盛德大業，備所聞見。❺

子璿在《筆削記》中，還引用了宗密原疏的片段，使人們可以看到原作的某些面目。例如他在一處有引文云：

> 圭山云：樂人本是一形軀，乍作官人乍作奴。
>   名目服章雖改異，始終奴主了無殊。❺

宗密的詩偈，為數不多，長水的引語保留了這一可貴的佚文。又如在

---

❸ 《大藏經》，卷45，頁692b。

❺ 同上，卷44，頁298a。

❺ 同上，頁330a。《大正大藏經》標點斷句有誤，現在改正。

同書的另一處地方,《筆削記》又云:

> 圭山云:生法本空,一切唯識。識如幻夢,但是一心。 ❺❻

這幾句簡單的偈,卻把宗密的核心思想和對現象世界的看法,完全道出。言簡意賅,值得細讀細思。

四、禪教一致和會儒道

就宗密的全部著作和思想內容而論,對後世佛教思想影響最大而深遠的,還是他的禪、教一致,和會內外等理論。禪教一致是對佛教內部的調協,和會內外是中國三教合一之論的理論菁華,這兩套思想的歷史內容雖不相同,但是宗教精神和立場態度卻完全沒有差別。因為兩者的內容分歧,所以這兩部書在後世的影響範圍,也不完全相似。禪、教一致的思想,受到佛教界人士的讚揚,而三教和會的理論,不僅在宋元時代,受到佛教人士的內部注意,而且也影響到新儒家哲學的形成。

禪教合一思想的代表作品,主要的是《禪源諸詮集都序》一書。儘管這本著作的出現,曾經使某些禪宗人士感到不快;但是隨著時光的流逝,和人事的變遷,《都序》中所表現的禪教一致思想,不但再沒有人反對,反而受到佛教界人士的一致稱讚。甚至在高麗和日本等國,也非常受人注意和尊重。這一事實可以從《都序》的印刷版本源流中,清楚的看出。根據最近的調查,《都序》的中國刻本,元、明之際已有四個版本,朝鮮和日本的刻本,各有三本❺❼。

---

❺❻ 同上,頁358b。

據元人鄧文原 (1259–1328)，及賈汝舟分別撰寫的《重刻禪源詮序》中稱，這本《都序》在元代的政治與宗教關係中，曾受到注意。賈序對這件事，有較詳細的記載：

> 昔至元十二年 (1275) 春正月，世祖皇帝萬機之暇，御瓊華島，延請帝師。太保文貞劉公亦在焉。乃召在京耆宿，問諸禪教乘互之義。先師西庵贇公等八人，因以圭峰《禪源詮》文為對，允愜辰衷……❺⁸

文中所敘的帝師，應當是有名的吐蕃僧人八思巴 (1239?–1280)，太保文貞劉公，就是劉秉忠 (1216–1274)，這些人士都與元代當時的宗教和政治有很密切的關係；但是文中所記的時間，卻大有問題。因為「帝師」八思巴早在至元十一年三月，返回吐蕃，從那時起，直到至元十七年 (1280) 逝世止，一直不在大都❺⁹；而劉秉忠也是於至元十一年 (1274) 秋八月去世❻⁰，他們根本不可能在次年又於瓊華島上與元世祖一起，顧問禪教要義。

---

❺⁷　參閱鎌田茂雄著，《禪の語錄 9：禪源諸詮集都序》，解說部份，頁 370–374。

❺⁸　參閱四卷本《禪源諸詮集都序》序文，《大藏經》，卷 48，頁 397–398。此段文字，引自頁 398a。

❺⁹　《元史》，卷 202 載：「十一年請告西還，留之不可，乃以其弟亦鄰真嗣焉」；卷 8 亦有記載。參閱中野美代子著，〈帝師八思巴行狀校正〉，收於張曼濤編，《中國佛教史論集》（五），頁 337–367。

❻⁰　《元史》，卷 157。劉氏生平，見陳學霖著，"Liu Ping-chung: A Buddhist-Taoist Statesman at the Court of Khubilai Khan", T'oung-Pao (1967), 53: 133ft。

　　這件事情的發生年代，雖有問題，但史實的本身，恐怕仍然可信。這是因為元代官史的紀年，有時是非常馬虎；宗教史的紀事，訛誤更多，何況還有別的資料證明。例如 1272 年時，元世祖和八思巴，就曾召開過一次御前佛教大會，討論禪宗要旨。當時中華佛學的代表從倫，就曾引用《都序》作為回答❻。

　　元代的佛學界人士為什麼忽然對《都序》大感興趣呢？其原因可以從當時出版這部書的序、跋中，找到說明。賈汝舟說《都序》是「其文博雅，其旨切當」❻。鄧文原則更具體的指出，由於佛道內涵廣大，歷史悠久，「離為異門，莫明統一」❻。《都序》的功績，正在於它能夠使得：

> 江漢殊流，而同歸智海；酸鹹異調，而共臻禪味。至於空宗性宗之別，頓修漸修之殊，莫不會其指歸，開示正覺。❻

我曾經在一篇題為〈大都的中華佛教：新局勢與新問題〉的英文論文中指出，在蒙古族入侵中華，大局底定以後，決定信仰西藏所傳的佛教，任命八思巴為帝師，壓制中華僧侶。在那種外患迫切，內憂未已的情形下，自相攻訐的中華佛教宗派，第一次感到他們的生存，受到來自內外的壓力。團結自救成為當時最迫切的問題，而宗密的禪教一致論，正是導致佛教團結的最好理論❻。事實上元代的僧人，早就道

❻　參閱《五燈會元續略》，《續藏經》，第 138 冊，頁 430c。

❻　《大藏經》，卷 48，頁 398a。

❻　同上，頁 397。

❻　同上。

❻　參閱 Jan Yün-hua, "Chinese Buddhism in Ta-tu: The New Situation and

破了這一點。例如無外就曾在《重刻禪源詮序》中指出：

> 況夫禪教兩宗，同出於佛……奈何去聖時遙，師承各異：教者
> 指禪為暗證；禪者目教為漸修。明暗未得其公，頓漸罔知攸
> 定，迭為詆毀，殆若仇讎。非但鼓之空言，抑且筆之簡冊。世
> 道而下，弊將如何？ ⑥⑥

就是在這種情形下，《都序》才脫穎而出，提供了解決這一問題的辦
法。無外還說：

> 《禪源諸詮》……將使兩家學者，知一佛無二道，四河無異
> 味。言歸於好，永無敗盟。《源詮》之功，豈易量哉！

「言歸於好，永無敗盟」就是元代僧人有志之士，對這本書所抱的最
高期望。雖然《都序》寫成以後，以迄元代已有五百多年的歷史，但
是宗派主義陰影，仍然使禪教之爭，無法平息。無外在文中坦然承認
說：

> 予每見南方，此弊尤甚！安得人有是書，一洗舊習，咸與惟
> 新？ ⑥⑦

宗密的和會禪教思想，到了明初仍然是吸引人的題目。這是因為

New Problems", 收於 Hok-lam Chan 等主編, *Yüan Thought*, 頁 375–417.
⑥⑥　《大藏經》，卷48，頁397。
⑥⑦　同上。

一切宗教思想與傳統，在發展的過程中，由於時代的趨向和信徒的資質差別，一定要引起對宗教思想和實踐方法的不同理解。一旦這些理解受到學人的熱心接受和宣揚，必然會形成新的宗派，也必然會引起宗派性的爭論。這種情形在世界哲學史和宗教史中，幾乎可以說是一種共有的現象，中國佛教史更不例外。明代的一位佛教學者居頂（1404 年卒），對這種思想分歧的根源，作了這樣的分析：

> 道絕名言，無不含攝。見之過者，執以為空；見不及者，執以為有。空有相非，異議籍籍。苟無達士，悟其大全，會而通之，則肝膽不相矛盾者幾希矣！ ⓺⑧

這篇文字清楚說明作為唯一真理和真實的「道」，是包含萬有而又是超越一切的。因此只能是「無名」和「絕言」的。人有生存條件也有資質上的限制。因此之故，每一個人對真理的理解都因為本身的主觀限制和客觀條件，難免片面，只窺一角。這就引起了不休的爭論——在佛教範圍來說，就是空與有的思想矛盾，以及實踐中的頓、漸、悟、修的大辯論。只有通達的人士，才能會通諸家，解決矛盾。而宗密正是這樣的一位「達士」，《都序》也正是有助於會通的一部巨著。居頂對這兩點，說得十分清楚。他對於宗密的評價是非常高的：

> 唐圭峰定慧禪師，學該馬龍，禪亞能秀，興大悲智，肆無礙辯。 ⓺⑨

⓺⑧　引自〈重刊圭峰禪師禪源諸詮集都序疏〉，《續藏經》，第 103 冊，頁305c。

⓺⑨　同上，宗密認為《起信論》為馬鳴所著，故尊為「性宗」之祖。這自然

文中所言的馬龍，指的是印度佛學史上的兩位大思想家，馬鳴
(Aśvaghosha) 和龍樹 (Nāgārjuna)。在宗密的著作中，前者是「性宗」
的創建者，後者是「空宗」的始祖。能和秀自然是禪宗的南、北祖
師。宗密的學問，在哲學上會通了「相、空」兩家；在宗教理解和實
踐上，融合了頓漸之爭。

　　對《都序》這部書，居頂也有評論，認為此書是：

> 其理奧、其文嚴、其議論公而正。擲大千於方外，納須彌於芥
> 中，深有補於吾教。……凡我同志，宜相其成，以永流播。庶
> 幾祖燈並耀於佛日，而教苑同茂於禪林也。❼

祖燈並耀於佛日，教苑同茂於禪林，正是宗密所主張的禪教一致，也
是明代那些僧人所想實現的願望。

　　和《都序》相比，《原人論》是一本篇幅有限的小書。但是這本
小書可能寫於宗密晚年，思想融會貫通之後，所以全書的組織，更有
系統；而且書內所包含的題材範圍也更廣泛一些。尤其是將儒、道兩
家的哲學，納之入佛，更富於創見。其實早在宗密未寫《原人論》之
前，他已在許多著作中，一再表現出他三教和會的主張。例如他在
《圓覺經大疏・序》中，就曾以《易・乾卦》的四德與佛的四德相
比。他的這一番會通佛儒，曾經大受宋代高僧宗杲的稱讚：

> 故圭峰云：元亨利貞，乾之德也，始於一氣；常樂我淨，佛之
> 德也，本乎一心。專一氣而致柔，修一心而成道。此老如此和

不是事實，只是傳統的說法而已。

❼　同上。

會，始於儒釋二教，無偏枯，無遺恨。❼

宗密的這些「本乎一心」，「專氣致柔」一類的概念，到他撰寫《原人論》的時候，更加成熟，也更為後代學者所重視。例如金、元之際的佛學大家行秀，就曾在《從容庵錄》中說：

> 綿綿化母理機梭。化母化工造物之別號。儒道二宗，宗於一氣；佛家者流，本乎一心。主峰道：元氣亦由心之所造，皆阿賴耶識相分所攝。❼

引文中所言的圭峰那一段話，就是《原人論》裏面的文字。其後還接有一段原文如下：

> 究實言之，心外的無別法。元氣亦從心之所變，屬前轉識所現之境，是阿賴耶相分所攝。❼

　　從中國佛學思想發展的整體上著眼，懷有狹隘主義的人士是一派，他們主張獨尊一家，不需外求；另一派則是主張博學多聞。宗密是屬於後一派的，因此他一生當中也就因為此點，受到一些人的攻擊，卻也受到另一些人的尊敬。例如錢謙益 (1582–1664) 在《楞嚴經解蒙鈔‧卷末四》一書中，就曾指出，和會儒道思想在唐末以後，給佛學界帶來的新煩擾：

----

❼　見前引荒木所編，《大慧書》，頁89。

❼　《大藏經》，卷48，頁228a。

❼　《大藏經》，卷45，頁710c。

自永明圭峰已後，禪講師席，咸欲收合外宗，以明廣大。迄於
今日，盲師目學，掇拾三玄，剽略其殘膏剩飯，以相誇詡……
求一時之小名，混三教之一致，習邪見之毒種，為地獄之深
因，可不誡哉！ ❼❹

由此可見，宗派主義的偏見，固然是局限於一隅，非常有害。而博學
無據，甚至會迷失求學的目的在於入道，也是宗教解脫的一個大障
礙。這裏需要指出的一點，就是錢謙益文中所批評的對象，只是那些
「盲師目學」的淺薄之士，而不是永明和圭峰本人的著作。事實上錢
氏在本文中的另一處地方，就曾對宗密的三教和會之功，非常推重。
他說：

此則智者大師，通釋三玄，識病授藥之微旨；圭峰《原人論》，
會通本末一門，儒道二教，同歸真源，亦此義也。 ❼❺

由此可見在錢氏的心目中，宗密對三教和會的理論貢獻，是中國思想
史上僅有的兩個傑出人物之一，與天台大師智顗，並肩而列。

反對宗派主義的人士，自然對宗密的三教和會，給予最高的評
價。他們認為《原人論》中的理論，是文深義奧，足以流範後世，例
如晉水沙門淨源在一篇序文中，就曾對圭峰的《原人論》，非常傾倒。
他說：

故其論旨，皆用佛祖之言，儒道之語，以成文體。非夫學深通

---

❼❹　《續藏經》，第 21 冊，頁 395c。

❼❺　同上。

古，洞仲尼之垂範，究伯陽之立言者，則囷措其懷矣！不爾，
則何以後葉孫謀比肩，繼踪而傳授道德耶？ **⑦⑥**

從這一段序文中，我們不但可以看到淨源本人對宗密的佩服和尊敬；
並且也顯示出宗密三教和會的主張，在北宋時期「比肩繼踪」大有人
在。宗密的影響由此可見。

　　這種影響，到了元代仍然存在。例如圓覺和尚在至治王戌 (1322)
所寫的《華嚴原人論解‧序》，就對三教齟齬的困難問題，與其造成
的和會難求，作了這樣的分析：

　　三聖立言，殊途妙契；群賢著述，隨教異宗。致令執指之徒，
　　競成齟齬。至若尋流討本而得其歸趣者，蓋亦鮮矣！ **⑦⑦**

圓覺認為，宗密的《原人論》在討論和解決三教糾紛上是非常成功
的：

　　有唐圭峰禪師憫之，於是稽外內之聖心，賾半滿之幽致，製斯
　　雅論，目曰《原人》。文啟四門，義該眾美。將使息其異見，
　　示彼真歸。不假他求，直捷令悟。觀其抑揚研覈，引證會通，
　　辯而不華，周而不比，精深切當，簡妙嚴明。濬畎澮以距川，
　　導江河而注海，誠謂生靈妙本之指南矣。自非高明圓暢，深造
　　聖賢之閫閾，能如是乎？ **⑦⑧**

---

⑦⑥　《原人論發微錄‧序》，《續藏經》，第 104 冊，頁 90a。

⑦⑦　《續藏經》，第 104 冊，頁 108a。

⑦⑧　同上。

這一段話對宗密的人和書，可以說是推崇備至。在圓覺的眼光中，密公自然是「深造聖賢之閫閾」的菩薩了。

五、對宋、明儒家思想的衝擊

如果宋、明新儒家思想，是由唐代的韓愈和李翱揭開序幕的話，那麼宗密對韓愈〈原人〉思想的批評，應當是佛家和新儒家辯論的第一次高潮。宗密對儒家的批評，主要的有兩點：一、儒道兩家的哲學，都缺乏因果觀念，因此無法說明現象產生的原因。二、進一步說，因為不知道現象和現象所引起的問題由何而生，所以不可能對那些現象和問題，提出根本性的答案。在宗密看來，中國傳統思想中不但對各種現象和問題的發生根源，沒有深刻的理解，因而也提不出解決那些問題的具體辦法。他正是從這兩點出發，對儒道兩家的四個命題：「天命」、「大道」、「自然」和「元氣」，提出了一系列的哲學批判❼❾。在他指出儒、道思想的缺點和理論困難之後，馬上又以同樣的理由對佛教思想的最高概念——「真如」，加以檢驗，看看佛教哲學是否也存在著同樣的缺陷。在《圓覺大疏鈔》卷七之上，宗密對這項問題，有這樣的一段討論：

> 問：若爾，佛教中「真如能生一切」，應亦非常？
> 答：無明為因，生一切染。修悟為因，生一切淨。故無明如夢中人，醒不可得。修證無別始覺之異，皆是無常。真如非能生，能生但隨緣，應現所現，染淨始終皆空故，真如元來不變，是常住也。❽⓿

---

❼❾　詳情請看本書第二章，第三節。

在宗密這些問題的前面，道家思想家們仍然繼續按照他們固有的思想觀點，向前發展，不理佛家的詰難；儒家則因為新思想的躍動，不能對佛家所提出的批評，置之不理。新儒家在其重新建立思想體系時，必須要一方面排斥佛、道，一方面就佛家對儒家的批判，提出新的和更有力的答案。

新儒家想要回答宗密對傳統思想的批判，必須先要作兩件最要緊的事：第一，建立一個新的實體論，對現象世界的根源，作出新的有力的解釋。宋、明新儒家所講的理、氣、心、性、太極等概念，都是在建立新的實體論。第二，這種新的絕對概念，一定要有一套實踐的方法，才能不會被佛家譏笑為「要之何用」的空話。宋、明新儒家所講的「主敬功夫」，「致良知」，和「知行合一」等問題，目的都在於要把新儒家所說的真理，變成一種可修而致的哲學。

為了重新建立一套新的實體理論和實踐方法，新儒家的領袖人物不得不作一連串的努力。經過由韓愈起到明代王陽明一派人士為止，前後數百年的努力，新儒家終於完成了他們的歷史使命，成功的推翻佛道兩家在中國思想界的主流地位，建立了新儒家傳統，主導近數百年中國哲學的思潮。新儒家的這些成就，是通過三種辦法才完成的：第一，重新發現儒家的宗旨，溫故而知新，使早期儒家思想裏面本有的核心概念，獲得新的生命。第二，擴大儒家經典的範圍，以便從新的資料中，吸取新的思想、概念、用語，使人生問題也可以從儒家古典經籍中，找到依據，得到答案。第三，放開眼界，從佛家和道家思想中，吸取儒家哲學中所缺乏的養料，建立起一個新而特有的思想體系：它既有儒家原有的根據，而又是超越古典儒家傳統；既是援佛引道而入儒，卻又是以儒家的著重人生為根基，因而超越佛、道的出世

目標。從佛家的立場而論，儒家宗旨的重新發現與儒教經籍的擴展，是對佛家批評古典儒家所產生的反作用；而新儒家對佛學概念的援引和改造，是佛家對新儒家的正面影響。

新儒家的重新自我發現，是儒家古典主義的新生。這種趨勢的形成，有儒家本身的原因，也有佛教壓力的外來因素。韓愈對這種壓力，深有感受，所以才在〈原道〉中指出，自從孔子去世，秦氏焚書，由漢迄唐的數百年間，「其言道德仁義者，……不入於老，則入於佛」❽。所以韓氏才決心重新發現他所謂的儒家之道，也就是「堯以是傳之舜……孟軻之死，不得其傳焉」❿的那個道。

擴儒家經典，以尋求新的理論依據，可以說是從《孟子》一書開始的，也可以說韓愈是把孟軻編入儒家「道統」以後的必然結果。雖然早在漢代，儒家有些人士，早就認識到《論語》和《孟子》的重要性，例如趙岐就曾指出，《論語》一書是「五經之錧鎋，六藝之喉衿」；《孟子》是「大賢擬聖而作」❿，但是在宋代以前的官方圖書目錄，一直還是把《孟子》放在「子部」。「子部」中的作品，在當時只能看作一家之言，但還不能被當作經典，甚至到了北宋，有些新儒家實踐派的人物，對孟軻的評價，還是褒貶不一，例如李覯 (1009-1059)，就曾把孟子與孫、吳、蘇、張等戰略家與辯士相比，認為孟子也屬於「亂天下」之一者，也是「五霸之罪人」❿。尊孟者以二程為代表，認為「孟子有功於聖門」，直到朱熹 (1130-1200) 寫了《讀余隱之尊孟辯》，孟子在「道統」上的地位，才算確定，尊孟派大獲

---

❽　《朱文公校昌黎先生集》，卷 11，頁 95b。

❿　同上，頁 96b。

❿　《孟子譯注》，楊伯峻在導言頁 8 中所引。

❿　見《李覯集》（中華書局，1981 年排印本），頁 512。

全勝。

　　《大學》與《中庸》原來是《禮記》裏面的兩篇文章。和其他的禮書一樣，作用在於「制其夫婦、父子、君臣、上下、親疏之節」❽。原來並不被學者看作是哲學性的經籍。直到二程才指出《大學》一篇，是「孔氏之遺書，而初學入德之門也」；朱熹發揚程氏之說，把《大學》自《禮記》中摘出，列為《四書》之一。《中庸》在儒家經典中的地位，也和《孟子》、《大學》的發展經過相似。原來也是《禮記》中的一篇，經韓愈、李翱、二程的讚揚，由朱熹把這篇文章，由《禮記》中分出，另成一書，與《論語》、《大學》、《孟子》，合為《四書》而達到結論。自此以後，《四書》與《五經》都成為儒家的「經典」，也就是官定課本，考試必修。

　　宋儒在重新發現自家傳統中，整理並擴大儒家的經籍，一方面固然是要重建文字方面的權威，但是更重要的還是要回答佛家對儒家的挑戰。以宗密對儒家的直接批評和間接壓力而言，現在可以歸納成三點：第一，傳統儒家的形而上學有理論上的缺點。第二，缺乏一套具體的實踐方法。第三，佛家的以心傳心，有一個可靠的歷史傳統。新儒家如果想要重建聲譽，削減佛家對儒家的抨擊，一定要對佛家所提出的這三點挑戰作出回答。重新發現儒家自身的傳統和擴大經典範圍，目的正是要回答這幾項問題。

　　在形而上學方面的新儒家的努力，主要的是在《易傳》裏尋求宇宙論的根據。周敦頤的《太極圖》學說，首先發起這一種努力；二程朱熹完善了他們對這一方面的理論。太極的學說來自《易·繫辭傳》一點，自然是儒家固有的傳統，絕無問題。但是周子《太極圖說》卻雜有佛道兩家的淵源。近人的研究表示，《太極圖》的繪製次序，取

---

❽　《隋書·經籍志》，卷1，頁19。

法於道家的煉丹圖一點，大致是沒有問題的；但是在解釋《太極圖說》中卻受到佛家的影響。最早指出這一點的是清代學者毛奇齡(1632–1716)，他說周氏在《太極圖說》中的許多用語，和《原人論》相似❸。後來的學者，相繼指出宗密《原人論》對周子的影響。日本的宗教史學家常盤大定，曾經說《原人論》中所說的一段話：「遠則混沌一氣，剖為陰陽之二，二生天地人三，三生萬物……」後來為周氏襲用，加以發展。久須本文雄指出，周子《通書》在論誠的一段話中稱：

　　大哉乾元，萬物資始，誠之源也。❸

這種探求本體為現象世界的根「源」的用語，可能是襲用宗密在《都序》和《原人論》裏的理論結構和專門名詞。

　　中國學者談宗密對宋、明新儒家影響比較全面的，應該是馮友蘭。他在《中國哲學史》中討論了宗密的《原人論》，並且對此論下了這樣的結論：

　　此論中又有許多見解，可以影響宋明道學者。其對世界發生之見解，有大影響於宋明道學，上文已言之。此段所引「稟氣受質」一段，宋明道學講氣質，亦恐受此影響。尤可注意者，即

---

❸　見毛著，《太極圖說遺議》。並參閱作者論文：〈敦煌寫本《禪源諸詮集都序》對中國思想史的貢獻〉，《敦煌學》，輯 12，頁 10–12。

❸　常盤著，《支那に於ける佛教と儒教道教》（東洋文庫，昭 5 年），頁 120；久須本著，《宋代儒學の禪思想研究》（日進堂，昭 55 年），頁 116 以下。

宋明道學中程、朱，陸、王二派對立之學說，此論中已有數點，為開先路。如云：「然所稟之氣，展轉推本，即混一之元氣也。所起之心，展轉窮源，即一真之靈心也。」心氣對立；程朱一派以理氣對立，即在此方面發展。又云：「究竟言之，心外的無別法，元氣亦從心之所變。」一切唯心；陸王一派，以「宇宙即是吾心」，即在此方面發展。由此言之，則宗密學說之影響，可謂甚大。**⑧⑧**

馮氏評論宗密的這一段話，可以說是從中國哲學發展的過程中，大處著眼。如果要逐字求證，也許上面所引的那些話，不一定全部可以在宋、明新儒家的著作中找到相同的字眼。但是有些宋、明思想家襲用宗密論著一點，已為最近日本和中國學者所證明。荒木見悟、邱漢生、張立文等人的研究，就是很好的例子**⑧⑨**。就是在沒有相同字句的其他概念名詞中，我覺得馮氏的斷論，仍然是可以成立的，因為中國哲學發展的過程，應當是有先後層次可循的。任何一種學說都不可能是忽然形成，立即展開。新儒家許多概念和論理方法，如果上推到宗密，自然是完全可能的。

從《二程遺書》第十八卷中，所收的一段伊川語錄中，大家可以

---

⑧⑧ 馮著，《中國哲學史》，下冊，頁 798-799。引文中所說的「上文已言及」，指的是宗密轉述《俱舍論·頌》所載，印度人的世界起源論，見馮著同書，頁 793-794。

⑧⑨ 參閱荒木著，《佛教と儒教》（平樂寺書店，昭 38 年出版）；邱著，《四書集注簡論》（中國社會科學出版社，1980 年）；及張立文著，《宋明理學研究》（人民大學出版社，1985 年）；林科棠著，《宋儒與佛教》，成書太早，但仍有若干參考價值。

看到有這麼一段問答：

> 問：某嘗讀《華嚴經》，第一真空絕相觀，第二事理無礙觀，
> 　　第三事事無礙觀……此理如何？
> 曰：只為釋氏要周遮。一言以蔽之，不過曰萬理歸於一理也。
> 　　……❾⓿

這裏所引的《華嚴經》，並不是從梵譯漢的那部《華嚴經》，而是傳為杜順和尚所著的《華嚴法界觀門》。宗密是因為這一本書，才導致他進入華嚴教旨，特別寫成《注華嚴法界觀門》。此注一出，研究《華嚴法界觀門》的人士，通常也是文注並讀，很少分開❾❶。因此宋人所理解的《華嚴法界觀門》，應當和宗密的注文，是分不開的。

　　邱漢生在討論佛家對宋代儒家的影響時，指出華嚴佛學在四項問題上，影響了宋儒：一、理的概念、範疇和特點。二、人心與人性。三、淨和染。四、朱子的認識論❾❷。邱氏雖然沒有指出宗密對宋代儒家理的概念有何直接影響，但是理事的對立和無礙，是華嚴哲學的特色。作為華嚴思想傳統大家之一的宗密，應當對此有所貢獻。理事之說，起於《華嚴法界觀門》，宗密對該書的注釋，已被認為是標準著作。這一點前面已經討論過了，不必重複。邱氏同意馮友蘭的說法，認為宗密對人「所稟之氣」與「所起之心」，對周敦頤《太極圖說》

---

❾⓿　見《二程遺書・伊川先生語四》，卷18。

❾❶　據蔡運辰編，《二十五種藏經目錄對照考釋》第 1884 號上，頁 215，《注
　　華嚴法界觀門》被收入十種《大藏經》內，沒有一種本子不附帶宗密的
　　註文。

❾❷　上引邱著，《四書集注簡論》，頁 132–160。

中，言及人身乃是陰陽五行之氣所化生；朱熹所謂人之所生以其所賦之理，以為五常之德，就成為性的說法等等，與《原人論》都有連繫的痕跡可尋。朱熹的人性理論，主要的是由張載和周敦頤以及程氏兄弟那裏得到承傳。在淨染問題上，宗密多次言及一切有情，皆有本覺真心，因為妄念所蔽，不自知覺。宗密又說心的本身是「昭昭不昧，了了常知」。朱熹在他的《中庸章句‧序》和《大學章句》中，也用「心之虛靈知覺」、「虛靈不昧」一類的字句，描述人心。遠在朱熹之前，天台宗的大佛學家知禮，就曾在其所著的《十不二門指要鈔‧卷下》中指出：「靈知之名，圭峰專用」❾❸。由此可見，宗密在這一點上，直接影響了朱熹對「心」及淨染關係的理解。事實上朱熹自己在他的《語類》中，坦然承認他曾閱讀並且同意宗密的看法。例如《語類》第六十八卷中說到「知」字時，就特別註明「如圭峰禪師說知字樣」❾❹。

　　本書的第五章裏面，曾經指出宗密的實踐哲學是頓悟漸修。朱熹在《大學章句‧序》也聲明說：

> 大學始教，必使學者……莫不因已知之理而益窮之，以求至乎極。至於用力之久，而一旦豁然貫通焉……❾❺

朱子的相信人性本善一點，和宗密主張人人皆有本覺真心，心即佛性一點是一致的；朱子的窮理至極，又與宗密所主張的頓悟漸修的方法相似。

---

❾❸　《大藏經》，卷46，頁713b。

❾❹　《語類》，卷68，頁2左。

❾❺　引自邱著❾❷，頁157。

　　朱子在《語類》第一百二十六卷中，曾引用了宗密〈答山南溫造尚書〉中的話：「作有義事，是惺悟心」❾❻。也足以證明朱熹閱讀了宗密的作品，並且贊同宗密實踐哲學中的某些具體方法。

　　宗密的心學對王陽明一派的哲學，影響更為明顯。特別是王門高弟如王龍溪 (1498–1583) 及王心齋 (1483–1541) 等人。他們在作品中，多次引用宗密所記的荷澤禪學，「知之一字」，並且對之非常讚賞。例如他說：

　　　　良知即天也。故云：知之一字，眾妙之門。❾❼

又如龍溪曾說：

　　　　理乘頓悟，事屬漸修。❾❽

　　凡此種種，足以說明宗密的哲學思想，對宋明新儒家的許多重要概念，曾有衝激性的作用。另一方面新儒家的哲學，乃是積極而入世的，這和宗密的僧侶主義，存在著基本衝突。新儒家對宗密的某些名詞、語句、概念及理論方法的欣賞，並不能改變他們之間的根本矛盾。新儒家只採用了宗密思想中的許多零件，然後把那些零件，安裝到儒家的機器系統之內，其產生的作用，完全成為儒家的東西。佛家原來的面目，已經失掉，只留下某些痕跡而已。佛家對人生的看法和

❾❻　《語類》，卷 126，頁 25 左。宗密原文，參閱作者論文：〈宗密著《道俗酬答文集》的研究〉，《華岡佛學學報》，第 4 期，頁 159–163。

❾❼　〈易測授張叔學〉，《王龍溪集》，卷 15。

❾❽　同上，卷 17，〈漸菴說〉。

態度，畢竟與儒家不同的。就是因為這種看法和態度的根本差異，才使得宗密對新儒家的影響，負多於正，衝激作用大於正面影響。

六、歷史地位

宗密應該在中國哲學史上佔有一個什麼樣的地位呢?馮友蘭氏曾說，宗密「上為以前佛學，作一結算；下為以後道學，立一先聲。蓋宋、明道學出現以前之準備，已漸趨完成矣。」❾❾馮氏的這幾句話是五十多年前寫的。最近他在《中國哲學史新編》第四冊中，還是認為《原人論》對中國的佛學宗派，按邏輯的順序，作出了總結；而「儒道亦是」的說法，也預告宋明道學的升起。因為在他看來，論中所講的一乘顯性教，早為宋明道學的理學派和心學學派，「提供了一個基本的內容」❿。馮氏的結論是以他對《原人論》的研究而得出的結果。這本書固然是宗密著作中最富思想體系的力作，但不能代表宗密的全部哲學。

本書的內容證實宗密在中國思想史上，的確是一位承前啟後的人物，他不僅對佛教的各宗，以及禪門的主要派別，作出系統性的分析，指出其哲學的依據，修道的方法；並且對那些哲學及方法的長處和缺點，清楚加以說明。他在早期的佛學基礎上，經過自己不懈的努力，能夠對中國傳統中的兩大哲學主流，儒家與道家提出理論性很高的批評。在中國哲學史的發展過程中，這樣的批評雖不能說是絕無僅有，但的確是非常罕見。

他對宋明新儒家的啟後作用，源於他對中國古典儒道的哲學批

---

❾❾　前引《中國哲學史》，下冊，頁799。

❿　見馮著，《中國哲學史新編》，第4冊（1986年出版），頁257。

評。他那些思路清楚，觀察銳敏，措辭簡鍊，富於邏輯性的質詢，一方面刺激了儒家思想家，逼得他們不能不對那些問題，作出回答；另一方面也不得不從佛學裏面找尋原始儒學中所沒有的新因素。新儒家思想家們一方面從中國儒家的固有傳統中，重新發現自身的力量和根據；另一方面又從佛道兩家吸取新的養分，從之形成了理學和心學的儒家主流思想。並且使這些主流思想有一套修之可致的實踐方法。這一新的主流思想的態度是入世的，所以就在這一點上，反而超越過宗密所持的出世態度，使絕對真心、理、性等最高概念，生根下達，直與人生社會，結成一體，形成一種更廣泛、更深刻、更積極、更新的大和會哲學。

宗密是少數中國思想家，能在國外產生相當程度影響力的。例如高麗的普照國師知訥 (1158–1210)，無論在其修道方法還是在絕對真心上，都是以宗密的思想和著作為基礎。研究知訥的一位專家巴斯威爾曾經指出，甚至在當代韓國寺院教育系統中，《法集別行錄節要科目並入私記》是必讀的基教教材；而這本知訥的名著，正是知訥對宗密思想的詮解。從這一點來說，韓國佛學教義有一半是來自宗密的哲學，特別是《禪源諸詮集都序》**❶**。

鎌田茂雄在他的《研究》中，列出兩章，討論宗密對日本鎌倉時代兩位佛學家的影響。他認為證定和尚所著的《禪宗綱目》有不少的章節，都是以宗密的著作為根據的**❷**。另一位日本佛學家朗遊，著有《華嚴香水源記》一書，其中所列的五教義，就是按《原人論》中的五教次序而排列的。這和另一日本佛學家凝然 (1240–1321) 所撰的

---

❶　見 Robert E. Buswell Jr. 著，*The Korean Approach to Zen*，頁 92，第 201 條註文。

❷　鎌田所著，《研究》，第八章，頁 609 以下。

《華嚴五教建立次第》內容不相一致。鎌田認為凝然是以法藏和澄觀的判教系統作為依據；而朗遊則是根據宗密的判教次序為標準❿。

　　這些研究的結果表示，宗密對韓、日兩國的影響，只限於佛教內部，不像在中國那樣，超過佛家範，及於儒家。雖然如此，他仍然在華嚴哲學，禪學思想，以及證悟漸頓等重要問題上，都受到韓、日兩國佛教領袖的重視。從這些方面去觀察衡量，宗密的哲學思想和修道方法，不但影響了中國文化，而且越界度海，遠及韓、日。

---

❿　同上，第九章，頁 639 以下。

年　表

——本表由西元 758 年，神會逝世為起點，下迄西元 952 年，《圭峰大師纂著》寫本為止，概括宗密學術背景及其流傳。

——表中有關宗密的記載，是根據本書的資料編年。據目前所知，似為第一份宗密編年表。

——有關其他人物事件，有的是本書研究所得，有的參考別的著作年表，匯纂摘要。其中包括張遵騮編《隋唐五代佛教大事年表》（附於范著《唐代佛教》一書之內），望月《佛教大辭典》第六冊年表，《禪學大辭典》別卷所附年代，陳著《釋氏疑年錄》等。

西元 758（唐・肅宗乾元元）年

——荷澤和尚神會 (684–758) 卒。會於滑臺大雲寺，定禪宗南宗宗旨，力斥北宗，使南宗禪法，成為正統。於是年五月十三日，坐化於荊府開元寺，壽 75 歲（〈塔銘〉）。荷澤一系的禪法，已由敦煌文獻證實。參閱胡適：《神會和尚遺集》。其後遷塔於洛陽寶應寺，諡真宗大師，塔號般若（《傳》，卷 8）。宗密自言，他是荷澤一派的禪者。

——敕不空入內為肅宗灌頂受戒。（《不空行狀》，《傳》，卷 1）

——遣中使至韶州，迎慧能 (713 卒) 衣缽，入內供養。並令弟子令瑫入京，瑫辭疾不赴。（《傳》，卷 8）

西元 759（乾元二）年

——詩人王維（701–761，或 699–759）卒。維工詩善畫，與弟縉奉佛甚篤。後捨莊為寺。（《舊》，卷 140）

——鑑真律師 (687–763)，於日本奈良創建招提寺，開壇度人。（《唐大和尚東征傳》）

——史思明叛於魏州。

西元 761（上元二）年

——司空山本淨禪師 (667–761) 卒。敕諡大曉禪師。（《傳》，卷 8）

西元 762（代宗寶應元）年

——成都淨眾寺無相 (684–762) 卒。無相原籍新羅，入唐從處寂禪師 (669–732) 學習禪法，為「中期禪」七家之一，世稱「淨眾禪」。宗密的祖師南印亦屬淨眾，被胡適疑為宗密「錯認人身」。（《歷代法寶記》，胡著，〈跋故唐定慧禪師傳法碑〉）

西元 765（永泰元）年

——遷神會塔於洛陽寺，門人尊為禪宗七祖。（〈塔銘〉）

西元 766（永泰二）年

——始作盂蘭盆會於禁中，立唐高祖、太宗以下七皇祖聖位，百官奉
　　迎，歲以為常。（《舊》，118 卷；《僧史略》中）

——溫造 (766-835) 生。後與宗密來往問道，密著〈答山南溫造尚書〉。
　　（《燈》，卷 13）

西元 768（大曆三）年

——韓愈 (768-824) 生。

——詔徑山法欽禪師 (714-792) 入見，待以師禮。朝貴敬重，禪師仍布
　　衣瓦食，素若平昔。（《傳》，卷 9）

——命為回紇人奉摩尼教者，立大雲光明寺。（《僧史略》下）

西元 770（大曆五）年

——因慧星出現，詔不空赴五臺山行法；設萬人齋於太原。

西元 771（大曆六）年

——顏真卿撰〈撫州寶應寺律藏院戒壇記〉，敘述律宗傳授淵源。（《顏
　　集》，卷 13）

——資州刺史建三教道場，以佛為先，次道，儒末。（《萃》，卷 96）

西元 772（大曆七）年

——京師春夏久旱，詔不空祈雨。賜紫衣、雜綵百匹，設千僧齋以酬其
　　功。（《傳》，卷 1）

——淮南節度使張延賞，狀禪宗三祖僧璨行實，請謚於朝，賜號鏡智禪
　　師。刺史獨孤及製碑。（《萃》，卷 63）

——宗密友人白居易 (772-846)，劉夢得 (772-842) 生於此年。李翱
　　(772-841) 亦生於此年。

西元 773（大曆八）年

——制以經、律、論三科，策試天下出家者，中等以上者方度。（《傳》，
　　卷 16）

——柳宗元 (773–819) 生。

西元 774（大曆九）年

——不空 (705–774) 卒。諡大辯廣正智三藏，贈司空。不空開元時入唐，譯經一百二十餘卷，為灌頂師四十餘年。

——保唐寺無住 (714–774) 卒。無住受法於淨眾寺無相（即金和尚），後住保唐，大弘禪法，成為中期禪門七家之一。（《歷代法寶記》）

西元 775（大曆十）年

——南陽慧忠禪師卒，敕諡大證禪師。（《傳》，卷 9）

——澄觀 (738–839) 從天台佛學大師湛然 (711–782)，習天台教義。澄觀後為華嚴宗大師，宗密拜之為師，得益良多。

西元 776（大曆十一）年

——神照 (776–838) 生。神照學禪法於南印，為宗密師叔。（《碑》）

——澄觀北遊五臺山，住於華嚴寺。

西元 780（德宗建中元）年

——宗密 (780–841) 生於果州西充縣，俗姓何氏，家世業儒。（《祖略》）

——青龍寺惠果（805 卒），大弘密宗佛法，馳名中外。是年訶陵國沙門辨弘來參惠果。此後數年，從受密教者有新羅僧慧日，日本僧空海等。密教由是，盛於日本。（《行狀》）

——《曹溪大師傳》，約於此時編成。

西元 782（建中三）年

——天台宗大師湛然卒。湛然大弘智者之學，中興天台教旨，著有《止觀輔行傳弘決》（四十卷），《法華文句記》（三十卷）等，凡數十萬言。四方學僧，從之甚眾。縉紳從者亦多，其著名者有梁肅、李華 (715–766) 等。（《傳》，卷 6）

西元 784（興元元）年

──沙門法照於并州行五會念佛之法，德宗遣人迎入禁中，教導宮人念佛。（《傳》，卷 21）

西元 785（貞元元）年

──龐蘊居士（808 卒），參拜石頭和尚，忘言會旨，成為禪門著名居士。（《燈》，卷 8）

西元 786（貞元二）年

──翰林梁肅（753–793），修天台《止觀》成。推崇台教；批評禪宗，指其與「眾魔外道，為害一揆」。（《隆》，卷 19）

西元 787（貞元三）年

──宗密入學，初習儒書。宗密自稱：「實而言之，即七歲至十六、七為儒學」。（《鈔》，卷 1 之下）

──澄觀撰寫《華嚴經疏》二十卷。

──慧海禪師約於此時，撰寫《頓悟要門》。

西元 788（貞元四）年

──洪州禪師道一（709–788）卒。俗姓馬，世稱馬祖。道一初從淨眾金和尚，不契。後出川南遊，為懷讓（677–744）弟子，後來自成系統。所至聚徒，創立禪林。以「即心是佛」，「應機接物，行住坐臥盡是道」等語，聞名於世，成一方宗主。其後五世，分為溈仰、臨濟二宗。盛於中、韓、日三國。

──西明寺沙門慧琳，以印度聲明之學，與漢文訓詁合流，製《大藏音義》一百卷。

西元 789（貞元五）年

──沙門悟空，遠遊天竺，禮塔朝聖，聽法求經，返回京師。他是現在所知唐代最後一位入竺僧人。

西元 790（貞元六）年

——詔遷佛骨於岐陽舊所。(《舊》，卷 13)

——命惠果和尚，入內行道。於長生殿，為國持念。宰相黃裳 (738-
808)，韋皋 (745-805)，皆從之而受灌頂。(《行狀》)

——石頭禪師希遷 (700-790) 卒。受法於青原行思 (671-740)，大弘禪
道，與馬祖一派禪法，分庭抗禮，著《參同契》。其後五世有洞山，
七世有雲門，九世有法眼。五家禪門，竟佔其三，影響深遠。
(《傳》，卷 9)

西元 792（貞元八）年

——徑山法欽 (714-792) 卒，賜謚大覺。相國崔玄亮等，皆執弟子禮。
法欽為牛頭禪法著名人物之一。

——《神會語錄》敦煌寫本，約於此時寫出。

西元 793（貞元九）年

——沙門無名 (722-793) 卒。無名得心法於荷澤神會，澄觀曾從問法，
是年卒於五臺。(《傳》，卷 17)

西元 794（貞元十）年

——成都淨眾寺禪師神會 (720-794) 卒。會為金和尚高足，亦為宗密祖
師南印之師，領袖淨眾一支禪法，馳名當時。

西元 795（貞元十一）年

——敦煌寫本《頓悟大乘正理訣》，約成書於此時。

——澄觀住五臺山，講《華嚴》新疏，馳名於時。德宗聞其風，於是年
遣中使李輔光，宣召入都。(《傳》，卷 5；《祖略》)

西元 796（貞元十二）年

——德宗誕日，御麟德殿，命徐岱等與沙門鑒虛，道士葛參成等，談論
三教。始有分歧，卒同歸於善。(《舊》，卷 13)

——命皇太子於內殿集諸禪師，定禪門宗旨，傳法傍正。立荷澤神會為

第七祖。内神龍寺有碑。(《鈔》，卷 3 下，《禪門師資承襲圖》)

——命罽賓國三藏般若與澄觀，沙門圓照等翻譯烏荼國所進《華嚴後
　　分》梵夾。德宗親預譯場。

西元 797（貞元十三）年

——命沙門端甫 (770–836) 入内殿，與儒、道議論三教。賜紫方袍。
　　(《傳》，卷 6)

——宗密初習佛典。(《鈔》)

西元 798（貞元十四）年

——般若、澄觀等，進《新譯華嚴經》四十卷。德宗誕日，命澄觀於麟
　　德殿講華嚴宗旨。群臣大集，賜觀紫方袍，禮為和尚教授。

——神會弟子乘廣禪師，卒於袁州。劉夢得為撰碑文。(《劉集》，卷
　　30)

西元 799（貞元十五）年

——授澄觀鎮國大師號，進天下大僧錄。迎入内殿，闡揚大經。德宗備
　　加禮敬，臺輔重臣，以禮師之。

西元 800（貞元十六）年

——命沙門圓照，撰編《貞元新定釋教目錄》三十卷。

——李翱撰《復性書》，為早期道學家的重要作品之一。

西元 801（貞元十七）年

——宗密暫停閱讀釋書，專於儒學。因遂州有義學院，大闡儒宗，遂往
　　投詣進業。(《鈔》)

——杜佑 (735–812) 進其所撰《通典》二百卷。此為中國第一部記典章
　　制度之專書。(《舊》，卷 13)

——建康沙門慧炬，約於此時，撰《寶林傳》十卷。(《稽》，卷 3)

西元 804（貞元二十）年

——宗密二十五歲，習儒典於遂州。遇道圓禪師，相談甚契，於是捨俗出家（《鈔》）。約於此時，得《圓覺經》，讀一二紙，豁然大悟，身心喜躍。（《祖略》）

——日本學問僧空海 (774-835)，最澄 (767-822) 入唐求法。

——新羅僧真鑒入唐，學禪法於滄州神鑒大師。元和中受戒於嵩山少林寺。太和四年返國，弘禪教於海東，創立「六祖影堂」。（《萃續》，卷 21）

西元 805（貞元二十一·順宗永貞元）年

——宗密約於是年，得杜順禪師著《華嚴法界觀門》。密與同志四人，琢磨數載。此為宗密初次接觸華嚴典籍。曾為此書作註。（《書》）

——密教大師惠果卒。（《行狀》）

——日本僧人最澄，學天台教於道邃，盡寫一宗論疏，於此年回日，建立日本天台佛教。

——韓愈撰寫〈原道〉、〈原性〉、〈原毀〉等五篇論文，詆譭佛道，力倡儒學。開宋明新儒學之先河。劉禹錫、柳宗元撰文相與辯論。

西元 806（憲宗元和元）年

——宗密之友白居易、蕭俛等，均於此年以「才識兼茂，明於體用」科及第。（《會要》，卷 76）

——日本僧空海，學成密教於長安，攜漢譯佛經，梵字真言，論疏著作返國，大弘密教於日本。

西元 807（元和二）年

——宗密約於是年，進具於拯律師，尋謁荊南張，即南印也。

——南康王韋皋，相國武元衡，請澄觀撰寫《華嚴法界玄鏡》。（《祖略》）

——良价 (807-869) 生，後創曹洞宗禪法。慧寂 (807-883) 生，後創為

仰宗禪法。

西元 810（元和五）年

——宗密於此年出川，東遊襄陽，遇華嚴僧人靈峰，得澄觀所撰《華嚴經疏》及《疏》、《鈔》等。初講華嚴教義於襄陽。

——召澄觀入內，談《華嚴法界》大旨。鑄「僧統清涼國師」金印以賜澄觀。

西元 811（元和六）年

——宗密自襄陽北上，赴東都洛陽，參拜荷澤祖塔，及神照和尚。照曰：「菩薩中人也」。密於洛陽，講解《華嚴經》，門人泰恭深為感動，斷其一臂以酬佛恩。東京留守鄭餘慶 (748-820) 審查其事。宗密作〈遙稟清涼國師書〉，申門人之禮。澄觀接受。宗密自是，進入華嚴宗。（《書》）

西元 812（元和七）年

——宗密於是年春，親赴長安，師事澄觀。此後數年，不離左右。師曰：「毗盧花藏能隨我遊者，舍汝乎！」次後於諸寺開講經論，有疑則咨問不絕。（《祖略》）

西元 814（元和九）年

——梓州沙門神清卒。清通曉三教，弟子千人，著有《北山錄》。（《傳》，卷 6）

——懷海 (720-814) 卒。海得法於馬祖，居百丈山，倡「一日不作，一日不食」。創意別立禪居，建立《禪門規式》。於是禪宗獨立，脫出傳統律儀。

西元 816（元和十一）年

——宗密於是年正月，入終南山，讀經於智炬寺。編纂《圓覺經科文》及《纂要》二書。發願遍閱藏經三年，決不下山。（《祖略》）

——靈坦禪師 (709–816) 卒。坦為武則天族孫，得法於神會禪師。
（《粹》卷 64）

西元 818（元和十三）年

——敦煌寫本《六祖壇經》，約於此時寫出。

西元 819（元和十四）年

——宗密於長安興福寺，撰《金剛經纂要疏》及《疏鈔》。從茲後二年
間，研究大乘有宗之唯識哲學。（《祖略》）

——令迎佛骨入都，留禁中三日，送京中各寺供養。王公士庶，爭相施
捨。百姓有廢業破產，燒頂灼背以求福。韓愈上疏力諫。憲宗大
怒，欲加極刑。百官救護，遂貶愈為潮州刺史。（《會要》，卷 47；
《舊》，卷 15, 160）

——柳宗元卒。宗元精於儒學，亦邃於佛理，主張「統合儒釋」。
（《舊》，卷 160；《柳集》）

西元 820（元和十五）年

——宗密於長安興福、保壽二寺，寫成《唯識疏》兩卷。（《祖略》）

——唐憲宗卒。穆宗即位，曾於安國寺觀「盂蘭會」。命盛飾安國、慈
恩諸寺，縱吐蕃使者觀之。（《舊》，卷 16）

——李翱與藥山唯儼 (751–834) 交遊。（《祖堂集》，卷 4）

西元 821（穆宗長慶元）年

——宗密退入終南山草堂寺，撰寫《圓覺經大疏》。（《鈔》）

——蕭俛為丞相。俛後與宗密交遊問道，留有來往書札。（《燈》，卷
13）

——成都聖壽寺南印和尚，卒於長慶初。以其高足道圓紹繼其位。道圓
乃宗密之師。密出川之前，曾謁南印，印讚密為「傳教人也，當宣
導於帝都!」（《傳》，卷 6）

西元 822（長慶二）年

——春，宗密重治《圓覺經解》。又於豐德寺製《華嚴綸貫》五卷。（《祖略》）

——新羅沙門無染來唐，從香山如滿等人，學習禪法，皆蒙嘉許，留唐二十餘年，至會昌五年，返回新羅。

西元 823（長慶三）年

——夏，宗密於豐德寺纂《四分律疏》三卷。至冬初《圓覺經》主要著述完功，計有《大疏》三卷。

西元 824（長慶四）年

——自是年起，迄 827 年間，宗密陸續寫成《圓覺經大疏鈔》十三卷，《略疏》兩卷，《小鈔》六卷，《道場修證儀》十八卷。《圓覺經》之成為重要佛學典籍，宗密之功，可謂大矣。（《鈔》，《祖略》）

——韓愈卒。韓氏終身辟佛，開復興儒學之先河。李翺稱之為「六經之學，絕而復新」。（《舊》，卷 160；《新》，卷 176；李撰《行狀》）

——諡無際禪師之號於希遷。

西元 826（敬宗寶曆二）年

——敬宗至興福寺，觀沙門文漵「俗講」，稱善。

——諡懷讓為大慧禪師。

西元 827（文宗太和元）年

——誕日召秘書監白居易，沙門義林，道士楊弘元等，於內道場談論三教。（《白集》，卷 59）

——道一弟子無等 (749–830)，結廬說法於武昌。相國牛僧孺 (779–847) 出鎮荊襄，命駕問道。以其蘭若無籍，奏請賜名曰大寂。（《傳》，卷 11）

西元 828（太和二）年

——文宗誕日，召宗密入內講經。賜紫方袍，敕號大德，朝野敬仰。（《祖略》）

——裴休（約797–870）於是年閏三月，以賢良方正能極諫科及第。（《會要》，卷76）後與宗密為密友，對宗密教旨之弘揚，著作的流通，地位之推崇，致力最多。

西元829（太和三）年

——宗密請歸山，住草堂寺。劉夢得、白居易皆有詩贈。（《宋》，卷6；《劉集》，卷7；《白集》，卷61）

西元831（太和五）年

——命天下州郡造僧尼籍。（《僧史略》中）

——溫造檢校禮部尚書，宗密約於是年，撰〈答山南溫造尚書〉。（《燈》，卷13）

西元835（太和九）年

——長慶以來，中官執政者孔熾，內外猜疑。文宗久欲芟除宦官，用李訓謀，乃有「甘露之變」。事敗，訓奔終南山投宗密禪師。宗密欲剃髮匿訓於寺，從者止之。中官仇士良遣捕密，數其不告之罪，將加害之。宗密怡然直陳其事。中尉魚恆志嘉之，奏釋其罪。朝士聞之，扼腕出涕。（《舊》，卷17下；《通鑑》，卷245；《傳》，卷6）

——溫造卒。

西元836（開成元）年

——沙門端甫（770–836）卒，謚號大達，塔曰玄秘。其後裴休為之撰碑。（《傳》，卷6；《粹》，卷62）

西元837（開成二）年

——宰相鄭覃進石刻儒家九經一百六十卷。立於太學，以便諸儒校正訛謬。（《舊》，卷173）

西元 838（開成三）年

——日本僧圓仁 (794–864)，常曉（865 亡）入唐求法。

西元 839（開成四）年

——華嚴佛學大師澄觀卒。觀博學多聞，大弘華嚴法界宗旨，著書四百
餘卷。百官、學士多從問法，弟子達數百人，惟東京僧睿，圭峰宗
密，深得其奧。文宗輟朝三日，重臣縞素，敕裴休撰碑。寫真容奉
安於大興唐寺，文宗親製像贊。（《傳》，卷 5；《祖略》）

西元 841（武宗會昌元）年

——正月六日宗密禪師卒。其月二十二日，道俗奉全身於圭峰火葬。閱
世六十二，僧臘三十四。密以「一心總萬法」，和會禪教，兼及道
釋。又集禪門文獻為一藏，都而序之。集中華佛學之大成，開宋儒
復興之先聲。

西元 842（會昌二）年

——宗密之友劉禹錫卒。

西元 845（會昌五）年

——武宗下詔廢佛，共拆佛寺四千六百餘所，遷俗僧尼二十六萬零五百
人，拆除招提蘭若四萬餘處，收膏腴上等田地數千萬頃，奴婢十五
萬（《舊》，卷 18 上；《會要》，卷 47；《新》，卷 52）。並以釋教既
革，大秦、穆護等邪法不可獨存，勒令大秦、穆護、火祆等二千餘
人還俗，遞歸本貫充稅戶；外國人送還本處收管。

西元 846（會昌六）年

——武宗服食方士藥，卒。宣宗即位。（《舊》，卷 18 上）

——詩人白居易卒。白氏與諸僧交遊，尤喜禪學，並有詩送宗密。晚以
風疾好佛更甚，有經月不葷者。是年八月，卒於洛陽，葬於龍門。
（朱金城著，《白居易年譜》）

西元 847（宣宗大中元）年

——閏三月詔：「會昌五年所廢之寺宇，有宿舊名僧，復能修創，一任
主持，所司不得禁止。」《舊》，卷 18；《會要》，卷 48）

西元 848（大中二）年

——宣州刺史裴休言天下寺觀，多為官僚寄客蹂踐，今後不得居止，違
者重罰。詔從所請。（《統》，卷 42）

西元 850（大中四）年

——黃蘗希運禪師卒於唐大中。運得法於百丈懷海，南泉普願等禪師，
大弘洪州禪法「即心是佛」。裴休曾於會昌、大中年間，請師至鍾
陵、宛陵說法，有《語錄》，《傳心法要》。（《傳》，卷 20）

——七月，敕裴休重建道一禪師之塔。（《祖堂》，卷 14）

西元 851（大中五）年

——裴休以戶部侍郎為鹽鐵轉運使。（《會要》，卷 87）

西元 852（大中六）年

——四月，裴休同中書門下平章事。（《詔令》，卷 49）

西元 853（大中七）年

——王元宥施碑，奏請宗密塔額。詔諡定慧禪師。碑為裴休撰文書丹，
柳公權篆蓋。（《萃》，卷 114）

——溈山靈祐禪師卒。祐受法於百丈，會昌廢佛，裏首為民。宣宗釋
禁，再為沙門。湖南觀察使裴休，曾咨玄奧。入室弟子有仰山慧
寂，師徒並稱為溈仰宗。

西元 855（大中九）年

——〈定慧禪師傳法碑〉，成於是年十月十三日。（《萃》，卷 114）

西元 856（大中十）年

——裴休出鎮宣武軍。（《詔令》，卷 54）

西元 857（大中十一）年

　　——裴休親筆寫本《禪源諸詮集都序》，於是年付於金州武當山延昌寺
　　　宿老。（朝鮮版後記）

西元 912（後梁太祖乾化二）年

　　——裴寫本《禪源諸詮集都序》為唯勁禪師所得，歸於湖南。（同上）

西元 934（後唐廢帝清泰元）年

　　——唯勁禪師授裴寫本於契玄，歸之於閩。後於 954–955 年間，賣入吳
　　　趣，書寫施行。（同上）

西元 952（後周太祖廣順二）年

　　——《敦煌卷子·大乘禪門要略》，於是年鈔寫。其中有《都序》卷下
　　　殘本，及《圭峰大師纂著》。此為現存宗密著作之最早寫本，亦為
　　　最全之著作目錄。（《敦煌卷子》）

附錄：宗密傳法世系的再檢討

提要：

胡適先生去世以後，他尚未完成的一篇遺作在《中央研究院歷史語言研究所集刊》上出版。胡氏在那篇遺著中說唐代僧人和思想家宗密所傳的傳法世系是不可靠的。根據胡氏所考，宗密應該是四川淨眾寺神會（俗姓石）一系的僧人。他又否定宗密所言他是荷澤大師神會（俗姓高）法裔的說法。並且指責宗密是「有意錯認祖師」、「捏造歷史，攀龍附鳳」，目的在抬高自己的身分。本文把胡氏的證據，再加檢討，發現胡氏的結論不能完全成立。本文考察的結果認為宗密所傳的禪法，應該是荷澤一系的傳統。宗密的祖師南印唯忠，兼承荷澤、淨眾兩家法旨，因此才造成混亂。胡氏對宗密的指責，證據不足，不能成立。

———

六十年代後期，我在學校研究所開了一門課，和研究生一起研讀中文禪學典籍，其中主要的文獻之一，就是唐代佛學家宗密 (780–841) 的名著：《禪源諸詮集都序》。當時我覺得像宗密那樣有系統的思想家，在中國佛教歷史上還不多見。後來把我所收集的資料，寫了一篇英文論文，在荷蘭出版的《通報》發表❶。在那篇論文快要付印的

---

❶ 見 Jan Yün-hua, "Tsung-mi, His Analysis of Ch'an Buddhism", *T'oung Pao,* Vol. LVIII (1973)，頁 1–54。

時候，讀到了胡適先生 (1891–1962) 的遺稿——〈跋裴休的唐故圭峰定慧禪師傳法碑〉❷。那篇文章對唐代以來，傳統的宗密傳法世系提出挑戰，認為傳統的世系是「不可靠的」，是宗密所「偽造」的。胡適在他的遺稿中得到了下列結論：第一，宗密原是益州淨眾寺神會一枝的禪法，與荷澤寺的神會，本不相關。但是「他故意不承認這個神會是他的祖宗，他故意承認那個遠在東京洛陽荷澤寺的神會是他的祖宗」❸，從而造成一個「人身錯認」的問題。第二，宗密的那樣錯認祖宗，並非是無知的錯誤，而被胡氏看作是「毫無可疑的存心詐欺，存心『攀龍附鳳』。」❹這就涉及了宗密的人格問題。這就意味著宗密為了抬高個人地位，不惜錯認祖師。第三，裴休崇敬宗密，所以「替他宣傳辯護」。胡氏研究的結論認為：

> 我們研究這篇〈傳法碑〉，也可以承認裴休不但是一個最有資格的同時證人，並且確是根據宗密自己供給的傳法世系與傳記資料。可惜宗密自己供給的材料就不免有存心作偽的成分，所以裴休這一篇很可誦讀的碑文也就不能算作可以信賴的禪宗史料或中國佛教史料了。❺

---

❷ 原文刊於《中央研究院歷史語言研究所集刊》第 34 本，第一分冊 (1962)，頁 5–26。這篇文章的原稿，收在《胡適手稿》第 7 集，中冊，頁 275–349。又被編入柳田聖山編，《胡適禪學案》（正中書局，民國 64 年出版），頁 395–421。以下簡稱《學案》。

❸ 《學案》，頁 401。

❹ 同上。

❺ 同上，頁 408。

　　胡氏論文發表之時，我的文章已入付印校對階段，無法把胡氏的研究成就，包括進去。可是胡對中國禪史研究，貢獻很多，影響更為深遠，不能加以忽視不管。為了補救這一點，我在英文論文中加了一條補註，記下我對胡氏論點有保留的部份❻。那篇論文後來為黃福曜先生譯成中文，刊出於道安法師的祝壽論文集中。當時我不同意胡氏的結論，共有五點：

　　一、〈傳法碑〉所根據的資料，是第八、九世紀的紀錄；胡氏在關鍵性的問題上，主要是依據第十世紀末尾編成的《宋高僧傳》。用後世的資料去否定早期的資料，在史學上是一件危險的措施。

　　二、宗密著作中清楚指出，有關禪師俗姓不同，和《宋高僧傳》所記相異。因此他們所記的分明是不同的禪師。

　　三、在宗密到長安前後，荷澤一系並沒有當道的大和尚，宗密沒有什麼龍或鳳可高攀。

　　四、宗密同時代的熟人，神照 (838)、白居易 (772–846)、劉禹錫 (772–842)、裴休乃至宗密的老師澄觀 (738–839)，都是熟知禪史的人士，宗密想要欺騙他們，將不是一件容易的事。

　　五、閱讀宗密著作給人的印象，宗密不像胡氏所懷疑的那麼低俗。何況宗密到長安時，已是澄觀大師的弟子。澄觀當時備受皇帝敦重，詔令垂教，「朝臣歸向」、「結交甚深」。澄觀當時的地位，非常崇高，宗密可以說就憑這一點，足以安居長安，根本沒有去冒險偽造歷史「攀龍附鳳」的必要。

　　上面的這數點，發表以來已有十幾年了，在這一段時間中新的資

❻　見❶所引英文論文，頁 9–10。中文譯本見《道安法師七十歲紀念論文集》（大乘文化出版社，民國 65 年排印本），頁 109–131。有關對胡氏研究的批評，見於頁 126–127。

料又被發現，證實胡氏的某些考證是錯誤的；而他所據的資料，也有
問題。和這種情形相反的是宗密所記禪史，卻顯示非常可靠。其中最
重要而清楚的例子，就是荷澤寺神會的卒年。胡氏從二十年代起，直
到晚年，對神會的研究一直沒有中斷。最後他考定神會死在 762
年❼。這和宗密所記的 684–758 年，《宋高僧傳》所記的 668–760
年，和《景德傳燈錄》所記的 686–760 年都不相同。因為胡氏治學素
稱嚴謹，尤以「小心求證」著名學林，所以他所考定的神會生卒年
代，早為海內外學者所接受❽。直到 1983 年十二月，神會的塔銘原
石，〈大唐東都荷澤寺故第七祖國師大德于龍門寶應寺龍崗腹建身塔
銘并序〉，在洛陽龍門西山北側，唐代寶應寺的遺址出土，實物證明，
《宋高僧傳》、《景德傳燈錄》以及胡氏一生考證所得的神會去世日
期，全都錯誤；倒是認為可疑的宗密所記日期，與出土原石所載完全
相合❾。起碼在這一事例上，宗密的記載是正確無誤的，其他的記載
和考證是不正確的。由於這件事實，引起了我對胡氏遺著：〈跋圭峰
禪師傳法碑〉再加檢討的興趣。

---

❼ 見胡著，《神會和尚遺集》(胡適紀念館，民國 59 年再版)，頁 370–376。

❽ 例如鎌田茂雄著，《宗密教學的思想史的研究》(東京大學東洋文化研究
所，1975 年排印本)，頁 6；柳田聖山著，吳汝鈞譯，《中國禪思想史》
(臺灣商務印書館「人人文庫」本)，頁 88；外文著作以胡氏所考神會
生卒年代的也很多，例如，Kenneth K. S. Ch'en, *Buddhism in China*
(Princeton, 1964), p. 353 f; Lancaster and Lai, ed., *Early Ch'an in China and
Tibet* (Berkeley, 1983), pp. 11, 16；又見印順著，《中國禪宗史》(慧日講
堂，民國 60 年排印本)，頁 282。

❾ 溫玉成論文：〈記新出土的荷澤大師神會塔銘〉，刊於《世界宗教研究》，
1984 年，第 2 號 (總第 16 期)，頁 78–79。

二

使胡適感到懷疑的是宗密所記的傳法系統。宗密在《圓覺經略疏鈔》第四卷，和《禪門師資承襲圖》兩書中，都一再說明，荷澤一系的禪法，在四川傳流的一支是這樣的：磁州智如（俗姓王）——成都唯忠（俗姓張，亦號南印）——遂州道圓（俗姓程）——果州宗密❿。

胡適說：「其實宗密這個傳法世系是大有問題的。」⓫根據胡適的說法，這一支禪法，「原是出於成都淨眾寺無相門下的神會，並不是出於東京荷澤寺的神會。」⓬胡氏的這一結論，是根據他對唯忠考證而推論出來的。因為沒有直接的證據，我們可以存而不論。

智如的情形又是如何呢？胡氏說：「此一代，現在沒有資料，我頗疑心此一代是無根據的，是宗密捏造出來的。」⓭智如的資料簡略是事實，但卻不能說是「沒有資料」。宗密在不同的著作中，都提到了智如，胡氏在文中都注意到這些記載，卻不加承認的一口咬定「沒有資料」。例如《楞伽師資記》中的玄賾和淨覺及敬賢等，也沒有其他的記載；又如《歷代法寶記》一書被胡氏認為，「敘述保唐寺的無住和尚的思想最詳細」⓮。無住原來也和成都淨眾寺的金和尚有關，這是書中所承認的；但是和無住同時的淨眾寺領袖神會——即「益州石」卻沒有被提到，又當如何加以解釋？無住本人也沒有在《宋高僧

---

❿　《圓覺經略疏鈔》，卷4；《續藏經》第15套，頁131；《禪門師資承襲圖》；鎌田茂雄譯著，《禪の語錄》，第9冊，頁290。

⓫　《學案》，頁396。

⓬　同上。

⓭　同上，頁397。

⓮　同上，頁404。

傳》中出現❺。在敦煌資料未出土以前，只有宗密對無住思想作了有系統的記載，難道也因為無住不見於《宋高僧傳》，就應當被認作是宗密所捏造的嗎？胡氏有一句話講得非常好，他說「有一分證據說一分話」，但是在這篇遺作中，他自己作的卻冒過了頭。

談到唯忠和尚這一代時，胡氏引用《宋高僧傳》第十一卷的資料，承認「成都府元和聖壽寺釋南印，姓張氏。」這和宗密所說，南印俗姓張這點相合。胡氏承認這個南印就是宗密所說的那個人；但卻指出《宋高僧傳》不說南印名字叫作唯忠，又從同書第九卷找出了一位「黃龍山唯忠（俗姓童，成都府人）」討論了一番，說明唯忠不是宗密所說的那個「荊南張」❻。胡氏從這些資料中，列出了兩個不同的傳法系統：一個是蜀中淨眾一支，其中最後三代的人物是——

　　　　成都淨眾寺無相——淨眾寺神會——元和聖壽寺南印

另一傳法系統是他從黃龍唯忠的傳記中推算出來的。其中最後三代是這樣的：

　　　　　　　　　　　　　　磁州法如
　　　　慧能——東京神會——
　　　　　　　　　　　　　　黃龍唯忠

從這兩個不同的傳法系譜中，胡氏寫出他的疑問：「這兩個神會和尚的兩支不相干的傳法世系怎麼會混合作一支去了呢？是誰開始造出『唯忠亦號南印』的『人身錯認』的假世系呢？」❼胡氏提出了這兩個問題以後，沒有再寫下去，不過他的結論，早在文章的開始已講清楚了。

---

❺　參看柳田聖山整理，日譯本，《禪の語錄》，第 3 冊，頁 124 以下。

❻　《宋高僧傳》，卷 11，附於〈伏牛山自在傳〉後；《大正新修大藏經》本，卷 50，頁 772。

❼　《學案》，頁 419。

　　胡氏的遺稿後面又附上了另一段文字，列出了第三份傳法系統。他所根據的資料，是白居易 (772–846) 撰寫的〈唐東都奉國寺禪德大師照公塔銘〉。這篇銘文中說：

> 大師號神照，姓張氏……學心法於唯忠禪師。忠一名南印，即第六祖法曾孫也。大師祖達摩、宗神會，而父事印。❽

從這一塔銘中，胡氏得了第三份傳法世系：

能──會──□──唯忠（法曾孫／南　印）──神照❾

很可惜的是胡氏雖然引用了這份重要的資料，列出了一個傳法系譜，卻沒有把這個系譜和前面的系譜合加論考；也沒有把宗密和神照之間的關係加以推敲。在筆者看來胡氏推論出的結論，正是在這個地方出了漏洞。

　　裴休撰寫的〈定慧禪師傳法碑〉中，有幾句話胡氏未加討論。裴休描寫南印、神照與宗密的關係時稱：

> 道成乃謁荊南張。荊南曰：傳教人也，當盛於帝都。復謁東京照，照曰：菩薩人也，誰能識之！❿

這一段話也見於《宋高僧傳》、《景德傳燈錄》及《法界宗五祖略記》。宗密又在《禪門師資承襲圖》中，記載益州南印門下，共有四人，其

---

❽　《白氏長慶集》，卷70，《四部叢刊初編縮本》，頁 391a。

❾　《學案》，頁 420。

❿　《金石萃編》，卷 114，頁 6c–b。

中就有「東京神照和遂州道圓」❷。從這些事實中，我們可以看出，宗密所記的傳法世系，正好和白居易所記的相合。胡氏上面所記的能——會——□——唯忠——神照，不是正好和宗密所記的一樣嗎？胡氏所空的那一個人，不是剛巧和智如的地方一樣嗎？胡氏的問號——是誰開始造出「唯忠亦號南印」的問題，這裏不就是旁證嗎？宗密說：「磁州門下成都府聖壽寺唯忠和尚，俗姓張，亦號南印。」白居易現在也寫稱：「忠一名南印」。不知道胡氏為什麼沒有討論這一點？

　　從上面引用的這兩種材料來看宗密和白居易所說的南印，是一個人應無問題，現在讓我們來看一下南印這個人的師承和經歷有什麼問題。胡氏引用《宋高僧傳》第十一卷，〈洛京伏牛山自在傳〉後，所附〈南印傳〉裏有一段話說：

> 成都府元和聖壽寺釋南印，姓張氏。明寤之性、受益無厭。得曹溪深旨，無以為證。見淨眾寺會師。所謂落機之錦，濯以增妍；銜燭之龍，行而破暗。❷

就是由於這一份材料，胡適才下結論說：「據《宋高僧傳》，南印是淨眾寺的神會和尚門下的第一代，並不是第二代。」❷根據這一結論，他又進一步推論說：「宗密是出於成都府淨眾寺無相和尚門下的神會和尚的一支。」❷

---

❷　見❿引《禪の語錄》，第 9 冊，頁 290。

❷　《大正新修大藏經》，卷 50，頁 722b。（「妍」字原作「研」，今從胡氏論文校正。）

❷　《學案》，頁 398。

❷　同上，頁 400。

南印與淨眾神會有關係一點，《宋高僧傳》所記，應當是有根據的。但是〈南印傳〉中有兩點，胡氏的論文沒有加以討論。而這兩點卻正與本文的主題有關。第一，《宋高僧傳》說，南印是先「得曹溪深旨，無以為證」才改投淨眾寺神會的門下。換句話說，南印未到淨眾寺以前，學的是曹溪禪法。胡適已經指出，當時所謂「曹溪」，「其實只是『皆本於荷澤神會』。」㉕這麼一來就證明南印先學的是「曹溪深旨」，應當也就是神會所傳的南宗禪法了。第二，令人吃驚的是胡氏談到宗密與南印的關係時，曾堅決指出，南印是淨眾寺一派的禪法，與荷澤寺的神會完全沒有關係；但是在談到神照的碑文時，卻毫不遲疑的承認，神照的師父「唯忠禪師。忠一名南印，即六祖之法曾孫也。」㉖

換句話說，胡氏沒有討論南印投到淨眾以前，曾學過南宗禪法一點。在討論南印和宗密的關係時，他不承認南印和荷澤禪有任何關係；但在談到南印和神照的關係時，卻說南印曾學過荷澤一系的禪法。為什麼從同一份材料中，竟然找出了兩種不同的結論呢？為什麼又對南印，神照及宗密之間的人事關係避而不談呢？

根據上面的討論，我認為胡適說宗密所傳的傳法譜系，是故意「人身錯誤」、「存心詐欺」一點，是不能自圓其說，也缺乏有力的證據，來支持他的見解。如果人們仔細分析一下他的證據，就會發現他沒有充份分析那些材料，而且在同一資料的運用上，自相矛盾。南印在宗密傳記中，被胡氏看作是「淨眾寺」一派的禪法；到了神照的傳記中，又成為荷澤神會的法孫了。

據上面分析的結果，南印唯忠先學荷澤禪法於智如，「得其深旨，

㉕　同上。

㉖　同上，頁419，胡氏引用白居易寫的〈照公塔銘〉，見⓱。

無以為證」；後來才到益州淨眾寺投靠石和尚（即益州神會）。他雖然從淨眾神會得到「增妍破暗」的好處，但卻仍然沒有放棄「曹溪深旨」。這一點可以從他弟子神照和再傳弟子宗密的資料中，得到充分的證明。胡適對宗密所傳的師資承傳的懷疑和攻擊，顯然沒有可信的證據。神照在成都從南印學禪法，事在貞元十一年 (795)，然後於西元 808 年到達洛陽❷⃝。宗密是在 808–809 年之間，拜會了南印，這位祖師認為宗密是「傳教人也！當盛於帝都。」大約是南印的鼓勵和指點，宗密才離開四川，到當時的東都洛陽，去另求發展。他到洛陽的主要目的，一是「暫往東都、禮祖師塔」❷⃝，二是參晤師叔神照和尚，找尋發展的機會。

<h1 style="text-align:center">三</h1>

　　為了證明他對宗密傳法系統的懷疑，胡氏在他的文中還列舉了一些其他的理由。本文在上一節中，已經證明胡氏說宗密是淨眾寺一派的法裔，證據不足；而他對那些材料的評價，也是自相矛盾。因而胡氏說宗密不是荷澤法裔一點，是無法成立的。現在讓我們再檢討一下胡氏所舉的其他理由。

　　胡氏認為宗密之所以「人身錯認」，目的在於「攀龍附鳳」。他說：

---

❷⃝　同上，胡氏❽所附的後記，頁 421。

❷⃝　宗密自敘，見其〈遙稟清涼國師書〉，《大正新修大藏經》，卷 39，頁 577b；參閱作者論文：〈宗密著《道俗酬答文集》的研究〉，刊於《中華佛學學報》，第 4 期，頁 132–165。特別是頁 144–153 所載的「資料一」的那一部份。

宗密是出於成都府淨眾寺無相和尚門下的神會和尚的一支。他
從蜀中出來，到了帝都長安，於元和十一年 (816) 在終南山智
炬寺讀經著作，長慶元年 (821) 又在終南山草堂寺著《圓覺經
疏》，他的才氣與學力漸漸受到帝王大臣的敬信。他要依附一
個有地位的佛教宗派或禪門派系作為自己的立足根據……。

因為荷澤神會的思想是當時最風行的禪宗思想，所以宗密就說
他自己是出於「荷澤宗」在蜀中傳承下來的一支。……㉙

從這一段引文中，我們可以看出胡氏的理由和推測，是宗密到長安以
後，才叫出他是荷澤一系的法裔。如果我們再檢查一下資料，事實上
並非像胡氏所說的那樣。宗密在沒有到達長安以前，已經拜會了被胡
氏肯定為荷澤一系的神照。他又寫信給他未來的老師澄觀說，他去洛
陽的目的正是「禮祖師塔」㉚。

　　我曾在本文開首就已指出，宗密到達長安的時候，荷澤一系的禪
法，並沒有什麼著名人物當道。那麼宗密有什麼龍鳳可攀呢？

　　本文開首也曾指出，當時禪宗派系的「傳法旁正」，是一件熱門
題目，許多人都熟知能道，例如宗密的師叔神照當時正住在洛陽，他
自然是荷澤一系的在京人物。又如澄觀自己曾從「洛陽無名師，咨決
南宗禪法，復見慧雲禪師了北宗玄理。」㉛這位無名正是荷澤神會的
弟子之一，與宗密的祖師智如同屬一輩。再如白居易當時正在長安，
他後來親為神照撰寫碑銘㉜。宗密最有力的支持者裴休，也曾在撰寫

㉙　《學案》，頁 400。

㉚　參閱㉓。

㉛　《宋高僧傳・澄觀傳》；《大正新修大藏經》，卷 50，頁 737a。

㉜　見本文前⑱。

〈圭峰禪師碑〉之前，受法於懷讓一系的希運禪師（死於 850?）❸❸。宗密沒有「攀龍附鳳」的必要，更不會到那些與他熟識而又熟知禪宗歷史諸人的面前，去冒險「人身錯認」。

宗密在《禪門師資承襲圖》中，指出慧能是南宗的第六祖，荷澤神會是第七祖❸❹。胡氏對宗密這一說法，也不能相信。他的理由是這樣的：

> 我們既然不相信宗密自己宣傳的世系，也不相信裴休碑文轉述的傳法世系，所以我也就不敢輕信裴休碑文裏說的「能傳會為荷澤宗，荷澤於宗為七祖」的一句話了。❸❺

在同篇文章的另一處地方，胡氏還說宗密所記：「立神會禪師為第七祖」一事，「不見於他書」❸❻。志磐在《佛祖統紀》中，雖然提到貞元十二年 (796) 十二月，「敕皇太子於內殿集諸禪師，詳定傳法旁正」❸❼的記載，但是志磐並沒說「敕立神會為第七祖的事」❸❽。

真的沒有立神會為第七祖的說法嗎？自然是有的。本文第一節中所引才出土的〈神會塔銘〉，正不是稱神會為「大唐東都荷澤寺故第七祖國師大德」嗎？這塊碑銘造於「永泰元年歲次乙巳十一月戊子十

❸❸　見裴著，《黃蘗山斷際禪師傳心法要‧序》，《大正新修大藏經》，卷48，頁 379b-c；參閱入矢義高整理及日譯本，《禪の語錄8》，頁 3-6；及同書，頁 168，柳田聖山所著，《解說》。

❸❹　見前引鐮田整理本，《禪の語錄9》，頁 289-290。

❸❺　《學案》，頁 402。

❸❻　同上。

❸❼　《佛祖統紀》，卷41；《大正新修大藏經》，卷49，頁 380a。

❸❽　《學案》，頁 402。

五日王申」❸，相當 765 年十二月三十一日——比宗密出生還早十五
年——這是物證。這塊塔銘中已有「達摩傳可、可傳璨、璨傳道信、
信傳弘忍、忍傳惠能、能傳神會，□承七葉，永播千秋」的說法
了❹。

　　再看文獻。《劉夢得集》卷七，有一首詩題作:〈送宗密上人歸南
山草堂寺因詣河南尹白侍郎〉，全詩如下:

> 宿習修來得慧根，多聞第一卻忘言。
> 自從七祖傳心印，不要三乘入便門。
> 東泛滄海尋古蹟，西歸紫閣出塵喧。
> 河南白尹大檀越，好把真經相對翻。❹

神會是七祖的說法，當時許多人都知道這點，是不容懷疑的。夢得是
劉禹錫 (772–843) 的字，是宗密的友人之一。詩中的「河南尹白侍
郎」，指的是白居易。白於 829 年，以太子賓客分司東都；劉氏於太
和五年 (831) 除蘇州刺史，由長安上任時路經洛陽❹；宗密當時名馳
帝京，聲望達於極峰。劉詩當寫於那一年。由此可見，七祖的說法，
是兩京圈內人士所熟知的事。怎麼能說是這件事「不見於他書」呢?

　　胡氏在討論宗密所記的傳法世系時，把宗密著作的資料，全部畫
上問號，認宗密「自己傳出的『法宗之系』是大有問題的，是很可懷
疑的。」❷ 他所引用的宗密資料，有《禪源論詮集都序》，《圓覺經略

---

❸　見前❾，引溫玉成文，頁79。

❹　同上，荷澤一派的說法，是針對北宗所傳的七祖之說。參閱本文著者論
　　文:〈敦煌卷子中的兩份北宗禪書〉，刊於《敦煌學》，輯 8，頁 3–5。

❹　《四部叢刊初編縮本》，第 156 冊，頁 55a。

疏鈔》，和《禪門師資承襲圖》。對於後者，胡氏頗有懷疑。他雖然承
認書中的問題是由裴休提出，但卻加了幾句話：

> 這問題很可能是裴休提出的，但是不應該題作「裴相國問」。
> 宗密死在會昌元年 (841)；裴休作宰相是在大中六至十年 (852-
> 856)，宗密久已死了。 ❹

胡氏的話是不錯的，但他卻不知《禪門師資承襲圖》一書不見於最早
的宗密著作目錄：「圭峰大師所纂集著經律論疏鈔集注解文義及圖
等」。這一目錄是五代後周廣順二年 (952) 抄寫的，其中根本沒有《禪
門師資承襲圖》這一書。我曾在一篇論文中推測，此書原來應當是
《道俗酬答文集》十卷中的一卷，後來才被人抄出另成一書，加上現
在的書題──《中華傳心地禪門師資承襲圖》❹。「裴相國問」之類
的用語，自然是後人加的。

前幾年在日本真福寺文庫，發現了一個日本仁治二年 (1241) 的
寫本，題為《裴休拾遺問》的書，已經由日本學者石井修道研究，認
為是《禪門師資承襲圖》的「異本」❹。據《舊唐書・裴休傳》稱，

---

❹　《學案》，頁 412。

❹　同上。

❹　參閱本文❷所引作者論文，刊於《中華佛學學報》，第 4 期，頁 134–140。

❹　黑板勝美編，《真福寺善本目錄續輯》內載：「《裴休拾遺問》，一帖。縱
七寸五分，橫五寸二分。仁治二 (1241) 年寫本。粘葉裝，紙數卅枚。」
參閱石井論文：〈洪州宗について──真福寺文庫所藏の『裴休拾遺問』
と『六祖壇經』の介紹因んで〉，見《印度學佛教學研究》，卷28，第 1
期，頁 377–381。日本學者對此書的名字，尚有爭論。參閱椎名宏權著，
《宋元代の書目における禪籍資料(一)(二)》，刊於《曹洞宗研究員研究生研

裴氏於「大和初，歷諸藩辟召，入為監察御史，右補闕、史館修撰。」❹按照唐代的制度，拾遺是諫官的稱號，武則天時設置，分屬門下、中書兩省，職務和左右補闕相同。左補闕屬門下省，右補闕屬中書省。日本發現的寫本，應當是從唐代入日的卷子裏重抄出來的。看來裴休作過右拾遺，被《舊唐書》誤作「右補闕」。這一官銜是否錯亂是另外一個問題；現在要講的是《禪門師資承襲圖》一書的著作日期，是在「大和初」，相當 827–830 年前後，當時熟知禪宗傳法系統的人士如澄觀、白居易、劉禹錫、神照等人，都在長安或洛陽，宗密豈能在這些行家圍繞的情況下，膽敢像胡先生猜想的那樣去「錯認人身」？

四

從上面的再檢討中，本文得到了下列數點結論：

胡適先生懷疑宗密所傳的傳法系統，是故意存心騙人的說法，是沒有任何有力的證據的。胡氏只看到那位南印——即「荊南張」——是淨眾寺神會的弟子，卻對南印未入蜀以前，曾「得曹溪深旨」一事避而不談。胡氏在討論宗密所傳的法系時，堅持南印是淨眾寺一系的禪法；但在同一篇文章中，討論神照一系的傳法歷史時，卻又說南印是荷澤一系的禪法，因而他就陷於自我矛盾，無法自圓其說。

胡文認為宗密是在到達長安以後，才假造歷史背景，錯認人身，故意把兩個不同的人——荷澤神會和淨眾神會——加以錯認。本文考出早在宗密未到長安之前，他已經寫信給澄觀說，他到洛陽的目的，就是「禮祖師塔」；並非是像胡氏的推想——是宗密到長安以後，才

究紀要》，第 7、8 號。

❹　《舊唐書》，卷 177（中華書局，標點符號本），頁 4593。

故意捏造出了一個輝煌的法系。

　　胡文認為宗密所傳的一些事實，如「唯忠一名南印」或「立神會為第七祖」等，都不見於別的文獻，因此證明宗密所言，「是有問題的」。本文舉出白居易所撰的神照碑銘，就有唯忠「一名南印」之語；荷澤寺神會的塔銘（第八世紀撰寫的），就已稱神會為「第七祖」；劉夢得贈宗密和白居易的詩中，也有「自從七祖傳心印」的說法。這怎麼能說宗密所傳，當時再無別證呢？

　　胡文特別對宗密所著，《禪門師資承襲圖》一書，所記的傳法系統，感到可疑。他說宗密死於 841 年，裴休作相是在 852–856 年。現在書中有「裴相國問」的字句，所以很有問題。言下之意，使人感到不但材料不可靠，並且是「死無對證」的傳說。本文根據日本的鈔本說明，《禪門師資承襲圖》的異本，名叫《裴休拾遺問》；又從「拾遺」這一官銜，推測《承襲圖》的文字部份，大約寫於 827–830 年之間。當時熟知禪史的人多是宗密的好友，並非是他去世以後才留下來「死無對證」的資料。

　　禪宗的早期和中期歷史，並非完全可靠；也非全部是故意捏造的假記錄。研究的學者應當根據所有的資料，加以分析，小心求證，去探求歷史的真象。在討論宗密所傳的禪法承襲一點上，胡先生所持的否定態度，缺乏歷史證據，所以他的那幾項結論也無法成立。法律上有句職業性的套語說：在沒有證明犯罪以前，被告是無罪的。歷史學也應當是如此。在沒有證實事實以前，也不應當對流傳下來的紀錄，遽然就下結論，無論是肯定還是否定性的。

（1985 年 2 月下旬病後稿）

參　考　書　目

略　號

《大》或《大藏經》——《大正新修大藏經》

《研究》——《宗密教學の思想史的研究》，鎌田茂雄著。

〈書〉——〈遙稟清涼國師書〉，宗密著。

《祖略》——《法界宗五祖略記》，（清）續法輯。

《疏》——《圓覺經大疏》，宗密著。

《都序》——《禪源諸詮集都序》，宗密著。

《鈔》——《圓覺經大疏釋義鈔》，宗密著。

《碑》——《唐故圭峰定慧禪師傳法碑》，（唐）裴休撰。

《傳》——《宋高僧傳》，（宋）贊寧編。

《燈》——《景德傳燈錄》，（宋）道原編。

《續》——《續藏經》

叢　書

《二十五史》（臺灣開明，民國 63 年重印）

《大正新修大藏經》，高楠順次郎 (1866–1945) 等編。（東京：大藏經刊
　行會，1924–1935 年出版；戰後印本。）

《四部叢刊初編縮本》（上海：商務，民國 25 年影印）

《正統道藏》（臺北：藝文，民國 66 年影印）

《老子集成初編》，嚴靈峰編。（臺北：藝文，民國 54 年）

《全唐詩》（臺北：文史哲，民國 67 年）

《全唐文》（臺北：大通，民國 68 年）

《國立中央圖書館敦煌卷子》，潘重規編。（臺北：石門，民國 65 年影印）

《續藏經》（臺北：中華佛教會，民國 60 年影印）

宗密著作

《盂蘭盆經疏》，《大》卷 39。

《原人論》，《大》卷 45。

《圓覺經大疏》，《續》第 14 冊。

《圓覺經大疏釋義鈔》，《續》第 14–15 冊。

《圓覺經道場修證儀》，《續》第 128 冊。

〈遙稟清涼國師書〉，《大》卷 39，頁 576 以下。

《禪門師資承襲圖》，《續》第 110 冊。

《禪源諸詮集都序》，鎌田茂雄整理日譯本，《禪の語錄 9》。

佛教典籍

《大慧普覺禪師語錄》，（宋）蘊聞編。《大》卷 47。

《五燈會元續略》，（明）淨柱輯。《續》第 138 冊。

《弘明集》，（梁）僧祐 (445–518) 著。《大》卷 52。

《四明尊者教行錄》，（宋）宗曉 (1151–1214) 編。《大》卷 46。

《佛祖統紀》，（宋）志磐著。《大》卷 49。

《宋高僧傳》，（宋）贊寧等著。《大》卷 50。

《宗鏡錄》，《唯心訣》，（五代）延壽 (904–976) 著。《大》卷 48。

《金剛經疏記科會》，（宋）子璿（1034 卒）著。《續》第 39 冊。

《法界宗五祖略記》，（清）續法編。《續》第 134 冊。

《俱舍論》,（唐）玄奘 (602–664) 譯。《大》卷 29。

《祖堂集》,（南唐）靜、筠著。（臺北：廣文，民國 61 年影印）

《原人論發微錄》,（宋）淨源。《續》第 104 冊。

《原人論解》,（元）圓覺。《續》第 104 冊。

〈唐故圭峰定慧禪師傳法碑〉,《金石萃編》,王昶 (1724–1806) 編。（上海：醉六堂，1893 年刻本）。

《景德傳燈錄》,（宋）道原著。《大》卷 51。

《傳燈玉英集》,（宋）王隨著。《中華大藏經》第一編，第 76 冊。

《圓覺經類解》,（宋）行霆著。《續》第 15 冊。

《圓覺經隨文要解》,（元）清遠著。《續》第 15 冊。

《碧巖錄》,（宋）克勤 (1063–1135) 等編。《大》卷 48。

《辨非集》,（宋）善喜著。《續》第 103 冊。

《興隆佛教編年通論》,（宋）祖琇著。《續》第 130 冊。

儒道經典、文集

《中國佛教思想資料選編》,石峻等編。（北京：中華，1983 年）

《白氏長慶集》,《四部叢刊初編縮本》。

《朱文公校韓昌黎先生集》,《四部叢刊初編縮本》。

《孝經》,《四部叢刊初編縮本》。

《李覯集》（北京：中華，1981 年）

《唐會要》,（宋）王溥 (922–982) 等編。（臺北：世界，民國 49 年）

《馬王堆漢墓帛書》（一）,國家文物局古文獻室編。（北京：文物，1980 年）

《黃庭內景玉經》,《正統道藏》卷 11。

《隋書·經籍志》（上海：商務，1955 年）

《註釋音辯唐柳先生集》，《四部叢刊初編縮本》。

《漢書》、《舊唐書》、《新唐書》（開明，《二十五史》）

《劉夢得文集》，《四部叢刊初編縮本》。

《輯李榮老子注》，嚴靈峰輯，《老子集成》本。

近代研究

中 文

方立天等編　《中國古代著名哲學家評傳》（二），《續編》（三）。（濟南：齊魯，1980, 1983 年）

王重民　《敦煌古籍敘錄》（上海：商務，1958 年）

冉雲華　〈宗密著《道俗酬答文集》的研究〉，《華岡佛學學報》，第 4 期。（民國 69 年）

〈敦煌文獻中的「無念」思想〉，《敦煌學》，第 9 輯。（1985 年）

〈敦煌寫本《禪源諸詮集都序》對中國思想史的貢獻〉，同上，第 12 輯。（1987 年）

印 順　《中國禪宗史》（臺北：慧日，民國 60 年）

朱謙之　《老子校釋》（北京：中華，1963 年）

呂 澂　《中國佛教源流略講》（北京：中華，1979 年）

李世傑　《華嚴哲學要義》（臺北：佛教，民國 67 年）

岑仲勉　《隋唐史》（北京：高等教育，1957 年）

李富華　〈宗密和他的禪學〉，《世界宗教研究》，第 1 期。（1983 年）

邱漢生　《四書集注簡論》（北京：中國社科，1980 年）

韋政通　《董仲舒》（臺北：東大，民國 75 年）

高 亨　《周易大傳今注》（濟南：齊魯，1979 年）

胡　適	《神會和尚遺集》（臺北：胡適紀念館，民國 59 年）
	《胡適學術文集》（香港：三達，影印《胡適論學近著上》）
	〈跋裴休的唐故圭峰定慧禪師傳法碑〉，《中央研究院歷史語言研究所集刊》，第 34 本。（1962 年）
唐君毅	《中國哲學原論──原道篇三》（香港：新亞，1974 年）
孫道昇	〈宗密的哲學〉，《文史月刊》卷 1，第 7 期。（1936 年 8 月）
郭　朋	《隋唐佛教》（濟南：齊魯，1980 年）
陳　垣	《中國佛教史籍概論》（北京：科學，1955 年）
陳寅恪	《隋唐制度淵源略論稿》（北京：中華，1963 年）
	《金明館叢稿初編》（上海：古籍，1980 年）
張春波	〈宗密〉，收於上引《中國古代著名哲學家評傳續編》（三）。
張曼濤編	《華嚴學概論》（臺北：大乘文化，民國 67 年）
	《華嚴典籍研究》（同上）
	《中國佛教史論集五》（同上）
康寄遙主編	《陝西佛寺紀略》（初稿）（西安：佛化社，1958 年油印本）
章　群	《唐史》（一）、（二）（臺北：中華文化，民國 47, 52 年）
湯一介	《郭象與魏晉玄學》（湖北人民，1983 年）
湯用彤	《漢魏兩晉南北朝佛教史》（北京：中華，1983 年橫排本）
	《湯用彤學術論文集》（同上）
馮友蘭	《中國哲學史》（北京：中華，1984 年重印本）
	《中國哲學史新編》（四）（北京：人民，1986 年）
楊政河	〈宗密大師學風研究〉，《華岡佛學學報》，第 6 期（民國 72 年）
劉子健	〈中國式信仰──用類別來解釋〉，《漢學研究通訊》，卷 4。（民國 74 年）
潘重規	〈國立中央圖書館所藏敦煌卷子題記〉，《敦煌學》，第 2 輯。

（1975 年）

蔡運辰　《二十五種藏經目錄對照考釋》（臺北：新文豐，民國 72 年）

羅香林　《唐代文化史》（臺北：商務，民國 44 年）

日　文

山崎宏　《隋唐佛教史研究》（京都：法藏館，昭和 41 年）

久須本文雄　《宋代儒學の禪思想研究》（名古屋：日進堂，昭和 55 年）

中村元編　《華嚴思想》（京都：法藏館，昭和 43 年）

《佛教語大辭典》（東京書籍，昭和 50 年）

《禪の語錄 3：初期の禪史 II》，柳田聖山編譯。（東京：筑摩書房，昭和 51 年）；

《禪の語錄 8：傳心法要・宛陵錄》，入矢義高編譯。（昭和 48 年）；

《禪の語錄 9：禪源諸詮集都序》，鎌田茂雄編譯。（昭和 46 年）；

《禪の語錄 17：大慧書》，荒木見悟編譯。（昭和 44 年）

田中良昭　《敦煌禪宗文獻の研究》（東京：大東，昭和 58 年）

《敦煌佛教の禪》，篠原壽雄合編。（東京：大東，昭和 55 年）

古田紹欽　〈圭峰宗密研究〉，《支那佛教史學》，2-2（昭和 13 年）。

宇井伯壽　《禪宗史研究》，卷 1-3。（東京：岩波，昭和 41 年）

《鈴木大拙全集》，卷 1-3：禪宗思想史研究。（同上，昭和 43 年）

坂本幸男　《華嚴教學史の研究》（京都：平樂寺，昭和 39 年）

柳田聖山　《初期禪宗史書の研究》（京都：法藏館，昭和 42 年）

荒木見悟　《佛教と儒教》（京都：平樂寺，昭和 38 年）

高峰了州　《華嚴思想史》，釋慧嶽譯。(日文本昭和 17 年刊；臺北：佛教文獻，民國 68 年中文版)

高雄義堅　〈唐宋佛教史上に於ける圭峰宗密の地位〉，《龜谷史壇》，卷 30。(昭和 18 年)

望月信亨　《佛教經典成立史論》(京都：法藏館，昭和 21 年)

常盤大定　《支那に於ける佛教と儒教道教》(東京：東洋文庫，昭和 5 年)

道端良秀　《唐代佛教史の研究》(京都：法藏館，昭和 32 年)

《佛教與儒家倫理》，釋慧嶽譯。(臺北：佛教文獻，民國 62 年)

鎌田茂雄　《禪源諸詮集都序》，日譯本。(參閱《禪の語錄 9》)

《原人論》，日譯本。(東京：明德，昭和 48 年)

《中國華嚴思想史の研究》(東京大學，1965 年)

《宗密教學の思想史的研究》(同上，1975 年)

關口真大　《禪宗史研究》(東京：山喜坊，昭和 39 年)

英 文

Bahm, Archie J. *Comparative Philosophy* (New Delhi: Vikas Publishing House, 1977).

Bareau, Andre *L'absolu en Philosophie Bouddhique: Evolution de la Notion D'asamskrita* (Paris: Centre Documentation Universitaire, 1951).

Broughton, Jeffrey L. *Kuei-feng Tsung-mi: The Convergence of Ch'an and Teachings* (Ann Arbor: University Microfilms International, 1984).

Buswell, R. E., Jr. *The Korean Approach to Zen: The Collected Works of Chinul* (Honolulu: University Press of Hawaii, 1983).

Chan, H. L., et al., ed.   *Yüan Thought: Chinese Thought and Religion Under the Mongols* (New York: Columbia University Press, 1982).

Chan, Hok-lam   "Liu Ping-chung: A Buddhist-Taoist Statesman at the Court of Khubilai Khan", *T'oung PAO* 53 (1967).

Chatterhee, A. K.   *The Yogācāra Idealism* (Varanasi: Banaras Hindu University, 1962).

Ch'en, Kenneth K. S.   *The Chinese Transformation of Buddhism* (Princeton University Press, 1973).

Dutta, N.   *Early Monastic Buddhism* (Calcutta: Oriental Book Agency, 1980).

Gregory, Peter N.   *Tsung-mi's Inquiry Into the Origin of Man: A Study of Chinese Buddhist Hermeneutics* (Ann Arbor: University Microfilms International, 1986).

Gregory, Peter N.   *Traditions of Meditation in Chinese Buddhism* (Honolulu: University of Hawaii Press, 1986).

Gregory, Peter N.   *Sudden and Gradual Approaches to Enlightenment in Chinese Thought* (Honolulu: University of Hawaii Press, 1987).

Gregory, Peter N.   "Tsung-mi and the Single Word 'Asareness' (*chih*)," *Philosophy East and West,* 35 (1985).

Jan Yün-hua   "Tsung-mi and his analysis of Ch'an Buddhism", *T'oung PAO* 58 (1972).

Jan Yün-hua   "Two Problems Concerning Tsung-mi's Compilation of Ch'an-tsang", *Transactions of the International Conference of Orientalists in Japan,* xix (1974).

Jan Yün-hua   "A Study of Ta-ch'eng ch'an-men yao-lu: Its Significance and Problems", *Chinese Studies,* 4/2 (1986).

Jan Yün-hua　"Conflict and Harmony of Ch'an and Buddhism", *Journal of Chinese Philosophy* 4 (1977).

Jan Yün-hua　"Antagonism among the Religious Sects and Problems of Buddhist Tolerance", in *Buddhism and the Modern World,* ed. by Rhi Ki-yong (Seoul: Dungguk University, 1977).

Jan Yün-hua　"Tsung-mi's Theory of the Comparative Investigation (*k'an-hui*) of Buddhism", in *Korean and Asian Religious Tradition*, ed. by C. S. Yu (Toronto, 1977).

Jan Yün-hua　"Mu-sang and His Philosophy of No-thought", *Proceedings of the 5th International Symposium,* National Academy of Sciences, Republic of Korea (Seoul, 1977).

Jan Yün-hua　"A Ninth Century Chinese Classification of Indian Mahāyāna", in the *Studies in Pali and Buddhism,* ed by A. K. Narain (New Delhi: D. K. Publishers, 1979).

Jan Yün-hua　"Tsung-mi's Questions Regarding the Confucian Absolute", *Philosophy East and West,* 30 (1980).

Jan Yün-hua　"A Buddhist Critique to the Classical Chinese Tradition", *Journal of Chinese Philosophy,* 7 (1980).

Jan Yün-hua　"The Mind as the Buddha-nature: Concept of Absolute in Ch'an Buddhism", *Philosophy East and West* 31 (1981).

Jan Yün-hua　"Chinese Buddhism in Ta-tu: The New Situation and New Problems", in *Yüan Thought* (1982).

Jan Yün-hua　"Chinese Understanding and Assimilation of Karma", in *Karma and Rebirth: Post Classical Development,* ed. by Neufeld

(Albany: SUNY Press, 1986).

Kalupahana, David J. *Causality: The Central Philosophy of Buddhism* (Honolulu: The University Press of Hawaii, 1975).

McRae, John Robert *The Northern School of Ch'an Buddhism* (Ann Arbor: University Microfilms International, 1985).

Moore, Charles A., ed. *The Chinese Mind* (Honolulu: The East-West Center Press, 1967).

Nukariya, Kaiten *The Religion of the Samarais* (London: Luzac & Co., 1913).

Plott, John C. *Global History of Philosophy: The Patristic-sutra Period*, Vol. 3 (Delhi: Motilal Banarsidass, 1980).

Schuon, Frithjof *The Transcendent Unity of Religions* (New York: Harper Torchbooks, 1984).

Shah, Nagin J., ed. *Studies in Indian Philosophy* (Ahmedabad: L. D. Institute of Indology, 1981).

Sharma *A Critical Survey of Indian Philosophy* (Delhi: Motilal Banarsidass, 1973).

Strong, John "Filial Piety and Buddhism: The Indian Antecedent to a Chinese Problem", in *Tradition in Contact and Change,* ed. by P. Slater (Waterloo, Oct., 1983).

索 引

【5】

成佛　13, 87, 130, 163, 168, 171,
　172, 180, 185, 187, 189–191,
　193, 220
我空　106
我空真如　105
我執　105, 166, 189–191
沈應辰　226
李程　18
李逢吉　29, 33, 34
李訓　29, 33–35, 51, 52, 266
李翱　35, 54, 56, 86, 87, 243, 246,
　257, 261, 264, 265
李世民　55
李榮　67, 68
李世傑　136
李屏山　221
李覯　245
杜預　6
杜順　14, 99, 100, 249, 262
杜牧　58
狂慧　104
狂禪　206
身心　13, 105, 166, 184, 262
邪見　207, 241
良知　244, 251

【8】

依性　99, 104, 109, 145, 215
事相　119, 120, 184, 207
事理　14, 47, 181, 249
周敦頤　246, 249, 250
兩儀　72, 73
兩種心　193
居頂　238, 239
受苦受樂　126
和會　116, 136, 146, 171, 194–
　196, 199–207, 209, 210, 212,
　213, 217, 218, 220, 234, 237,
　239–242, 253, 267
宗杲　220, 221, 227, 239
宗寶　219, 220, 256, 265
定當作佛　12, 13
定慧　1, 5, 9, 10, 33, 39, 40, 43,
　103, 115, 118, 182, 187, 225,
　238, 256, 268, 272, 277
始覺　163, 170, 243
究竟覺　190, 191
念佛　121, 214, 259
念念　29, 105, 175
念起　119, 129, 144, 163

知禮　釋慧岳 著

　　知禮大師一生闡揚天台教教觀，闢異端而隆正統，且常坐不臥，足無外涉，誠是佛教中之大思想家、大哲學家、宗教大實踐家。本書細繹知禮大師對天台理論的傳承，在「妄心觀」與「實踐觀門」上發展的特色，並兼及前代天台教理的演變，與宋初天台內部分歧對立的激烈論爭。閱讀此書，當可對天台教史有更精深的瞭解。

道元　傅偉勳 著

　　道元是五百年難得一見的宗教天才，也是佛教思想史上首屈一指的哲學家。他的主著《正法眼藏》所展現的禪學哲理，可以說是集中日禪宗思想之大成。本書除了綿密的傳記史料、著作論介之外，專就《正法眼藏》二十四名篇進行深層分析與詮釋，並進一步討論道元禪學對於近現代日本哲學的深遠影響，顯其現代意義。

吉藏　楊惠南 著

　　中國佛教史上的一個重要的宗派是三論宗。三論宗是印度大乘佛教中觀學派的繼承教派；而吉藏，則是三論宗的集大成者。本書旨在闡述吉藏之思想形成、內涵與影響，不但對吉藏之生平及其方法論、哲學，做了詳盡的考據和解析，也對吉藏在世之時及他生前一、兩百年的中國佛學界，做了必要的介紹。

空海　魏常海 著

　　空海是日本歷史上罕見的獨創性佛教思想家。本書在全面論述空海生平著述、學說理論、思想源流以及對後世的影響的基礎上，著重探討其教理中的哲學思想。

　　他在《即身成佛義》、《聲字實相義》和《吽字義》三部代表作中，論說各有側重，又互相聯繫，形成有內在邏輯結構的體系；在《十住心論》等教相判釋著作中，力圖綜合佛教諸宗派乃至儒、道等佛教外學派的思想觀點，也蘊含深刻的哲理。

　　空海在繼承中國佛教思想的前提下，又對中國佛教思想有多方面的發展，對中國哲學的推陳出新頗有借鑑價值。